互联网文化产业研究书系

主编　陈少峰　于小涵

互联网企业文化研究

陈安娜 著

浙江工商大学出版社 | 杭州
ZHEJIANG GONGSHANG UNIVERSITY PRESS

图书在版编目(CIP)数据

互联网企业文化研究 / 陈安娜著. —杭州：
浙江工商大学出版社，2019.5(2020.1 重印)
（互联网文化产业研究书系）
ISBN 978-7-5178-3134-1

Ⅰ. ①互… Ⅱ. ①陈… Ⅲ. ①网络公司—企
业文化—研究 Ⅳ. ①F276.44

中国版本图书馆 CIP 数据核字(2019)第 023447 号

互联网企业文化研究
HULIANWANG QIYEWENHUA YANJIU

陈安娜 著

出 品 人	鲍观明
策 划 编 辑	任晓燕
责 任 编 辑	王 耀 白小平
封 面 设 计	林朦朦
责 任 印 制	包建辉
出 版 发 行	浙江工商大学出版社
	（杭州市教工路 198 号 邮政编码 310012）
	（E-mail:zjgsupress@163.com）
	（网址:http://www.zjgsupress.com）
	电话:0571-88904980,88831806(传真)
排 版	杭州朝曦图文设计有限公司
印 刷	杭州宏雅印刷有限公司
开 本	710mm×1000mm 1/16
印 张	18.5
字 数	300 千
版 印 次	2019 年 5 月第 1 版 2020 年 1 月第 2 次印刷
书 号	ISBN 978-7-5178-3134-1
定 价	78.00 元

总　序

　　随着近年来,互联网技术的不断发展,互联网逐渐成为人们购物、互动娱乐、知识分享等"卖场与传播"的平台,互联网文化与人们的生活方式相互促进、深度融合,文化产业进入了互联网文化产业的新时代,"互联网平台＋数字内容＋电商"的文化科技融合新业态呈现出迅猛发展的态势。作为一个在传统文化产业基础上建立起来的新的产业形态,互联网文化产业在延续文化产业的基本内涵的同时,更加突出了轻资产的特点,这也为文化产业拓展了新的发展空间。

　　众所周知,互联网文化产业的发展,一方面得益于互联网平台文化与科技融合的特性,另一方面也是传统文化产业实现供给侧改革、跨界融合及产业转型升级的结果。从现有的互联网平台与互联网整体经济驱动发展的潜力角度看,今天的互联网文化产业发展仍处于初级阶段。今后伴随着人工智能、大数据、物联网、陪伴机器人等技术的不断融合发展,以及 IP 产业链的打造,互联网文化产业有着广阔的发展空间和美好的发展前景。

　　可以预见,在未来互联网文化产业的发展进程中,互联网文化、生活方式、技术创新与文化产业的融合将进一步加强,互联网文化与文化产业也将呈现出新的特点和发展趋势,需要文化企业与时俱进,不断探寻新机遇、把握新模式。尽管当前的互联网文化产业还是以广告为主,但各种媒体营销、互动娱乐、文创电商、付费点播、知识分享、版权开发、新媒体垂直业务等也将持续快速发展。互联网平台公司往往注重内容制作,形成"平台＋部分自制内容＋垂直运作"的新模式。可以说,今后内容提供(故事 IP 与形象 IP)、网红经济、互联网平台(技术创新)等将成为缺一不可的综合体系。随着获取优质内容的竞争趋于激烈化,以及政府逐渐取缔过度娱乐化的节目(如直播等),

互联网文化企业也需要转型升级,创作或者扶持精品内容。就是说,做文化产业不仅要有适度的娱乐,还需要有文化内涵,或者要做正能量的娱乐。同时,互联网文化企业也要重视跨界创新,形成技术与设计、创意、艺术、故事等的跨界融合。

互联网平台的价值变现和技术创新,具有不同的等次和功能。我认为,以"卖场+内容"支撑的新媒体与文创电商将成为今后发展的重点,其中,新媒体各种小平台的建立,以及其垂直业务的发展是最具活力的。自媒体(新媒体)的商业模式从传统的"传播型"转化为"经营型",即以自媒体吸引粉丝的能力为基础,以品牌(含网红品牌)效应为后盾,开发自主产品,发布自家产品的广告,形成产品、营销、渠道一体化的新型平台(卖场),并且通过频道组合(多个自媒体),逐步成长为新媒体文创集团,形成内容(故事)驱动与衍生品开发相结合的新业态,从而实现内容产业、小平台频道组合和衍生品产业的内在融合。这也将成为互联网文化产业持续发展的新动能。

互联网文化产业在商业模式上更加突出了"未来"的特点,即互联网文化科技企业(及其投资)的关注点不在于考察当下是否盈利,而在于关注企业的整体价值最大化,尤其是未来导向的成长性。因此,业态的选择很重要,公司的战略、内在能力积累、发展前景也变得越来越重要。此外,基于互联网平台出现全市场、全方位竞争的特点,企业之间的合作关系将替代竞争关系,企业需要更关注行业资源的获取、资源的互补性及业务的合作开发。当然,文化科技融合与跨界业态的发展,还将整合以互联网平台为核心的产业要素,在经营方式上实现线上线下的融合。例如,随着人工智能技术的日渐成熟和人们生活方式的变化及内在需求的增加,娱乐机器人、陪伴机器人的时代也即将来临,这将赋予以互联网平台为核心的文化科技融合产业更大的发展空间。

当然,在关注互联网文化产业发展的同时,各种网络伦理问题,包括与大数据应用和机器人思维、机器人道德教育等相关的伦理问题也需要我们予以更多的关注,需要进行前瞻性的研究,做出深入的思考。

基于以上的关切和研究的问题意识,浙江工商大学中国互联网文化产业研究院、北京大学文化产业研究院、北京峰火文创中心与浙江工商大学出版社联合推出了"互联网文化产业研究丛书",拟组织业界专家学者对网络文化

和互联网文化产业的相关政策、产业趋势、营销模式、商业模式、企业文化、伦理问题等进行比较系统的探讨和研究,希望该丛书成为文化产业和互联网文化企业研究人员、相关从业人员和同学们有益的参考读物。

陈少峰

2019 年 1 月

自　序

　　党的十九大报告指出："文化是一个国家、一个民族的灵魂。"对于蓬勃发展的互联网企业来说也是如此，企业文化是企业发展之魂，企业文化是互联网企业发展的核心和灵魂，企业要想在市场上获得长远发展，企业文化建设是关键和根本。一批活跃在中国资本市场的优秀企业家从不同层面阐述了企业文化对企业发展的重要性。华为的总裁任正非说："世界上一切资源都可能枯竭，只有一种资源可以生生不息，那就是文化。"阿里巴巴集团的董事局主席马云说："企业文化就是企业发展的 DNA。它决定了一个公司的性格和命运。"海尔集团的董事局主席张瑞敏认为："企业文化就是企业的灵魂，是企业的价值观，是企业的基因。如果企业有一个好基因，那么这个企业就可以代代传承。就像一个人一样，如果这个人只是四肢发达，头脑简单，可能不会长久。企业也是这样，企业文化是企业生存兴旺、可持续发展的关键。世界百年老店都有一个非常好的基因。"

　　从 20 世纪 90 年代至今，互联网企业已经走过了二十余年的发展历程，在一波又一波的商业浪潮中腾挪跌宕，彰显英雄本色。随着世界经济一体化进程的加快，互联网已经让世界变成了地球村，让国际社会越来越成为你中有我、我中有你的命运共同体。作为互联网经济主体的互联网企业，也在世界经济舞台上扮演着越来越重要的角色，发挥着越来越重要的作用。互联网企业在二十多年的成长中，也逐渐摸索和建构出符合企业自身发展的企业文化，这些各具特色的企业文化在很大程度上为互联网企业的积极健康发展起到了良好的促进作用。同时，我们也意识到，与新兴的互联网企业一同成长起来的互联网企业文化，也存在着不成熟与不完善的地方，需要在实践中不断加以改进和提升。我们始终相信企业文化对企业发展所起到的重要作用，优秀的企业文化是成就优秀互联网公司的必备条件。只有建构出适合公司发展愿景和目标的企业文化，才能更好地推动企业向着理想的方向迈进，优秀的企业文化是互联网企业走向成功的基石。

针对互联网企业的发展现状及趋势，互联网企业需要充分意识到企业文化的重要性，努力建构优秀的企业文化，发挥企业文化对员工价值理念和行为习惯的引领作用，把企业文化融入企业发展各方面，并将其转化为企业全体员工的情感认同和行为自觉。通过企业文化提高员工的道德水准、文明素养，激发员工勇于进取、积极创新的职业精神，强化员工社会责任意识、规则意识及奉献意识。让企业文化在企业发展中发挥强大的精神引领作用，将企业员工的思想和行动统一到企业文化上来，形成企业发展的强大合力，促进企业在激烈的互联网市场竞争中做优、做强、做大。

互联网企业要成为优秀的、可持续发展的企业，需要建构符合企业发展特色和规律，富含时代特点，能够与时俱进，具有强烈的引领力和鼓舞性的企业文化，让企业文化发挥强大精神动力，促使企业在发展进程中不忘初心、砥砺前行，走出一条与众不同的发展路径，提升企业核心竞争力，引领企业向前发展，实现基业长青。

目　　录

第一章　互联网企业的前世今生

　　互联网的诞生加速了世界经济一体化进程,各种 IT 业态中,互联网成长壮大的速度最快,更新换代的周期也最为迅猛。互联网是由 IT 技术和通信技术为支撑建立起来的,其实现在互联网已经超越了 IT 和通讯领域,IT 成了互联网的组成部分。[①] 对互联网来说,创新是互联网保持如此快速成长并走向繁荣的重要动力。谁能在互联网上掌握这个核心竞争力,谁就能够成为巨大财富的创造者。一代又一代纵横驰骋于互联网江湖的大大小小的企业,不仅用自身的奋斗历程演绎着互联网的商业传奇,也推进了互联网商业发展的历史进程,诉说着互联网企业发展的前世与今生。

　　在 20 世纪 90 年代,随着电脑的普及和信息技术的发展,互联网迅速走向商业化,对互联网进行商业化利用,一方面加速了互联网的推广普及和发展更新的步伐,另一方面也促进了网络服务的发展,让众多的企业和商家从互联网中看到了商机,于是一批先驱者开始了互联网创业,互联网企业也由此开启了一个属于互联网时代的商业革命。

一、互联网企业的发展历程

　　由于不同国家的国情、文化、社会经济发展水平及人民的生活方式等存在差异,互联网企业在不同的国家和地区有着各自不同的发展状况。从总体上来说,美国和中国是世界上互联网企业发展最迅速的国家,而欧洲国家及

---

　　① 陈少峰、王建平、李凤强:《中国互联网文化产业报告 2016》,华文出版社 2016 年版,第 3—4 页。

日本、韩国等其他国家则由于各种因素和条件的制约或者限制,互联网企业发展的步伐远远不及美国和中国,因此,互联网企业在不同的国家和地区呈现出不同的发展态势。从世界范围看,互联网企业大致经历了三个重要的发展阶段。

(一)第一阶段(1990—2002):初涉江湖,大浪淘沙始得金

美国是互联网的诞生地,也是互联网企业的发源地。20 世纪 90 年代,世界上最早的一批互联网企业相继建立。像美国在线公司(AOL),它的前身是一家名为"量子"的计算机信息数据公司,主要为计算机用户提供在线信息服务,到 1991 年,这家公司已经拥有了 13 万客户,在创始人凯斯的提议下,公司更名为"美国在线",并于 1992 年在纽约股市挂牌上市。随后,在 1994 年、1995 年,美国雅虎公司(Yahoo!)、易贝网(eBay)、美国亚马逊公司(Amazon)等相继成立,1998 年,谷歌公司(Google)成立,在此后的几年间,众多的互联网企业和站点陆续成立,并呈现出持续增长的势头。

互联网的飞速发展为企业提供了虚拟的全球性贸易环境,让一些企业获得了巨大商机和利润。例如,美国戴尔公司(Dell),从 1996 年到 1999 年对公司业务进行转型升级,扩大全球运营,进军在线销售,并为全球电子商务制订了基准,1998 年 5 月,凭借着直接面对消费者的网络直销模式,戴尔公司在线销售额高达 500 万美元;而亚马逊网上书店的营业收入也从 1996 年的 1580 万美元猛增到 1998 年的 4 亿美元。许多商家已经体验到日益强大的互联网为他们所带来的方便、快捷及规模效益,互联网企业的规模不断扩大。

在 20 世纪 90 年代中期,在大洋彼岸的中国,互联网企业也开始启程。1994 年 4 月 20 日是中国互联网诞生之日,随后,由清华大学等高校、科研机构的计算机网等多条互联网接入,国家邮电部正式向社会开放互联网接入业务,互联网服务供应商(ISP)如瀛海威等开始出现,中国互联网创业浪潮渐起。[①] 1995 年 3 月,杨致远创建了雅虎搜索网站。1995 年 4 月,阿里巴巴创始人马云创办了国内第一家中文商业信息站点"中国黄页",发布了一批互联

---

① 方兴东、潘可武、李志敏、张静:《中国互联网 20 年:三次浪潮和三大创新》,中国社会科学网,2014 年 4 月 17 日,http://www.cssn.cn/xwcbx/201404/t20140418_1072224.shtml.

网主页,在大陆开始普及网络及其应用知识。1995 年 5 月,被称为"中国信息行业的开拓者",曾经是中国互联网行业的领跑者的瀛海威信息通信有限责任公司成立,该公司设立的"瀛海威时空科教馆"是最早面向普通人做互联网普及的地方。该公司虽然后来因企业经营策略等问题而逐渐衰落并最终消失在大众视野中,但是在当时还没有多少人知道互联网和电子商务的时候,瀛海威和它的创始人张树新为中国互联网培育出第一批基础用户,并在探索互联网企业商业模式、市场合作、政府支持等方面进行了有益的尝试,对后来的互联网企业生存发展具有很好的启发和借鉴意义。1995 年 7 月,搜狐创始人张朝阳利用风险投资创建了爱特信信息技术有限公司,也就是搜狐前身。1996 年 4 月,中国民营高科技企业四通利方第一个中文网站 SRSNet.com 建设启动,为新浪网的诞生提供了契机。1997 年 6 月,作为中国领先的互联网公司网易(NASDAQ:NTES)成立。1998 年,搜狐网成立,并逐渐发展成今天中国的三大门户网站之一。同年 6 月,京东成立,逐渐发展成中国最大的自营式电商企业。同年 10 月,四通利方与北美最大的中文网站华渊网合并,一举成为国际互联网领域主要的跨国公司之一。同年 12 月全球最大的中文门户网站新浪网建立。1999 年,易趣网、携程网、Chinaren 公司、8848 网站等纷纷建立,朝着纳斯达克的上市之路奋勇前行。同年,阿里巴巴的成立标志着中国电子商务 B2B 的正式开端。2000—2002 年,新浪网、搜狐网、网易等相继在美国纳斯达克证券市场上市。中国掀起了一股互联网投资创业的热潮,国外风险投资商、国有上市公司、民间资本及个人投资者都纷纷投身这股热潮,感受互联网商海的波涛与旋涡。

1995 年到 2001 年,互联网泡沫开始出现并持续发酵,3 个主要科技行业因此而获益,包括互联网网络基建,如世界通讯公司(WorldCom,简称世通),互联网工具软件,如网景通信公司(Netscape),门户网站如雅虎等。雅虎在1998 年总收入达 2.03 亿美元,利润总额是 2500 万美元,进入 1999 年后,雅虎的股票市值已经接近 380 亿美元,超过播音公司。而 1997 年上市的亚马逊网上书店,从公开上市到 1998 年底,其股票价格上升了 2300%。对此,业界评论,网络经济 3 年相当于工业经济 70 年。互联网这种迅速致富的景象吸引着无数追随者竞相投入互联网商业大潮中。

随着 2000 年到 2002 年期间互联网经济泡沫的破灭,全世界的互联网企业开始面临着一次生死存亡的大考验。许多互联网企业经受不住打击,倒闭了,根据 Webmergers 统计,自 2000 年互联网经济泡沫破灭以来,全球至少有4854 家互联网公司被并购或者关门。有媒体称,裁员就像一场瘟疫,正在美国高科技企业中蔓延。这正是前几年股市过热及高科技公司盲目追求发展速度造成的后果。直到 2002 年 10 月左右,据互联网业追踪公司的调查报告显示,第三季度申请破产保护或倒闭的网络公司,已经比上年同期和上季度大幅度减少,至此,互联网经济泡沫破灭才接近尾声。

当然,也有不少互联网公司经受住了这场严峻的考验,存活发展下来,并由此赢得了互联网创业的新机遇。像新浪在上市第二天,纳斯达克综合指数继续受到重挫。搜狐获准上市后,IPO 价格下滑得更加厉害,被称为流血上市;网易更是在上市首日跌破发行价。从今天来看,三大门户用流血的代价,获得了美国纳斯达克的一席之地,从而也获得了活下去的粮草。① 互联网泡沫的破灭对互联网企业来说,是一次大浪淘沙式的筛选,存活下来的企业发展机遇与挑战并存。存活下来的企业,经历了这次洗礼,将以更加成熟和理性的姿态投入新一轮的竞争中。

(二)第二阶段:(2002—2008)回暖复苏,以多元化发展路径寻找商机

2002 年下半年开始,互联网市场开始回暖复苏。走出早期市场低迷状态、生存下来的一些大型互联网公司,凭借着扩充业务的手段,占据互联网市场的大部分份额,为企业发展赢得了先机,掌握了市场主导权。像美国的易贝网、亚马逊公司、雅虎公司、谷歌公司、微软 MSN 公司等在市场盈利方面都明显增长。中国互联网企业也开始有了发展转机。2000 年年初,易趣网获得了美国 eBay 公司 3000 万美元的投资,同年 10 月,阿里巴巴实现了全年收支平衡,年底实现了全年盈利。网站短信业务的推出,拯救了一大片互联网企业,新浪、搜狐等门户网站在 2002 年底到 2003 年初,分别实现盈利,而网易则

① 《中国互联网 10 年白皮书》,新浪科技时代,2005 年 12 月 10 日,http://tech.sina.com.cn/i/2005-12-10/1933788368.shtml。

通过网络游戏业务获利颇多,甚至超过了短信业务。同年,亿龙网、携程网等旅游电子商务网站宣布进入盈利阶段。

2003年,阿里巴巴投资1亿元人民币推出个人网上交易平台淘宝网,并创建独立的第三方支付平台——支付宝,正式进军电子支付领域。两年后,淘宝网成为全国最大的个人交易网站,支付宝成为全国最大的独立第三方电子支付平台。阿里巴巴全面发展的雏形已经基本展现。随着国内电子商务的整体回暖,外国风险投资也随之而来,2003年6月,美国在线交易网站eBay宣布向易趣网追加投资,支付1.5亿美元现金购买易趣美国公司剩余股份;同年10月,当时国内最大的B2C电子商务网站卓越网以两成的股份从美国老虎基金获得5200万元的融资资金。中国电子商务网站加快了上市步伐,同年12月,携程旅行网在纳斯达克上市,成为继新浪、网易、搜狐之后又一个在纳斯达克成功上市的中国公司。可见,中国互联网已经走出了互联网经济泡沫的阴影,焕发出新的生机和活力。

从2003年开始,中国互联网企业开始了多元化的发展趋势,电子商务、网络游戏、视频网站、社交娱乐等全面开花。伴随着中国互联网新一轮的高速增长,中国网民数量不断攀升,2008年6月达到了2.53亿,首次大幅度超过美国,跃居世界首位。不断增长的网民数量构成了互联网企业庞大的客户资源,具有强大的潜在消费能力。网上购物、消费和娱乐的便捷与轻松,也让网民对互联网的依赖度越来越高,中国互联网企业迎来了发展的好时期。同时,互联网企业也开始重视和找寻适合自身发展的商业模式,网络广告、搜索引擎、电子商务、网络支付等业务越来越被广泛接受,各大互联网公司也从各自核心优势向其他领域渗透,形成有序竞争,互联网行业的发展实现了良性循环。

(三)第三阶段(2008至今):顺应潮流,拓展合作共享的平台与机制

据AT互联网研究所研究资料显示,自2008年以来,全球互联网流量增长速度有所放缓,但是移动互联网的使用量却呈现出大幅度的增长。美国2008年以后移动互联网进入高速成长的阶段,使用人数不断攀升,根据互联

网流量监测机构 comScore 公布的数据,截至 2009 年 1 月份,移动互联网用户已经上升到 6320 万人,一半以上的移动互联网用户通过移动终端浏览新闻、获取信息及进行娱乐。

日本的移动互联网市场启动时间可以追溯到 1992 年日本移动运营商 NTT DoCoMo 公司推出的 i-mode 模式,该模式是采用 HTML 格式,针对不同业务制订合理资费及创新营销理念等,为全球移动互联网提供了很好的可资借鉴的运营模式。随后日本移动互联网的业务种类不断推陈出新,2008 年以后形成了以搜索、电子商务和社交网站为主的成熟的商业模式。

韩国的移动互联网始于 2002 年,根据 KTF 的市场调查,2008 年,韩国平均 2.75 个手机用户中就有一个用户使用高速互联网,超过 80% 的年轻人使用移动互联网服务,随着智能手机的普及,韩国移动互联网的市场前景广阔。

2009 年以移动互联网的兴起为主要标志,中国互联网进入一个新的历史时期。2012 年,中国移动互联网用户首次超过了 PC 用户,中国网络购物规模直逼美国,成为全球互联网第二大市场。同时,互联网企业变得更加理性开放,传统企业也在与互联网企业的交锋中逐步走向融合与共存。例如,截至 2016 年 12 月 31 日,阿里巴巴累计投资传统产业超过 1000 亿元,其中重大投资项目超过 20 个,阿里巴巴与苏宁、银泰、三江等进行了深度合作,近期更与中国最大的商贸集团百联达成战略合作。

在中国,随着移动互联网逐渐成为基础设施,变现能力成为移动互联网企业核心竞争力,在社交、视频、新闻、工具和购物等领域,移动应用的渗透率超过 50%。电商对中国消费发展影响作用明显,网络零售占社会消费品零售总额比例大幅度提高,中国手机网民在人口中的渗透力逐年上升,2015 年中国手机网民规模超过 6 亿,约占中国人口的 45%,其中以 20 世纪八九十年代的年轻群体为主,并持续向各个年龄层扩散。这些都为移动互联网消费市场培育了大量的基础用户,互联网产品和服务也跟随网民的消费习惯而发生变化。这个时期,互联网商业模式开始向移动互联网渗透。一方面是互联网企业的移动化,大型的互联网企业,例如百度、腾讯、新浪等都开始不同程度地布局移动互联网,另一方面是互联网应用的移动化,比如,即时通信、电子商务、支付、搜索引擎等应用都有对应的移动互联网端的应用。用户只需下载相应的 APP,就可以在智能手机上轻松地进行邮件的接收与发送;用支付宝、微信等轻松完成购物支付行为;用手机百度就可以搜索相关信息;下载新浪、搜狐、新闻头条等手机客户端,就可以轻松地在手机上浏览新闻和各类信息资讯。PC 时代是一网知天下,移动互联网时代则是一部智能手机知天下、走天下。

随着 3G、4G 时代的到来,中国移动互联网市场规模迅速扩大,市场领域不断细分。流量费、移动娱乐、移动购物、移动营销和移动生活服务等 5 大细分市场持续发力及不断进行产品与服务的创新,中国移动互联网市场迎来了强劲增长。2012—2015 年,中国移动互联网市场规模分别为 1835 亿、4734.2亿、13437.7 亿和 30794.6 亿,对应的 2013—2015 年的增长率分别为 158%、183.8% 和 129.2%。移动购物占比分别为 37.4%、55.3%、64.10% 和67.40%,移动生活服务占比分别为 3.6%、6.4%、13.7% 和 18.6%。移动购物和移动生活服务逐渐成为移动互联网主要服务的领域。移动互联网带来了新娱乐方式、新阅读方式、新社交方式,以及新社会服务方式。像腾讯、淘宝、京东、唯品会、新浪、搜狐、百度、滴滴、携程,以及摩拜单车等中国互联网企业都面临着新一轮的创新与挑战。

(四)小结

从全球范围看,中美两国作为走在全世界互联网发展最前列的两个国家,互联网商业发展的历程大致相同,中国互联网商业除了起步比美国晚些,经历的低迷和复苏的时间大体一致,主要原因在于中国主要的互联网大企业早期都是在美国纳斯达克上市的。因此,纳斯达克指数左右着美国和中国互联网企业和市场的起伏变化。

经过二十多年的发展,中美两国在互联网商业的主干领域里面,例如社交、游戏、内容等,虽然还有很多相似之处,但是也都显示出各自不同的发展空间和潜力。比如,美国大型互联网企业,尤其是信息科技方面的,将近一半是企业金融、大数据、云计算的公司,而中国互联网企业,由于市场发展早期用户没有在信息科技方面得到很好的普及和教育,用户基础没有培育起来,所以,中国信息科技方面的互联网企业规模比较小,还没有产生特别大的企业。但是,中国在互联网消费方面,有很多地方比美国走得更远。比如电子商务,中国产生了几家在百亿美金以上的市值独立的电商公司,而美国除了亚马逊和易贝之外,很少有独立的电商公司出现。在 O2O 领域,中国的百万级人口城市相对来讲比美国多很多,同时城市的密度也比较高,因此中国 O2O 服务有更大的市场空间。

正如中国工程院院士邬贺铨所说的,互联网企业成功是不可能靠复制的。中国的互联网发展比美国晚了 25 年,可是现在全球的互联网大企业中,有美国的,有中国的,没有欧洲的,没有日本的,没有韩国的,这就说明中国的环境很吸引互联网发展。^① 我们可以自豪地说,中国互联网企业经过二十多年的发展,已经从模仿复制外国模式到成功实现本土化发展,在市场竞争中,充分发挥了中国优势、中国特色,逐渐形成了自己的竞争优势和核心竞争力。当前,中国互联网企业也进入了全球化发展阶段,全球十大互联网企业排行中,中国的阿里巴巴、腾讯、百度等榜上有名,而金山毒霸、UC 浏览器、华为手机等也都是中国互联网企业全球化的成功案例。移动终端的兴起,为中国互联网企业带来了新的经济增长点,拓展了全球化的市场,像阿里巴巴的淘宝,已经走向全世界,在拉美、非洲,非常受热捧。金山的猎豹产品,已经成为全球第一大手机移动软件。移动互联网时代,智能手机的普及,极大地改变了我们的生活模式、工作模式及企业的商业模式,移动终端的用户利用移动互联网实现网上购物消费、信息资讯浏览及业务沟通与联络等,而互联网企业的全程电子商务也逐渐兴起,例如阿里巴巴等商业平台提供了线上的产品认证、交易、物流、首付款、售后追踪等一站式服务等等,创造了互联网企业良好的生态链结构。互联网快捷高效与低成本优势,为用户和企业带来了诸多福利。

可以说,互联网改变了人们的生活方式,而互联网企业做的就是根据人们生活方式而提供相应的服务和产品,因此,互联网企业的发展与人们的生活息息相关,具有无限的潜力和发展的空间。同时,互联网犹如草莽江湖,风起云涌,万马奔腾,竞争无处不在,挑战无处不在,逆水行舟,不进则退,狭路相逢,勇者胜、智者胜、夺得先机者胜。因此,中国互联网企业要在竞争中求发展,求商机,做大做强自身,一方面立足于中国国情和文化,开发适合中国

---

① 《开讲啦邬贺铨演讲稿:互联网改变了我们什么》,搜狐网,2016 年 3 月 2 日,http://mt.sohu.com/20160302/n439180877.shtml。

人使用的产品和服务;另一方面,要发挥工匠精神,提高产品和服务的品质;同时,需要有世界眼光,开拓全球市场,让中国的产品和服务随着互联网遍及世界的每一个角落。

二、互联网企业发展格局的成因分析

美国知名金融数据提供商 Dealogic 的数据显示,目前在世界市值最高的20 家互联网公司中,美国占了 11 家,其中包括谷歌(Google)、脸书(Facebook)、亚马逊(Amazon.com)、易贝网(eBay)等这些老牌的互联网大企业,亚洲国家占了 9 家,其中中国 6 家,包括阿里巴巴、腾讯、百度、京东、网易、唯品会等;日本 2 家,其中雅虎(日本)(Yahoo! Japan)榜上有名,韩国最大的门户网站 NAVER 也上了榜单,但是欧洲却一家也没有。可见,在世界互联网发展格局中,以中美两国最为兴盛,而其他国家互联网企业发展的规模和市值与中美主流互联网公司相比还有一定的差距。其中的原因,则与各国国家政治、经济、文化等发展因素息息相关。

(一)市场环境差异

互联网企业的发展壮大与市场需求、市场环境有着很大关系。巨大的市场需求、良好的市场环境是互联网企业实现迅速发展的催化剂。在中国,因为幅员辽阔,地区经济发展不平衡,线下商铺与购物服务的不完善,不能完全满足人民日益增长的消费需求,从而给电子商务发展提供了相对优质的客观环境。电子商务具有低成本、高效率的优势,同时随着我国互联网的日益发达,通过网络进行购物、交易、支付等的交易环节和售后服务不断完善,网购不但受到普通消费者的青睐,成为当今社会的一种时尚,同时还有效促进了中小企业寻找商机、赢得市场。京东联合 21 世纪经济研究院发布的《2016 中国电商消费行为报告》显示,2016 年,中国电子商务交易市场规模稳居全球第一,预计电子商务交易额超过 20 万亿元,占社会消费品零售总额的比重超过10%。在中国电商领域,一线城市电商消费已经超越发达国家,形成自己独特的模式,二线城市消费理念逐渐走向成熟,中西部地区的新兴消费阶层也在不断崛起。这些现象充分表明我国电子商务市场仍然具有很大的发展空间和潜力。

相比较之下,日本的电子商务领域则发展缓慢。究其原因,与日本完善发达的线下服务有很大关系。以日本东京为例,东京是线下实体店最为密集的城市,大街小巷遍布着各种连锁便利店,据资料显示,日本 7—11、全家、罗森等便利店,总数超过 5 万家,随处可见的药妆店,如松本清、杉药局等,总数超过 2 万家。遍布各地的大型百货与特色卖场及自动售货机,让日本民众在自己的生活圈与视野可及之处,几乎可以买到他们的生活所需品,因此,日本民众的网购需求不大。市场需求量小,是制约日本电子商务发展的重要因素。在日本线下实体业与互联网电子商务的博弈战中,互联网企业优势不明显、不突出,发达的线下服务体系制约了互联网创业的空间。

(二)创业环境差异

互联网企业是创业型企业,因此,创业环境的好坏也在很大程度上影响着互联网企业的做优、做强、做大。比如说中国,就有着很好的创业环境。首先是政府支持创业,李克强总理提出的"大众创业、万众创新"的理念鼓舞了一大批有梦想、有追求的人投身创业的大潮,同时国家也出台了一系列鼓励大众创新创业的政策,这也为许多人投身互联网创业大潮创造了机会和条件。《国务院关于加快构建大众创业万众创新支撑平台的指导意见》明确提出,要鼓励各类线上虚拟众创空间发展,为创业创新者提供跨行业、跨学科、跨地域的线上交流和资源链接服务。鼓励创客空间、创业咖啡、创新工场等新型众创空间发展,推动基于"互联网+"的创业创新活动加速发展。鼓励大型互联网企业、行业领军企业通过网络平台向各类创业创新主体开放技术、开发、营销、推广等资源,鼓励各类电子商务平台为小微企业和创业者提供支撑,降低创业门槛,加强创业创新资源共享与合作,促进创新成果及时转化,构建开放式创业创新体系。可见,良好的创业环境,让互联网这个当前作为中国中小型企业和创业者最为活跃的创业平台,充满生机和活力,也为中国互联网企业的发展壮大提供了广阔的发展空间。

相比较之下，日本的创业环境则显得活力不足。人才咨询公司瀚纳仕 (Hays)集团以世界13个国家的年轻人为对象进行的调查结果显示，"考虑将来创业"的日本年轻人为29％，在接受调查的13个国家中最低。在日本，整个国家的文化就不鼓励创业。在互联网或移动互联网，日本几乎被苹果、雅虎、脸书、谷歌、亚马逊等公司垄断，日本也几乎没有本土的互联网企业可以与之抗衡。在日本，风险投资人相对保守，他们不会轻易将资本投给创业者，他们更为看重的是公司的信誉与品牌以及创始人的资历等等，而不是产品是否足够创新、有前景等因素，因此，日本创业者在创业之初一般很难获得风险投资。根据日本风险企业中心和美国国家风险投资协会的数据显示，日本风险投资家的投资总额在2014年仅为11亿美元左右，不到美国的3％，而美国风险投资总额则接近500亿美元，是日本的45倍。缺少创业活力，是制约日本拥有全球知名互联网大企业的重要因素。

（三）企业文化差异

由于社会制度、传统文化、地理位置等因素的差异性，各个国家的企业文化都有各自的特点。不同国家企业文化的差异性，在很大程度上也影响了本国的创业文化。以中日两国为例，中国互联网企业多数是借鉴美国的企业管理体系，奉行的是以绩效为核心的企业考核与升迁标准。在中国互联网公司，末位淘汰制普遍盛行，员工即便在大企业也普遍存在一种"时不我待，只争朝夕"的紧张感和焦虑感。因此在大企业，外面与内部的失业风险同时存在，但是创业则具有较高的自由度，财富的获取速度也更快，加之中国国内互联网创业环境不断改善，O2O、互联网思维风行一时，这些有利因素吸引了中国大批年轻人涌向各种互联网创业项目。而日本则不一样，日本企业界奉行的是终身雇佣制，这套制度体系下的企业都非常注重员工忠诚度，企业认为要对员工有终身承诺及技能培养的责任，并为之提供公司自行发展出的管理技术训练，让员工由基层逐级往上晋升。这种良好的上升机制与人性关怀导致日本年轻人认为待在大公司是一种非常理想的状态，因此不愿意自主创业。

（四）生活方式差异

互联网产业做的是与人们生活方式息息相关的产业，因此，一个国家互联网企业发展状况也和国民生活方式紧密相连。日本移动互联网产业发达，与日本人民的生活习惯息息相关。日本大多数人上班所用的交通工具为地铁和通勤客车，平均每人花在上班途中的时间为70分钟，手机成为这些人消磨时间的主要工具。而日本的3G和4G网络覆盖率很高，流量资费相对较低。据网络调查，日本用户平均一周的APP使用次数全球最高，从中可以看到，日本用户对手机的依赖程度很深。同时，日本人有着很强的付费能力和消费习惯。日本人游戏平均单个付费率是美国的3到4倍，是中国的10倍以上，因为日本是一个发达国家，它的整体国民收入水平是比较高的。再加上日本人对于文化产业很热衷，不管是动画漫画还是音乐行业、电影行业、游戏行业等，都特别舍得在这些方面花钱。日本国民的这些行为习惯和消费习惯也造就了日本比较发达的移动互联网产业，特别是在手机游戏、O2O、移动医疗、移动广告、手机视频等方面都具备领先优势。早在2003年，日本功能手机已经具备很成熟的使用环境，手机电视、手机钱包等功能已经得到广泛应用。2004年，日本政府提出"U-Japan"战略，物联网技术已被包含其中。从自动售货机、交通运输，到物联网支付等领域，日本的运营商都与行业的大客户实施了诸多成功的应用。这也造成了即使以美国苹果手机为代表的智能手机出现，也不能够迅速让日本民众放弃使用功能手机的习惯，智能手机并不能立刻占领日本移动互联网市场。然而，日本的人口少子化和高龄化及经济的持续不景气等社会问题，都不可避免地减缓了日本互联网产业的迅速发展。而随着苹果手机的出现，美国迅速取代日本成为世界移动互联网发展的新发动机，中国的移动互联网市场也蓬勃兴起，世界各地的互联网市场掀起了新一轮的竞争热潮。

可见，人们的生活方式和行为习惯在很大程度上也影响着本国互联网企业的发展速度与规模。

（五）语言文化差异

互联网企业的发展壮大与国家语言文化传播的广泛性和通用性有着很大关系。以欧洲为例,由于历史原因,欧洲是由 45 个国家和地区组成的大洲,国家与地区之间语言文化差异巨大,这使得欧洲的互联网发展比较困难。互联网不同于制造业,十分强调速度和运营,欧洲多语言环境让德语的网站连其他欧洲国家都打不进去,这种语言上的屏障使得欧洲发展互联网的成本很高,因此,像德国、法国建立起来的互联网公司,只能在本土发展,没有拓展国际化市场。虽然,欧洲拥有一批像 King、Supercell、Rovio、Gameloft 等优秀的手机游戏厂商,手机游戏行业发展不错,但在市值规模上,这些公司和中美主流移动互联网公司相比有很大差距。相比于中美两国,欧洲缺乏一流的国际互联网企业。而中国和美国各自都有通用、统一的语言,有利于形成足够大的统一市场,这对互联网企业发展极为重要。

三、小结

从 20 世纪 90 年代至今,互联网企业已经走过了 20 余年的发展历程,在一波又一波的商业浪潮中腾挪跌宕,彰显英雄本色。随着世界经济一体化进程的加快,互联网已经让世界变成了地球村,让国际社会越来越成为你中有我、我中有你的命运共同体。正如习近平总书记强调的:"当今世界,网络信息技术日新月异,全面融入社会生产生活,深刻改变着全球经济格局、利益格局、安全格局。世界主要国家都把互联网作为经济发展、技术创新的重点,把互联网作为谋求竞争新优势的战略方向。"[①]作为互联网经济主体的互联网企业,也在世界经济舞台上扮演着越来越重要的角色,发挥着越来越重要的作用。在全球最大的品牌咨询公司 Interbrand 发布的"2017 全球最佳品牌 100强(Best Global Brands 2017)"中,谷歌、亚马逊、阿里巴巴、腾讯、京东、百度、

---

① 《习近平在中共中央政治局第三十六次集体学习时强调:加快推进网络信息技术自主创新 朝着建设网络强国目标不懈努力》,《人民日报》,2016 年 10 月 10 日,第 1 版。

网易等这些互联网企业都榜上有名,显示了我国互联网企业在世界经济领域中不断强大的竞争力和良好的市场前景。与此同时,互联网企业也凭借着自己不断强大的经济实力和资源优势,对世界市场经济体系和格局产生重要影响。例如,2017 年 1 月,阿里巴巴董事局主席马云与美国总统特朗普进行会谈。阿里巴巴表示,希望为美国 100 万个中小企业提供支持,帮助美国农民,美国的中小企业通过阿里巴巴平台接触到中国市场和亚洲其他国家的市场和其消费者,在未来五年为美国创造 100 万就业岗位。当前,中国许多互联网企业不仅自身发展得好,甚至成为地方的领军企业,带动了一方经济的腾飞和发展;同时也纷纷走出国门,布局海外市场,展现了中国智慧与中国力量。

我们说,机遇与挑战并存,机会往往伴随着风险。在互联网高速发展的时代,互联网环境竞争十分激烈,市场经常瞬息万变,有一些互联网企业顺应市场需求,抓住风口顺势崛起;也有一些互联网企业没有站稳脚跟,被风吹倒。对互联网拥有热情或抱着梦想的互联网创业者,不仅要思考如何在风云变幻的互联网市场上找准突破口,顺势而为、抓住机遇,实现自己的创业梦想和事业,而且要善于借鉴经验,总结规律,寻找企业发展的独特之道,从而实现企业的长远发展。

第二章　互联网企业发展的现状及趋势

百度 CEO 李彦宏曾经说过，互联网的第一幕是 PC 互联网，现在这一幕是移动互联网，但移动互联网的红利期已经基本结束，而互联网的下一幕就是人工智能。[①] 李彦宏这句话很好地概括出了互联网科技的过去、现在及未来的发展方向。

一、互联网企业发展的现状

以信息科技为支撑的中国互联网企业经过近 20 年的发展已日趋成熟，特别是处于当前"互联网＋"及"大众创业、万众创新"的大时代背景下，中国互联网企业更是不断迸发出新的生机和活力，产业转型升级也更加活跃和频繁，互联网领域呈现出创新创业的热潮并由此引发了新一轮的科技革命和产业革命。2017 年 8 月，中国互联网协会、工业和信息化部信息中心在京联合发布 2017 年"中国互联网企业 100 强"名单，腾讯、阿里巴巴、百度、京东、网易、新浪、搜狐、美团点评、携程、360 位列前十名。经过激烈的市场竞争和洗礼，在电商、搜索、社交、游戏、资讯、美食、旅游、安全等众多领域出现了具有一定规模且发展势头良好的互联网企业。互联网企业整体呈现如下发展态势。

一是企业的规模实力进一步壮大，并保持了较快的增长速度。截至 2016

---

① 《全国政协委员李彦宏：如何迎接人工智能新时代?》，《中国经济周刊》2017 年第 10 期，第 53 页。

年 12 月底,我国境内外上市互联网企业数量达到 91 家,总体市值为 5.4 万亿元。其中腾讯公司和阿里巴巴公司的市值总和超过 3 万亿元,互联网业务收入达到 2958 亿元,利润达到 997.52 亿元。两家公司作为中国互联网企业的代表,占中国上市互联网企业总市值的 57%。工业和信息化部部长苗圩表示,2016 年中国互联网行业收入增长超过 40%,其中,电信业务总量、业务收入分别增长 53% 和 5.1%,软件和信息技术服务业收入增长 15%。可见,2016 年中国互联网企业整体发展势头良好,增长规模与速度提升迅速。

二是企业业态呈现多元化发展。覆盖综合门户、垂直门户、电子商务、互联网金融、网络视频、网络游戏、网络营销、大数据服务、IDC、CDN、互联网接入等主要互联网业务领域。一些有实力的互联网大企业如阿里巴巴、腾讯、百度、京东等也不断扩大经营范围,以并购为主要手段,纷纷拓展主营业务以外的业务领域,打造全产业链,充分挖掘互联网各个领域的商机。像阿里巴巴经过多年的规模发展,已经形成了一个通过自有电商平台沉积及 UC、高德地图、企业微博等端口导流,围绕电商核心业务,支撑电商体系的金融业务及配套的本地生活服务、健康医疗等,囊括游戏、视频、音乐等泛娱乐业务和智能终端业务的完整商业生态圈。

三是电子商务发展迅猛。目前中国电子商务正以每年 20% 左右的速度增长,2017 年中国电子商务规模突破 20 万亿元。在"互联网+"政策引领下,中国电商企业从 2015 年的 20 家增加到 2016 年的 34 家。在北上广深,小到美甲、外卖、按摩,大到家居、装修、租房等,当地居民生活的方方面面都与电子商务紧密地联系在一起。在 2016 年"双 11"期间,淘宝交易额突破 1207 亿元,京东下单量超过 3200 万单,同比增长 130%,交易额同比增长 59%;苏宁易购线上订单量增长 210%。此外,国美、唯品会等电商平台"双 11"当日的销售同样比 2015 年大幅增长,小米、华为、暴风科技等公司的全网销售量也继续高歌猛进。根据商务部等权威部门统计数据,以及阿里巴巴、京东、苏宁等主流电商此前公布的财报数据,2016 年电商行业保持了较快的增长势头。中国电子商务研究中心发布的《2016 年(上)中国电子商务市场数据监测报告》显示,2016 年上半年我国电子商务交易额达 10.5 万亿元,同比增长 37.6%,增幅达 7.2 个百分点。其中,B2B 市场交易规模达 7.9 万亿元,网络零售市场交易规模为 2.3 万亿元,均比去年同期有显著增长。"双十一"当天,天猫无线端成交额占比达83.62%,京东无线端下单量占比达85%,苏宁易购移动端支付占比达83%。三家电商平台超高的移动端成交数据,显示出电商应用正在从城市地区快速渗透到乡村地区,相关地区的消费潜力将在未来得以释放。

四是创新驱动成果丰硕。越来越多的中国互联网企业意识到创新是驱动企业发展的核心竞争力,因此纷纷加大研发投入。以中国三大互联网企业BAT(百度、阿里巴巴、腾讯)为例,阿里巴巴在2017年10月份宣布成立达摩院,进行基础科学和颠覆式技术创新研究,并表示三年内,阿里在技术研发上的投入将超过1000亿元人民币。一直以投资研发作为企业重要任务的百度,把公司15%的收入都用于研发,特别是近年来百度一直致力于人工智能开发,在过去两年多的时间里主要用于这方面研发的投入就超过200亿元人民币。欧盟委员发布的"2016全球企业研发投入排行榜"显示:2016年,百度用于软件和计算机服务方面的研发投入为14.44亿欧元,腾讯用于软件和计算机服务方面的研发投入为11.77亿欧元。此外,中国互联网前十名企业中的携程网在旅游休闲方面的研发投入为4.66亿欧元,奇虎360用于软件、计算机服务的研发投入为4.40亿欧元,等等。中国互联网企业的人工智能、大数据、云计算、物联网、工业互联网等领域的大幅度创新投入,加速了前沿技术产业化。据工信部数据显示,中国互联网企业的人工智能、大数据和云计算的技术较为成熟,用户量大,产业化程度高,物联网和区块链领域还有待企业加强研发投入、战略布局和市场拓展。

五是"大众创业、万众创新"政策效果初步显现。各地互联网行业快速发展,特色鲜明,领军企业纷纷涌现,呈现"百花齐放"的格局。以重庆为例,近年来重庆互联网企业发展迅速,2016年互联网行业企业已达6000余家,从事网站开发与运营业务企业占比超60%,电子商务业务占比24.5%,网络推广、互联网金融和物联网等业务企业超过10%,其中30%的企业主营业务收入超100万元。而一些知名的大企业如阿里巴巴、腾讯、百度、搜狐等都成为当地互联网企业的领军代表,带动一方互联网产业的发展壮大。在移动互联网时代,基本上每一个APP都是某个行业或者其细分领域的代表。像微信、携程、唯品会、美团、新华网、迅雷、人民网、蘑菇街、凤凰网、影音风暴、滴滴出行、芒果TV、猎豹浏览器等,涉及即时通讯、旅游、购物、美食、影视、娱乐、资讯、出行、搜索等众多互联网领域和业务,成为人们手机里最常用也最受欢迎的

APP。这些 APP 很好地满足了互联网时代人们日常工作、学习和生活中的所需所想,为网民提供了极大便利,也让众多互联网企业能够更好地占领、掌握移动终端市场。

六是中国互联网行业整体向规范化、价值化发展,同时,移动互联网应用服务不断丰富,与用户的工作、生活、消费、娱乐需求紧密贴合,移动互联网推动了消费模式共享化、设备智能化和场景多元化。例如共享单车,只需要用智能手机就能实现寻找附近车辆、移动支付、扫码开锁、计时收费等功能,实现了单车使用的便捷化与高效化。当前,互联网分享经济的热点主要集中在生活资料分享,即"消费协同",下一步将转向生产资料分享,即平台经济。以平台为支撑发展互联网分享经济,将在移动互联网领域最先成熟。

基于庞大的市场需求和日益完善的技术应用,移动互联网行业规模将持续扩大,移动互联网塑造的社会生活形态将进一步加强。

二、互联网企业发展的趋势

在 2016 年 11 月召开的第三届世界互联网大会上,美团 CEO 王兴曾表示,中国互联网已经进入下半场,在上半场,中国互联网竞争很激烈,很多行业第一和第二合并。那么在下半场的互联网角逐中,互联网企业又将在哪些领域进行布局,占领行业制高点呢?

(一)技术创新将成为互联网企业新的风口

人工智能、云计算、物联网、5G 等将为互联网带来新一轮创新,也让互联网企业寻找到新的经济增长点。在 2016 年世界互联网大会上,被提及最多的就是"人工智能"。百度 CEO 李彦宏在大会论坛上发表演讲称,未来的机会就在人工智能,人工智能会给每一个人、每一个行业、每一个国家带来很多变化。他强调,在 ToC 端的无人车、智能翻译、物联网,ToB 端的医疗、物流系统、客服行业等领域,人工智能将大大提高工作效率。目前百度在语音识别、图像识别、自然语言处理、无人驾驶、机器学习、深度学习等人工智能相关领域共公开了 1500 余件发明专利,在无人车、语音搜索甚至 O2O 领域开启了普遍应用。搜狗公司 CEO 王小川也屡次强调了人工智能,并透露了搜狗的一款新产品——实时中英转录。360 董事长周鸿祎则表示,普及人工智能产品只是时间问题。可见互联网企业家们纷纷聚焦人工智能领域,人工智能将开启一个新的互联网时代。

云计算与大数据这两个分不开的应用方向近两年被全行业所熟识。浪潮集团董事长孙丕恕表示,人工智能的大趋势已经非常清晰了,但是需要基于计算和数据。阿里巴巴集团 CEO 张勇指出,2016 年是阿里云整个大数据在个性化上面的全面应用,整个电子商务交易系统在"双 11"实现了充分弹性计算,使得阿里为此准备的基础能力可以和阿里公共云计算的能力进行实时调度。张勇指出,在这个过程当中,"双 11"关键技术使用,其实包括了首先采用异地双活技术和首创模拟"双 11"当天的各种变化,特别是数亿人访问的全链路压力测试的体系,这个压力测试体系是由阿里云的大数据来支撑的。阿里云在阿里 2015—2016 年多个季度的财报中都以高于 100% 的速度增长,逐渐成为阿里集团强有力的收入来源。在 2016 年"双 11"期间,天猫创造的 1207 亿元能在 24 小时内发生,其背后是以阿里云飞天技术平台为基础的整个技术架构在发挥作用。可见,云计算与大数据这两样互联网技术已经为互联网企业带来了经济利润,未来,两项技术还将为互联网企业带来更大的经济效益。

物联网作为人工智能快速实现应用的重点方向也广受推崇。奇虎 360 董事长周鸿祎认为,智能设备将会呈现多样化,智能手机并不是它的终极表现形式。未来五年,手机一定会有另一个重大的变化,可能会被其他智能硬件产品解构掉,这也正是"万物互联"。

中国工程院院士邬贺铨表示,互联网技术发展到 5G,将出现新一批"独角兽"企业。随着云计算、物联网大数据、移动互联网的出现,互联网开始面向生产服务,进入"互联网+",所以 5G 是进入产业互联网的时代,进入"互联网+"的时代,这也为新的企业崛起提供了巨大的机遇。这些年来,互联网的发展成长起了美国的微软、谷歌、亚马逊、脸书等企业及中国的百度、网易、腾讯、京东等一批企业。现在,互联网会和 5G 孕育出大批的"独角兽",会有新一批互联网企业迅速崛起。

可见,技术创新为互联网企业带来了新一轮的创新与商机,创新驱动发展,未来互联网企业将在新技术的驱动下,出现新的产业业态,获得新的成长机遇和发展空间。

(二)互联网企业将进行垂直行业的深度整合,推进线上线下融合发展,实现产业跨界发展

中国工业和信息化部信息通信发展司司长闻库表示,要加快各领域跨界融合发展,一方面推进线上线下融合发展,推动互联网与商贸、金融、教育、医疗等服务领域进一步融合渗透;另一方面,加快互联网由消费领域向生产领域延伸,推动云计算、大数据等技术与制造、能源、农业等领域的融合创新。[①]在移动互联时代,真正的商业赢家都是瞄准一个细分垂直领域,在线下构筑深度运营体系,在线上运用 IT 系统形成 O2O 闭环,从而形成深度垂直。"深度垂直"的企业,既可以依靠线下的运营壁垒与对手展开竞争,又可以通过强大的 IT 线上系统支持企业大规模扩张。百度、腾讯微信、京东商城等都是这方面的佼佼者。例如,百度在移动互联网时代开始在垂直细分领域投资,比如教育、医疗、汽车、旅游、餐饮等许多重要的行业,因此,用户想从百度那里得到什么,百度就能满足用户的需求。不仅如此,百度还与众多垂直领域的巨头建立了合作关系,从而为使用百度搜索的用户提供最佳、最流畅的搜索体验。用户可以通过百度地图轻松预订酒店,通过百度糯米,用折扣价格团购餐饮。移动互联网时代为百度这样的互联网公司带来更多的可能。所以,在过去的几年中,百度不仅推出了许多更适应移动互联网时代的搜索 APP,还与许多垂直行业的领军企业合作,力求为用户带来最好的 O2O 体验。消费者寻求的是服务,有些服务在线上就可以满足,而有些则需要在线下进行。因此,百度提供了许多重要行业的线下服务。可以看出,百度已经不再依赖于标准的网络生态环境,而是根据自身的需求建立新的生态环境。为此,百度需要和垂直供应商保持良好的合作关系,确保用户可以通过百度推出的

---

① 《中国互联网百强榜单发布 电商企业占 34 家》,中国新闻网,2016 年 7 月 12 日,http://www.chinanews.com/it/2016/07-12/7936737.shtml。

APP 顺畅交易。这种成功的商业模式在未来还将继续得到很好的推广,为互联网企业带来新的发展契机。

在双创、中国制造 2025、"互联网＋"等时代变革的大背景下,互联网企业除了推进线上线下的融合发展,也开始与传统产业进行融合创新。在 2016 年第三届世界互联网大会上,阿里巴巴董事局主席马云发表演讲时表示,未来的 30 年,新技术将融合传统行业的方方面面,我们必须把互联网的技术、互联网的资源普惠化,只有真正让技术与互联网的资源汇合,才能把这场技术革命真正地变成造福人类的巨大成果。马云指出,冲击传统商业的不是电子商务,电子商务只是把握了互联网的技术、互联网的思想,知道未来的经济将完全基于互联网,创造出一套适应未来商业的商业模式而已。在中国的"互联网＋"国家战略影响下,互联网企业和传统企业纷纷携手同行,形成新的业态融合。例如阿里牵手苏宁,两家公司可以凭借各自资源优势进行有效整合,苏宁有海量的线下门店网络、物流仓储、售后服务网点及 5000 个加盟商,阿里则有线上的流量、大数据、支付宝与网商银行代表的互联网金融,如果对接成功,将在很大程度上影响中国互联网格局。在所有零售企业中,苏宁的互联网转型最坚决,不但把名字改为"苏宁云商",而且一直保持着线上业务的巨额投入。苏宁的选择或将对目前正对互联网处于踌躇中的传统企业家群体造成巨大冲击。互联网的业态早就不复当年的"小国寡民"各自为政,而进入一个群雄争霸的新纪元。对于徘徊在互联网时代之外的传统企业来说,危机与转机并存。在阿里与苏宁之后,将掀起互联网企业与传统企业的合作并购潮,这是互联网经济的发展趋势,也是互联网企业未来发展的重要领域。

(三)并购依然是互联网企业迅速成长的重要手段

互联网领域并购热潮依然火热,据清科集团数据显示,2016 年上半年中国互联网行业并购案例为 260 起,同比增长 126.1％;披露并购金额的案例数 123 起,规模达 1108 亿元,同比增长 400％。[①] 不管是从并购数量还是并购规模来看,互联网行业的并购活跃度都远大于中国整体并购市场,这说明互联

---

① 《中国互联网行业上半年完成 260 起并购交易》,硅谷动力网,2016 年 7 月 25 日,http://www.enet.com.cn/article/2016/0725/A20160725016515.html。

网行业的整合继续加速。这将是未来几年互联网行业的整体趋势。

中国互联网行业经历过 2015 年的滴滴打车、快的打车,58 同城、赶集网,美团、大众点评,携程网、去哪儿网,世纪佳缘、百合网的并购潮。进入 2016 年,尽管头上被资本寒冬、经济增长放缓等阴云笼罩,但并购的脚步并没有放缓,甚至有所提速,大额交易也频频出现。2016 年 1 月,蘑菇街"牵手"美丽说成就 2016 合并第一案,双方正式宣布达成战略合并协议,新公司的整体业务估值近 30 亿美元。以 BAT 为代表的中国互联网企业更是凭借自身的资源优势通过投资、并购等手段不断完善自己的产业布局,巩固其商业帝国,成为并购潮中的主力军。阿里巴巴及旗下企业于 2016 年上半年先后完成对优酷土豆、神州专车等大额收购;腾讯收购芬兰游戏开发公司Supercell的交易金额达到 86 亿美元,创造了全球游戏史上最大规模收购纪录;京东与沃尔玛达成一系列深度战略合作,原沃尔玛旗下的 1 号店并入京东。

近几年,互联网行业并购现象尤为突出,活跃度空前。国内互联网行业的发展主要还是靠商业模式驱动,而非技术创新驱动,这意味着企业的核心竞争力相对匮乏,非常容易导致同行间激烈的同质化竞争,表现便是动不动就大打价格战、烧钱。长久以来,在盈利模式还不是清晰稳定的情况下,越来越多的企业面临生存困境,难以坚持,许多投资方因此积极推进企业参与并购重组,从而实现资本退出或减少"烧钱"。如 2016 年上半年蘑菇街和美丽说的合并,在两家公司背后以腾讯和高瓴资本为代表的投资方驱动是促成交易的重要原因。

除了背后投资方的推动,一些现金流充足的互联网大企业基于自身当前的优劣势,通过收购手段来弥补自身的短板,进入新领域,围城圈地,完善自己的生态布局,也促成了行业并购潮的兴起。而面对来自大企业无处不在的威胁,一些体量相当的互联网小公司也通常会选择合并的方式抱团取暖以增强和大企业竞争的能力。总体而言,互联网行业瞬息万变,并购事件风起云涌,但这也是这一行业走向成熟的必然过程,在未来几年,互联网行业的并购潮将依然如火如荼,持续燃烧。

(四)互联网企业将走国际化路线,积极开拓海外市场

阿里巴巴董事局主席马云曾经说过,生意越来越难做,关键是你的眼光

不行。你的眼光看的是全中国,就是做全中国的生意;你的眼光看到的是全世界,就是做全世界的生意。近年来,互联网企业纷纷将目光聚焦海外市场,加快了"出海"的步伐。像阿里巴巴、腾讯、百度、奇虎360等这些中国互联网企业巨头,是在获得中国市场领先优势后,转向海外寻找新的业务增长点。虽然发力点和布局各有不同,但终极目标一致,就是拓展海外市场空间,寻找一片"蓝海"。

目前,许多互联网公司在完成原有海外布局的基础上,频出新招,加快了拓展海外市场的步伐。例如,阿里通过一系列投资并购加速布局海外市场,除了涵盖老本行电商,还包括特定的热门和新兴领域,社交软件 Snapchat、视频通话应用 TangoMe、移动搜索工具 Quixey、招车应用 Lyft、AR 平台 Magic Leap 等。2015 年 12 月,阿里巴巴集团旗下跨境出口电商平台速卖通(AliExpress)对外发布了 2016 年一系列全新的调整举措。其中包括:提高商家入驻门槛,全面从 C2C 转型跨境 B2C,首推年费制度和年费返还措施。2016 年,"企业+品牌"成为速卖通入驻新门槛,"好货通,天下乐"的目标也一直在靠近。这一系列举措根本目的在于将速卖通打造成为高品质渠道品牌,助力中国中小企业开拓全球市场。2016 年 4 月,阿里以 10 亿美元收购新加坡电商企业 Lazada,进军 6 亿人口的东南亚电商市场,成为其深化国际化战略的重要一环。2017 年阿里游戏宣布联手 Mail.Ru、龙腾中东、TFJoy、Efun,分别在俄语区、中东、欧美、日韩等海外区域市场,一起组成"全球发行战略联盟",帮助国内游戏走出国门和引进海外优秀游戏。众多"出海"案例中,腾讯云"出海"的手段其实比较值得借鉴,即通过强势领域和生态服务出海市场。从收入排名上来看,腾讯的游戏业务已经是全球第一,而腾讯云立足腾讯游戏,为大批行业内的游戏企业提供服务,"出海"之后获益良多。据悉,截至 2016 年 12 月,腾讯云在全球范围内开设了 14 个海外服务节点,其中包括亚太地区的首尔、悉尼、东京、金奈,欧洲地区的法兰克福、伦敦和阿姆斯特丹,北美地区的华盛顿、达拉斯和硅谷,以及南美地区的巴西圣保罗,等等。另一方面,腾讯目前应该是国内在视频直播领域布局最多的公司。腾讯云将在国内视频直播领域的优势延续到了海外市场。在海外,东南亚最大互联网公司 Gerana 通过腾讯云直播服务在全球开展社交直播业务,东南亚最大的音乐播放平台 JOOX 也入驻腾讯云。加上国内 5 个数据中心,腾讯云一共拥有 19 个全球服务节点,腾讯云也因此成为全球云计算基础设施最完善的中国互联网云服务商。

从今天的互联网发展趋势来看,国内云"出海"战略颇有先见之明。近来互联网新名词——"下半场"被炒得很火热,国内互联网人口红利已经结束,加上 10 余年的发展,国内互联网竞争相当激烈,可以说是一片"红海"。这样一来,更加彰显了国际市场的"蓝海"特征。

(五)分享经济领域未来发展空间持续扩大,竞争日益激烈

在我国,"发展分享经济"在党的十八届五中全会中首次作为国家战略被提出,《中共中央关于制定国民经济和社会发展第十三个五年规划的建议》提出拓展网络经济空间,实施"互联网+"行动计划,发展物联网技术与应用,发展分享经济,促进互联网和经济社会融合发展。2016 年,中国互联网协会分享经济工作委员会正式发布《中国分享经济发展报告 2016》,这是我国首个分享经济发展报告。可见,分享经济是作为国家一项长期战略加以规划发展的,具有良好的发展空间。

在现实的经济生活中,中国人在分享经济的实践方面走在世界的前头。国家信息中心分享经济研究中心、中国互联网协会分享经济工作委员会在 2017 年年初联合发布的《中国分享经济发展报告 2017》指出,分享经济正成为中国经济最活跃的创新领域,2016 年我国 6 亿人参与分享经济,市场交易额约为 34520 亿元。在互联网投资趋冷的大环境下,2016 年分享经济企业的融资规模约为 1710 亿元,比上年增长 130%。[①] 我国分享经济主要集中在金融、生活服务、交通出行、生产能力、知识技能、房屋短租等六大领域。分享经济很好地适应了我们国家提出的"创新、协调、绿色、开放、共享"发展理念的新要求,具有广阔的市场前景。分享经济所拥有的特征,比如技术特征是基于互联网平台,主体特征是大众参与,客体特征是资源要素的快速流动与高效

---

① 《发改委:去年中国互联网分享经济规模破 2 万亿元,5000 万人参与提供服务》,华尔街见闻网,2017 年 9 月 18 日,https://wallstretcn.com/articles/3031413。

配置,效果特征是用户体验最佳,文化特征是"不求拥有,但求所用"等,都很好地契合了当下人们追求简单、方便、快捷的生活需求。因此,分享经济很受市场和大众的欢迎,像共享单车一经推出,立刻就风靡全国,更成为现在的一种生活时尚。在街上放眼望去,都是共享单车的身影,摩拜单车、ofo 小黄车等,一时间遍布各大中城市的每个角落。2016 年最后 4 个月,前两大共享单车应用的月活跃用户增加了约 900 万人。这股共享单车热潮得到了国内外投资者的支持。例如,2017 年 3 月,ofo 完成 D 轮 4.5 亿美元(约合人民币 31 亿元)融资。此次融资由 DST 领投,滴滴、中信产业基金、经纬中国、Coatue、Atomico、新华联集团等机构跟投。此轮融资,ofo 创造了共享单车行业单笔最高融资纪录,成为全球自行车租赁行业中的首家"独角兽"企业。

未来分享经济发展将呈现五大趋势:内涵持续深化,外延不断扩大;竞争日趋激烈,少数企业胜出;传统企业转型,积极拥抱分享;监管体系重构,社会协同治理;倡导开放包容,走向信息社会。预计未来 10 年,中国有望诞生 5—10 家分享经济大体量平台型企业。

(六)互联网金融将持续蓬勃发展

互联网金融是传统金融机构与互联网企业利用信息通信技术和互联网技术实现资金融通、支付、投资、信息中介服务的金融业务模式,其中包括基于网络平台的金融市场、服务、产品、监管等体系。近年来随着互联网普及率的快速提升,互联网与金融的融合步伐加快,互联网金融凭借成本低、效率高、覆盖广、发展快等优势,提供多样化的产品与服务,满足各个金融服务领域的需求。2017 年 2 月北京天使实战学院、上海交通大学互联网金融研究所、京北投资联合发布的《2016 年度中国互联网金融投融资分析研究报告》指出,2016 年度中国互联网金融投融资市场发生的投融资案例共计 459 起,完成融资的企业数为 427 家,融资金额约 901 亿元人民币,其中 28 家企业完成两轮融资,2 家企业甚至在一年之内完成三轮融资。2016 年度的互联网金融市场投融资规模增长达 182% 以上。随着我国移动互联网用户基础日趋庞大,预计到 2018 年,我国互联网金融用户数量有望突破 7 亿人。中国对互联网金融的监管政策日趋严格,行业的集中度也不断提升,因此中国第三方互联网支付市场竞争格局将趋于稳定,预计到 2018 年我国第三方互联网支付交易规模将达到 23 万亿元。2016 年 8 月央行在批复续展首批次 27 家支付牌照的同时,对支付业务范围也有所调整,强调支付公司的合规性和业务开展的有效性。同年 10 月国务院办公厅公布了《互联网金融风险专项整治工作实施方案》,内容涉及第三方支付、互联网保险、P2P 网络借贷、股权众筹等各个领域。在这个大背景下,互联网金融领域支付牌照并购事件频发,第三方支付行业的并购不断加剧,行业集中度将得到快速提升。我国整个第三方支付市场几乎被支付宝、财付通(包含微信支付)等两大巨头瓜分,寡头垄断的竞争格局较为明显。2017 年 10 月艾瑞咨询发布的"2017 年第二季度第三方移动支付市场规模报告"显示,2017 年第二季度第三方支付移动支付市场总规模达到 27.1 万亿元。随着支付宝和财付通不断拓展支付场景,第三方支付的市场份额变化越来越小,双寡头局面稳固。2017 年第一季度,支付宝和财付通合计占据市场 94% 的份额,第二季度这一数据升至 94.3%。随着第三方支付机构不断提升支付安全性,支付方式也呈现多样化发展。其中,生物识别技术与第三方支付的结合将成为行业竞争热点,也是支付行业未来发展的重要方向。2016 年支付宝推出了全新的刷脸支付技术"Smile to Pay",识别准确率高于人眼。创新支付方式的出现将打开第三方支付的发展空间,进一步提升支付机构的市场份额。

近几年,我国互联网金融行业呈现爆发式增长,作为金融领域的一种新业态,其监管不完善等问题日益突出。但无论业态如何花样翻新,互联网金融都没有改变金融行业经营风险和管理信用的本质,要和其他金融业态一样,接受相关部门的严格监管。国务院政府工作报告从 2014 年两会首提"促进互联网金融发展",到 2016 年"规范发展",再到 2017 年强调对互联网金融要"高度警惕累积风险",可以看出中央政府对互联网金融的风险防范越来越重视,在监管态度上逐渐趋于严格,这也是在互联网金融爆发式增长过程中不可忽视的问题。

作为金融行业中的一支重要生力军,互联网银行也随着国家对民营银行的全面放开而蓬勃发展,热潮涌起。据不完全统计,截至 2017 年,17 家获准筹建或已开业的民营银行中,有 8 家银行都直接定位为互联网银行,包括第一批成立的深圳前海微众银行、浙江网商银行等。互联网银行相比传统银行而言,规模小、底子薄,其抗风险能力也相对较弱,对于风控的要求也更高。从目前的情况来看,互联网银行普遍拥有互联网背景,在海量数据、金融云、用户画像、信用体系等方面有着先天的优势。大数据的应用具有风险控制能力,可以帮助银行筛选客户、计算群体违约率、违约损失率,并通过修正大数据提高风控能力,搭建有效的风控体系。以微众银行为例,其拥有强大的互联网基因,依靠大股东腾讯积累的大数据体系,利用自身的金融科技,在征信、风控等方面进行了有效的布局,率先形成其创新风控策略,简述为"精于数据,专于模型,敏于系统"。基于两大社交软件微信和手机 QQ,微众银行拥有最全面的社交数据,并基于大数据分析技术,深入挖掘各类风险数据,建立风险识别、实时侦测、计量和报告的能力,以满足风险监测报告、风险计量模型、贷后预警、反欺诈与黑名单识别等风险管理工作的需要。不同于众多的风控模型,微众银行通过引入国外新型风险识别和算法技术,陆续建立了客户分群授信、社交评分、信用评分、商户授信管理、欺诈侦测等系列模型,主动预警捕捉高危行为,率先将线上风控用于实战。其推出的"白名单"邀请制扭转了被动风控的局面,在贷前就开始排查风险,进行反欺诈识别,做到了即时预测风险、实时调整风控模型,有效降低了小额贷款服务中的信用风险和欺诈风险。互联网银行的另一大特点是所有业务在线上完成。线上金融业务要求在有效控制风险的前提下,同时实现流畅便捷的客户体验。微众银行搭建了全线上风险信息系统,可承载互联网环境下的瞬时高并发业务量,并加载各类数据源和模型引擎,在客户手指滑动间完成风险识别与计量的判断与决策。凭借强大的数据处理能力、先进的风控理念和敏捷的风控系统,微众银行成立两年多以来,其线上信贷业务"微粒贷"快速发展,同时贷款不良率远低于行业平均水准。

互联网金融便捷、高效的特征,吸引着不同空间的人群,具有强大的市场需求。当前,互联网与金融融合创新的市场环境、政策环境均已具备,互联网与金融融合的各类自主、自发的创新产品、服务也在不断涌现。未来,互联网金融的行业形态和市场格局将遵循互联网和金融的内生规律向前演进,并将持续蓬勃发展,演绎出更多新的特征和趋势。

（七）内容产业将成为互联网企业在经济新常态中的亮点

伴随"互联网+"战略的持续推行,互联网已成为激活文化消费和信息消费的新引擎。以互联网文学、影视、动漫、游戏、音乐、新闻等细分领域为代表的互联网内容产业的增长势头更为突出。产业规模快速增长的同时,围绕优质内容的市场竞争更为激烈。随着人口红利消失,增量市场受影响,优质内容正成为各大型平台争夺的重点。当前是一个内容为王的时代,一切皆 IP 化的时代,优质内容到商业变现的距离越来越短,也存在着远比过去更多元的商业化玩法,影视剧所在的泛娱乐产业更是如此,从 IP 储备到基于内容 IP 的全产业链开发,互联网产业正上演一场史上最大规模的变革运动。

方兴未艾的互联网内容产业,在未来的发展中将呈现五大趋势:一是互联网内容的马太效应。随着互联网内容产业的持续发展,热门 IP 内容质优价高,其运作有赖于内容平台的资本实力,因此重头优质 IP 的授权往往集中在各大网络平台企业。二是内容的颠覆新生。互联网长尾内容回归普通用户和新兴平台,与重头内容呈现迥然不同的分散化态势。三是渠道的重新构建。VR 的普及将彻底改变当前互联网内容的传播渠道,提供崭新的用户触达机会。四是遵循历史发展规律。纵观互联网内容产业过去十年的发展,在内容集中度上呈现出波浪式上升的特点。五是未来注重优质 IP 的产业化布局。对于优质的 IP 来说,大规模"跨界跨次元"发展是必然趋势。应该说,谁掌握了互联网内容产业未来的发展趋势,谁就拥有了成为时代赢家的竞争优势。

三、小结

自从国家提出"大众创业、万众创新"的号召以来,中国互联网创业持续升温。为了鼓励这股创业浪潮,中央和地方政府连续出台了一系列的创业优惠政策和帮扶计划,为双创的繁荣发展营造了良好的政治经济环境,中国正在努力成为新一轮科技革命加速演进的推动者。

2017 年,中国互联网创业者与创新公司的数量持续增加,北上广依旧是互联网创业的热土,这些区域新成立的互联网公司占比超过一半,创业者热衷的领域主要集中在企业服务、文化娱乐、教育等方向。随着资本市场的推动,加之政策的引导,中国互联网创业浪潮依然火热,产业多元化趋势更加明显。目前中国互联网企业已经覆盖了综合门户、垂直门户、综合电商、垂直电商、产业服务、网络营销、B2B 电商、IDC 和 CDN3、网络游戏、网络视频、个人工具、在线旅游等互联网主要业务领域。随着网民数量激增,产业规模的极速扩张,中国互联网产业的行业门槛也在不断提升,竞争也越来越激烈,因此,互联网创业者需要在瞬息万变的互联网市场中寻找机会,抓住创业的风口,实现自己的创业梦想。工信部信息化和软件服务业司司长谢少锋表示,互联网将通过技术、模式、理念等创新,开启产业发展新阶段。[①] 互联网企业未来将基于人工智能,语音识别、体感交互等技术迎来重大突破,催生出一系列创新成果,颠覆人们的传统认知,推开万物互联的大门。面对产业发展新趋势,互联网企业需要更加注重模式的创新,做优、做强品质,打造品牌,提升服务,实现产品与服务的创新融合,促进企业实现新发展。

---

① 刘峣:《中国互联网产业惊艳全球(中国互联网这 5 年)》,《人民日报海外版》2017 年 9 月 25 日,第 8 版。

第三章　互联网企业的企业文化特色

　　企业文化，也可以称为组织文化（Corporate Culture 或 Organizational Culture），是企业发展中形成的共同理想、价值观、信念、仪式、符号、处事方式等组成的文化综合体，具体表现在企业运营管理的方方面面。它包括文化观念、价值观念、企业精神、道德规范、行为准则、历史传统、企业制度、文化环境、企业产品等等。企业精神和价值观是企业文化的核心。它是企业或企业中的员工在从事生产经营活动中所秉持的价值观念和行为自觉。可以说，企业文化对企业发展至关重要，它是约束机制，也是激励机制，既能够有效统一员工意志，规范员工行为，又能够很好地调动、激发和鼓励员工为企业发展做贡献，是推动企业发展的动力和源泉。

　　一方面，互联网企业是依托互联网技术发展起来的，因此，在企业文化上必然具备互联网经济特性；另一方面，互联网企业是在特定的民族文化背景下成长起来的，因此，在企业文化上必然具备民族文化与现代意识；同时，互联网企业是高增长型、高成长型企业，存在着与传统企业不一样的发展路径和模式，并由此衍生出了自己独有的企业文化特色。

一、体现互联网经济特性

　　互联网企业主要是依托互联网技术从事网络经营活动的，因此企业文化带有鲜明的互联网经济特性。

（一）用户至上

互联网的技术特点决定了互联网企业必然是建立在注重顾客需求、民主、平等、开放的基础之上的。在互联网经济中，"用户至上"是互联网商家尊崇的发展原则。

很多互联网企业在创业之初经常以大力度的优惠活动吸引用户，例如，阿里巴巴、奇虎360等在企业刚成立的时候都是通过免费模式吸引用户，在培养了用户的使用习惯后，才渐渐推出收费产品和服务；像摩拜单车和ofo小黄车，经常推出限时免费骑行、骑行有红包活动等一系列优惠活动，目的就在于提高用户的广度和黏度。阿里巴巴、腾讯、百度、京东等这些中国互联网知名企业，在企业发展过程中，一直都是坚持"用户至上"的核心价值观，并以此引领企业不断向前发展。例如阿里巴巴创始人马云在创办淘宝网时做的第一件事就是将阿里巴巴"客户第一"的价值观移植到淘宝。他频繁地与自己的会员进行沟通，广泛收集客户的需求，为了一个问题，可以在论坛里跟淘宝的会员泡到深夜。淘宝的员工都熟悉一个词，叫"练内功"，就是研究如何让这个网站更贴近会员的感受，让会员怎么能够一目了然，并在最短的时间内在海量商品里找到自己需要的东西。正是靠着这样的"以客户为中心"的执着和坚持，才让淘宝网拥有了今天的规模和成就。可见，"用户至上"应该成为互联网企业实现企业成长的逻辑起点，成为企业文化建设的重要内容。

（二）开放包容

苹果公司CEO蒂姆·库克在谈到苹果公司的包容文化时指出："苹果产品十分出色的原因之一，是开发它们的人不仅有工程师和计算机科学家，还包括艺术家和音乐家。是这种人文科学、人性和技术的交叉让我们的产品充满魔力。"[1]可见，苹果公司的包容文化让不同的人能够齐心协力，发挥各自的优势，从而创造出出色的苹果产品。因此，互联网公司需要在企业内部建立

---

[1]　《库克重返母校谈多样性：苹果产品好就因为多样性》，凤凰科技，2017年4月7日，http://tech.ifeng.com/a/20170407/44568946_0.shtml.

起频繁的、非正式的、建设性的沟通渠道,公司各级管理层实行"开门政策",以一种完全开放的心态去聆听员工的心声,允许他们试错,从而让企业获得良性发展。

在互联网时代,顾客的消费行为发生变化,人们通常只要轻点鼠标,就可以轻松完成网上的消费行为,因此,产品的用户体验会变得越来越重要。互联网企业的产品或服务做得好与不好,都会立刻得到消费者的在线实时反馈。可以说,体验经济是互联网经济特性之一,它要求互联网企业以开放包容的文化来对待用户,倾听用户的反馈意见,及时改进、更新自己的产品和服务,让自己的产品和服务能够更加符合用户的需求,更好地吸引和留住用户,让企业实现长远发展。

(三)创新精神

互联网企业的特点就是商业模式可以复制,但是企业不能缺少创新精神,否则企业就缺乏成长的动力和源泉,注定走不长远。当今互联网技术更新迭代的速度十分迅速,依托互联网技术成长起来的互联网企业,如果不能及时有效掌握和利用与时俱进的互联网技术,进行产品创新、技术创新及商业模式创新等等,就有可能被其他企业赶超,甚至被淹没在互联网商业浪潮中。

世界上许多著名的互联网公司如亚马逊、谷歌、思科、阿里巴巴、腾讯等都十分具有创新精神,他们在各自领域的创新不止一次地改变世界,并且在过去5年继续保持着令人刮目相看的创新。例如,以网上书店起家的亚马逊,如今具有了多重身份:电商、消费电子产品生产商、云服务供应商,甚至还是好莱坞制片商。在接近22年的时间里,亚马逊重塑了一个又一个新行业,其代价是一遍遍摧毁亚马逊自己已有的产品体系并不断进行重建。亚马逊以三大创举推动自身发展:一是快速壮大的 Prime 会员体系,会员每年需支付99美元会费;二是改变长期的抵触情绪,开设实体店,进入线下世界;三是不断反思、改善物流体系,在距西雅图一小时车程处新设配送中心,高科技机器人与人类工作者协作,俨然一种未来工厂的感觉。这些紧贴市场需求、紧跟科技发展、勇于挑战自我的创新举措,催生出了亚马逊不断进取的企业文化,也让亚马逊得以不断发展壮大,从而傲立"潮头",成为全球最具创新活力的、处于行业领先地位的互联网巨头。

(四)诚信经营

人无信不立,网无信不兴。相较于传统企业,互联网企业更需要推进诚信经营的企业文化建设。无论是信息发布还是电子商务,都应该把诚信作为企业生存发展的根本。互联网时代,企业和用户之间都是凭借互联网进行联系、沟通或者从事交易活动的。用户经常在设备终端进行信息资讯的浏览、选择商品和进行购物,面对的是商家提供和呈现出来的产品或服务,而对于这些产品和服务的真实性依然很难鉴别,所以购买商品的时候经常会出现卖家秀和买家秀两种状态。比如,一件连衣裙,商家在交易平台展示的时候,经常是精美别致,勾起买家购买的冲动,而当买家兴冲冲地把连衣裙买回家后,发现完全不是那么回事,不是裙子的质量就是裙子的款式跟卖家展示出来的图片有很大的差别。虽然现在交易平台一般都有用户评价体系,用户的评价也都基本能够比较客观地反映商品的实际状况,但是依然存在着商家花钱刷好评等不诚信的情况,这实际上是损人不利己的行为,既损害了消费者的权利,又损害了商家的长期利益。诚信经营应该是互联网企业的社会责任,以及互联网企业文化建设的重点。

当然,诚信经营不仅仅指的是面对消费者,同时也指向企业内部。例如,近年来,京东集团连续公布多起内部腐败案件,并在 2016 年 12 月宣布,为鼓励员工、供应商及其他合作伙伴全面深度参与京东诚信经营的监督体系,积极举报腐败和职务犯罪等违法违规行为,加强对举报人的保护,京东特出台《京东集团举报人保护和奖励制度》,并将设立每年高达 1000 万元的反腐奖励专项基金,对于举报违规行为并查实的举报个人或举报单位进行高额奖励。同时,京东集团还正式上线了反腐网"廉洁京东"(lianjie. jd. com),该网站将连同"廉洁京东"微信公众号,一起向所有社会公众开放,实时同步公布京东内部反腐工作动态,鼓励公司内部员工、供应商及合作伙伴积极举报腐败行为,共同打造诚信的商业环境。根据该制度,京东目前已对举报违规行为的某供应商和某内部员工分别奖励了 50 万元和 3 万元人民币。对此,京东集团内控合规部相关负责人指出,《京东集团举报人保护和奖励制度》是京东在既有反腐败制度和诚信建设上的又一次重大升级,将围绕京东平台的所有利益相关人都纳入"反腐生态圈",京东希望通过价值观宣导、举报奖励制度和司法打击等多维度相结合的方式,践行诚信、正道、成功的企业文化,带头为全行业营造良好的商业氛围,进而推动整个社会的诚信建设步伐。

可见,诚信经营应该作为互联网企业文化建设的重点,是互联网企业实现长远发展的根基和根本。

(五)合作共赢

阿里巴巴集团董事局主席马云曾说:"做任何生意,必须想到 3W,即三个 Win。第一个 Win,是客户 Win,你做任何事情,客户首先要赢;第二个 Win,合作伙伴一定要赢;第三你要赢。三个 W,你少一个 W,找不到这个网页;三个赢,你少中间任何一个赢,这个生意没法做下去。"[1]阿里巴巴这样描绘自身的企业使命,就是让天底下没有难做的生意,马云也多次表示,阿里巴巴从创立之初考虑的不是自己能挣多少钱,而是帮助多少人赚钱,让多少人得到幸福,就像星巴克一样,卖的不是咖啡,卖的是精神,卖的是理想,卖的是文化,只有胸怀理想,坚信帮助别人做大做强,自己才能实现持久的发展。这一文化理念不仅是阿里巴巴取得成功的重要文化因素,而且也符合当下互联网经济发展的规律与趋势,对希望基业长青的互联网企业具有很好的借鉴意义。

当前,互联网技术的发展让企业之间的边界越来越模糊。互联网企业之间、互联网企业与传统企业之间相互融合,实现企业的合作共赢。比如,2016年,华为携手搜狗网络打造云数据中心互联网络,以合作共赢的方式携手迈向云时代。这次强强合作,为双方继续在各自领域树立和巩固优势地位打下了坚实基础,为双方进一步展开更深层次和更多技术领域的合作创新拉开了序幕。2017 年 2 月,阿里巴巴确认签署百联集团,新零售在上海落地。同年 3月,阿里巴巴宣布全资收购大麦网。由此可见,通过发展线上与线上、线上与线下的合作,以此实现企业间的共赢,已经成为互联网企业创新发展的重要

---

① 《马云:眼光有多远 未来就有多远》,新浪科技,2014 年 11 月 20 日,http://tech.sina.com.cn/i/2014-11-20/detail-icesifvw7861547.shtml。

模式。

（六）平等意识

多数互联网企业属于高新技术型企业,在企业内部集聚了更多的知识型员工。按照马斯洛的需求层次理论,他们的要求处于较高层次,所以,获得平等、尊重、自我价值的实现是促使他们快乐工作的基本要求,因此企业要想留住人才,必须塑造符合知识型员工心理需求的工作氛围和企业文化。例如奇虎 360 科技有限公司,做的是中国领先的智能产品,以及互联网安全服务,像奇虎 360 旗下的 360 安全卫士、360 杀毒、360 安全浏览器、360 手机卫士、360 搜索、360 儿童卫士、360Wi-Fi 等,这些产品一经推出就因为其简单、实用、方便等特性广受好评,从而在各领域都具有广泛的市场占有率。这些产品都是来源于企业科技人员的创意和研发,可以说,知识型员工就是奇虎 360 这家企业的核心资源。如何用好、发挥好、调动好员工的积极性和创造性,使之更好地为企业创造更大的价值,是企业在经营管理中必须思考的重点问题。坚持为员工营造平等、受尊重的企业文化氛围,是奇虎 360 实现企业内部良性运行的不二法则。奇虎 360 董事长周鸿祎曾经在中央电视台财经频道 2016 年推出的纪实节目《遇见大咖》的专访中表示,360 一直都倡导平等尊重的企业文化氛围,例如,360 一直比较反对体现鲜明层级关系的称谓,平等从称谓开始,所以在企业内部,员工一般管周鸿祎为老周。对此,周鸿祎表示,层级高的人或者级别高的人,说话不一定更有分量。在 360 这样一家以技术创新为依托的高科技互联网公司,讲究的是大家平等地进行交流,这也是 360 这家企业尊重人才、实现平等的一项重要举措。与此同时,周鸿祎强调,互联网企业最看重的是人的创意,因此,360 公司把 10% 的股份拿出来激励员工,从而让员工感觉到他们在这个企业里不仅仅是打工者,而是合伙人,有企业主人翁的归属感。这种平等对待和尊重员工的企业文化,能够很好地激励员工的工作积极性和创造力,从而推动企业的创新发展。

可见,以创新和创意作为核心竞争力的互联网公司,需要在企业内部倡导和塑造平等、尊重的企业文化,以此吸引和留住更多的人才,从而为公司创造更大的财富价值。

（七）危机意识

对于互联网企业来说，危机意识时刻存在。相较于传统企业，互联网企业进入门槛较低，信息传播速度较快，更容易被新的商业模式所取代。比如，淘宝网成立以后，通过免费模式及开创"支付宝"作为第三方交易平台等更符合中国市场发展需求的商业模式，迅速取代易贝（eBay）在中国 C2C 市场的垄断地位，易贝在淘宝强有力的攻势下，逐渐失去了大部分的中国用户和市场份额，并在 2006 年退出中国市场。因此，相比较传统企业，互联网企业创新速度更快，危机感也更强。

百度创始人、董事长李彦宏曾经多次坦言自己在百度转型过程中经常会产生各种危机感。比如，他表示自己一直担心如果每一个人都使用 APP，那么百度的搜索引擎会变得没有用处，担心百度在成长过程中遇到的各种问题和风险，觉得如果过不去这些坎，百度就会遭遇生存危机。他表示公司在成长的任何阶段都会面对很多问题，自己也会有很多压力和彷徨。特别是担心百度在发展过程中遭遇各式各样的竞争压力，有些是来自比百度体量大的企业，也有些可能来自比百度体量小的企业。不仅如此，百度更担心的是对发展形势的错误判断，特别是来自平时没有关注到的，觉得这东西其实没什么，但实际有可能是企业最为强劲的对手，企业有可能就被它颠覆。对此，李彦宏表示，纵观 IT 产业几十年的发展，新的颠覆旧的这个过程一直在进行中，多多少少都是一种必然，当然，对于百度来说，最好的颠覆是自己对自己的颠覆，而不是来自另外一个公司的挑战。曾经是携程"四君子"之一、现在是汉庭连锁酒店 CEO 的季琦表示，互联网焦虑是所有线上企业的时代病，即使是阿里巴巴、百度、腾讯等大型的互联网企业也难以幸免。可以说，每一次信息技术的革命，给互联网行业带来无穷想象空间的同时，也带来了转型的危机和被淘汰出局的恐慌。在新技术不断出现的时代，高科技公司的产生和淘汰率越来越高，曾经风光无限的雅虎就是典型的例子。线上企业遇到好的机遇或者刚好抓住创业的机遇，有可能会发展迅速，规模得到迅速扩张，但是数量极少。比如如今的共享单车市场，只有摩拜单车和 ofo 小黄车成为行业的独角兽，获得持续不断的融资。例如摩拜单车在 2017 年 1 月和 6 月分别获得了大约 15 亿元和 40 亿元的融资,后者创下了共享单车行业单笔融资的纪录。但是共享当车市场竞争十分激烈,只有少数企业活下来了,更多的企业生命周期很短,犹如昙花一现。同样是在共享单车领域,悟空单车、卡拉单车、3Vbike 等共享单车在经历了短暂的经营之后,宣告失败。其中悟空单车从 2017 年 1 月 7 日面世,上线运营仅 5 个月后,就在官方微博上宣布自 2017 年 6 月起正式退出共享单车市场,一语道出了互联网市场行业竞争的激烈和残酷。目前,国内有 100 多家共享单车企业,随着共享单车领域进入行业洗牌,资金、供应链向摩拜、ofo 小黄车等这些优势企业集中,中小共享单车品牌大都举步维艰,生存或灭亡经常是转瞬之间的事情。

可见,危机意识是互联网企业成长过程中不可逃避的现实话题,也是互联网企业在企业文化建设中需要重点建设的内容之一,培育和建构企业的危机文化,培育企业员工的危机意识,有利于企业在面临危机时,能够未雨绸缪、从容应对,尽量避免和消除危机给企业带来的负面影响,促进企业的生存发展。

(八)强调速度

互联网行业是一个追求速度、效率和规模的行业,在短时间内需要迅速放大并显示效应,不然很快就会被市场淘汰。这也是互联网行业的业态。例如现在是移动互联网时代,每个互联网企业都需要抢占手机终端市场,通过手机 APP 让自己的产品和服务能够在第一时间被手机用户所了解、掌握和使用。谁抢占了先机,谁就赢得市场,获得了发展壮大的路径和机会。像今天我们所看到的阿里巴巴,十多年前谁也想象不到它会成为世界上最大的电子商务公司,拥有这样大的市场规模和影响力。但是在阿里巴巴成长过程中,其董事局主席马云就一直强调快速尝试和快速实施,在这个过程当中,阿里巴巴的每一个员工有什么想法都可以及时跟老板沟通,只要符合客户需求,符合市场需要,每一个员工提出来的想法都可以得到采纳,关键是接下来要快速尝试与实施。正是这样高效的决策力和行动力,让阿里巴巴总是能走在别人的前面,抢占先机,赢得市场。小米科技创始人、董事长雷军在谈到互联网行业制胜法宝的时候表示,快就是一种力量,天下武功唯快不破,你快了以后能掩盖很多问题,企业在快速发展的时候往往风险是最小的,当你速度一慢下来,所有的问题都暴露出来了。因此,强调速度是互联网企业的文化特色之一。

面对日新月异的互联网技术及迅速变化的用户需求,互联网企业决策速度往往比决策质量显得更重要,互联网企业不同于传统行业,按照战略、研究、开发产品、交付这样的一套程序是走不通的。许多互联网企业更倾向于快速决策,只要大方向把握好了,就算中间可能会有一些波折,但是还有修正的机会,就像一些大的互联网企业,如谷歌公司一般不会考虑长期的具体规划,而是会考虑刺激和反应。他们认为网络软件不断更新,无法死板地为它做出规划,只能根据消费者行为不断更新改进。动作越快越灵活,产品就会越成功。这和传统企业在思维方法上不同,是互联网企业特有的思维方式和文化特色。

二、彰显民族文化与现代意识

不同国家的互联网企业是在特定的民族文化背景中成长起来的,因此,不同国家的互联网企业的企业文化不可避免地带有本民族的文化特色,同时融合了现代意识,让传统文化与现代精神在企业发展中形成强大的精神动力。例如,美国一直以来都提倡独立、平等、自由、民主的价值观,从美国一些知名的互联网企业,像谷歌(Google)、脸书(Facebook)、亚马逊(Amazon)等塑造的企业文化中可以看出,这些互联网企业在企业文化方面渗透着美国独有的文化特色和价值观。美国文化中的个人主义价值观及其外化的冒险创新精神、竞争意识、注重物质追求、讲求实用主义的经营哲学,以及理性主义等都渗透在美国互联网公司的企业文化中。以脸书公司(Facebook)的企业文化为例:

脸书公司在招聘员工时,通常并不需要应聘者拥有知名学府像斯坦福大学(Stanford)或卡内基梅隆大学(Carnegie Mellon)的计算机方面的学位证书,也不需要拥有博士学位及优异的学业成绩单,或许连学术能力评估考试(SAT)成绩单的复印件也不需要。这主要是因为脸书公司是由大学中途辍学、热衷黑客精神的学生创办的。创始人扎克伯格20岁考入知名的哈佛大学,但没有完成学业,是该学校计算机系和心理学系的辍学学生,但是他凭借着自己在程序方面的超强能力,创办了脸书公司,并一路引领它成为世界上最知名的社交网站。因此,对于脸书公司来说,能力比学历更重要,实用主义是这家公司十分重要的企业文化特质。他们更侧重对应聘者进行技术能力的考核,比如,第一次面试就会涉及编码。对此,脸书公司表示,编码测试会让应聘者的实际能力展露无遗,对于公司重点考察的候选者来说,这是一个立竿见影的测验。通过编码测试的应聘者将受邀到脸书公司参加专业性更强的面试,也意味着应聘者将面临更多的编码测试。有的面试是纯粹的编程测试,有的面试主要考察应聘者的实际能力,也就是解决棘手问题和技术问题的能力,面试官将从行为学的角度来判断应聘者分析问题和解决问题的能力等。这种能力大比拼的方式有助于公司招到有实力、有水平,能够真正促进企业发展的优秀人才。

脸书公司企业文化中的黑客精神也是美国个人主义价值观及其外化的冒险创新精神的体现。例如,脸书公司一直都有一项经典活动"黑客马拉松"(Hackathon),员工们整晚都沉浸在编程的世界里,天马行空地寻找新的创意,构想新的项目,其时间轴(Timeline)的想法就是在此类的活动中诞生的。人们经常很好奇脸书公司许多富有颠覆性的创新产品源自哪里,而贴满脸书办公室每个角落的"Hack"字样则是最好的答案。在办公室里,最具特色的张贴标语包括"冒风险让我感到充满活力",以及"如果不害怕,你还能开发出什么?",等等。通往脸书总部的大道被命名为"黑客大道",公司总部园区中心广场也被命名为"黑客广场"。"黑客文化"已成为脸书公司重要的企业文化特质,也成为该公司企业文化中不可或缺的重要组成部分。

脸书公司企业文化中的现代管理理念则体现在企业塑造的独特工作氛围中。该公司位于美国加州门罗帕克的总部是由11座建筑物围绕着一个迪士尼样式的步行广场和双向人行道组成。在这个综合办公区里,有餐饮店、木制品店、打印社、拱廊市场等,对于企业员工来说,在工作园区里生活很方便,而且这里的所有服务都是免费的或者由公司提供补助。脸书公司通过为员工打造这样一个梦幻、温馨、舒适的工作环境,让员工跳出传统的思维模式,从而激发员工想出新点子、好创意。这种开放性的工作环境及尊重、爱护员工的做法,也增强了脸书员工的责任感、使命感和自豪感,促使员工能够更好地为脸书服务。

在中国,诸多互联网企业在企业文化上也体现出鲜明的民族特色和现代管理意识。以中国互联网企业巨头阿里巴巴为例:

中国传统的武侠文化是阿里巴巴企业文化中不可取代的重要部分,可以说阿里巴巴的企业文化中充满了中国武侠风范,比如"六脉神剑"价值体系。六脉神剑出自中国传统武侠小说《天龙八部》,在小说中是大理段氏的最高武学。阿里巴巴把企业价值体系概括为六脉神剑,每一脉代表着一个核心价值观,即客户第一,团队合作,拥抱变化,诚信,激情,敬业等,从而对武侠文化中的六脉神剑进行了现代演绎,深入人心,影响深刻。除了"六脉神剑",阿里巴巴的员工都有属于自己的独一无二、耳熟能详的武侠"花名",比如马云自称"风清扬",而现任CEO张勇则叫"逍遥子",走进淘宝公司的员工办公室,通常会听到同事相互之间打招呼:"阿珂!""青桐!""破虏!"[①]久而久之,阿里巴巴的员工经常只知对方的花名,而忽略了其真名。此外,淘宝的会议室名字也十分具有"金庸武侠特色","黑木崖""侠客岛""桃花岛"[②]等等,仿佛置身于金庸笔下的武侠世界。对此,阿里巴巴表示,这样做的目的是让员工有一个轻松愉快的工作环境。快乐工作、认真生活,是阿里巴巴一直倡导的企业文化。

可见,不同国家的互联网企业,在企业文化上都渗透着本民族的文化特色与现代管理理念,这些具有民族特色和现代意识的企业文化在促进企业经营发展中起到了很好的外塑形象、内聚人心的作用,让企业充满积极向上的生机与活力,成为促进企业发展的催化剂。

三、符合互联网行业发展特性

互联网企业,由小变大,由初级期走向成熟期,其发展战略在企业发展的

---

① 张炜利:《看阿里巴巴员工怎样快乐工作》,浙江在线,2009年6月30日,http://edu.zjol.com.cn/05edu/system/2009/06/30/015632237.shtml。

② 张炜利:《看阿里巴巴员工怎样快乐工作》,浙江在线,2009年6月30日,http://edu.zjol.com.cn/05edu/system/2009/06/30/015632237.shtml。

不同阶段都会有相应的调整,因此,企业文化也需要跟随企业发展战略的变化而适时做出改变,特别是互联网企业属于高增长型、高成长型的行业,因此,互联网企业的企业文化也需要与时俱进、适时调整,才能更有利于企业成长。例如,阿里巴巴在创业初期,把企业文化提炼为"独孤九剑"即九大价值观,分为两个轴线,一是创新轴,创新、激情、开放、教学相长;二是系统轴,群策群力、质量、专注、服务与尊重。可以说,"独孤九剑"是与阿里巴巴早期的企业发展状况相适应的。随着阿里巴巴的发展壮大,原来的"独孤九剑"不再适应企业的发展需要,因此,阿里巴巴把"独孤九剑"精炼成了"六脉神剑",那就是:客户第一,客户是衣食父母;团队合作,共享共担,平凡人做非凡事;拥抱变化,迎接变化,勇于创新;诚信,诚实正直,言行坦荡;激情,乐观向上,永不放弃;敬业,专业执着,精益求精。这六脉中的每一脉又细分为五个行动指南,例如"客户第一"这一脉在实践中又具体细分成五大行为准则:尊重他人,随时随地维护阿里巴巴形象;微笑面对投诉和受到的委屈,积极主动地在工作中为客户解决问题;与客户交流过程中,即使不是自己的责任,也不推诿;站在客户的立场思考问题,在坚持原则的基础上,最终达到客户和公司都满意;具有超前服务意识,防患于未然。因此,六脉神剑具化为 30 个行为准则。相比较"独孤九剑","六脉神剑"更加成熟、完善,也与成长壮大的阿里巴巴相适应。

马云在阿里巴巴创立之初,就提出了三个愿景,第一个愿景是阿里巴巴未来要成为服务中国中小企业的一家电子商务公司;第二个愿景是阿里巴巴在未来要成为市值 50 亿美金的企业;第三个愿景是阿里巴巴要做一家生存 102 年的企业。现在,前两个愿景已经实现甚至已经被超越,阿里巴巴已经从中国杭州一家最初只有 18 名创业者的小型互联网公司成长为中国最大的网络公司和世界第二大的网络公司,拥有 5 万多名员工。阿里巴巴一直努力为员工创造能够在积极、灵活和以结果为导向的环境中共同紧密工作的大家庭。无论他们成长为多大的公司,强大的共享价值观使他们保有共同的公司文化和阿里之家。

当然,阿里巴巴作为互联网企业的本质和使命没有发生很大的改变,但是在企业发展的不同阶段,价值观评价指标的侧重点和权重发生了变化。在阿里巴巴创业初期,侧重的是创业的激情、探索与创新,需要在学习中成长,同时注重发挥团队的力量,专注产品与服务的质量,等等;而随着企业的发展成熟,阿里巴巴则对企业文化中的创新、平等、协作和危机意识等要求更高一些,这些价值评价指标的权重也更大一些。

四、小结

　　互联网企业在二十多年的发展进程中,逐渐摸索和建构出了符合自个企业发展环境、发展愿景和发展需求的企业文化,这些各具特色的企业文化在很大程度上为互联网企业积极健康的发展起到了良好的促进作用。同时,我们也意识到,与新兴的互联网企业一同成长起来的互联网企业文化,也存在不成熟与不完善的地方,需要在实践中不断加以改进和提升。我们始终相信企业文化对企业发展所起到的重要作用,优秀的企业文化是成就优秀的互联网公司的必备条件。只有建构出适合公司发展愿景和目标的企业文化,才能更好地推动企业向着理想的方向迈进,这是互联网企业走向成功的重要基石。

第四章　互联网企业的企业文化发展趋势

企业文化要和企业发展阶段相适应,才能有效促进企业发展战略目标的实现。对互联网企业来说,企业文化建设需要跟上飞速发展的互联网科技及企业阶段性发展的战略目标,才能让企业内部实现良性运转,从而更有利于企业的长远发展。可以说,未来互联网企业的发展方向决定了互联网企业文化的发展方向。

从对互联网企业未来发展趋势的分析中可以清楚看到,随着互联网科技的飞速发展,人工智能、云计算、物联网、5G 等将是互联网企业实现创新发展的技术支撑,互联网企业将实现线上线下融合发展、分享经济发展空间持续扩大、产业并购浪潮依然火热、国际化步伐不断加快、互联网金融蓬勃发展、文化产业将成为互联网企业新亮点、互联网创业热潮持续升温等等。这些互联网企业新业态、新趋势竞相辉映,在很大程度上影响到互联网企业文化发展总体趋势。

一、更注重企业外部的需求导向

(一)重视"客户导向文化"

互联网经济的一大特性就是"用户至上"原则,互联网企业所提供的产品或服务有没有市场,主要取决于用户需不需要,用户喜不喜欢,以及用户满不满意等现实因素。互联网企业讲究规模效益,只有具备庞大的客户群体,企业才有生存发展的可能,这也是互联网行业中存在着"烧钱圈地"现象的原因,例如在竞争激烈的共享单车市场,今天摩拜单车推出骑单车送红包,明天ofo小黄车推出限时免费骑行等等,目的都是抢占客户资源,只有拥有了海量的客户资源,才能实现企业的规模效益。因此,客户关系管理在互联网企业文化中就显得十分重要。好的客户关系管理机制能促使企业利用相应的信息技术更好地协调企业与顾客在销售、营销和服务等方面的联系和沟通,可以更好地向客户提供创新式的个性化服务,其最终目标是吸引新客户、保留老客户,以及将已有客户转化为忠实客户,增加市场份额,提高企业核心竞争力。

随着互联网科技的发展,人们的学习、生活和工作方式及日常行为习惯都发生了变化,舒适、方便、快捷等成为吸引时下消费者进行消费的重要因素。在网络时代,信息透明且流动迅速,消费者变得越来越聪明,也越来越清楚地知道自己应该选择什么,而不是人云亦云、盲目趋从。特别是对于习惯在互联网上进行消费的"80后""90后"甚至"00后"这些主流消费群体来说,灌输式教育是行不通的,越灌输越反弹,这些群体反感权威说教,喜欢挑战。因此,互联网企业只有了解这些线上消费主流群体的行为模式、社会心理、购买需求等等,才能更好地满足他们的消费心理和购物需求,从而占领市场,获取商业利润。当今时代是一个社交网络时代,淘宝网、京东商城、贝贝网、唯品会等作为开放性的互联网交易平台,具有广泛的影响力,产品的口碑很重要,有时候口碑甚至能影响企业的生死存亡。因此,客户关系管理显得尤其重要。它让企业由重视企业内部价值和能力,变革为重视以客户资源为主的企业外部资源的利用能力,以及由此而带来的由重视企业与员工、员工与员工之间的关系变革为重视企业与客户、员工与客户的关系,由重视企业利润变革为重视客户利益,由关注客户群体需求变革为关注客户个性需求,由面向理性消费的经营思路变革为面向情感消费的经营思路等诸多文化因素的变革。互联网企业只有正视这些新挑战、新变化,才能全面提升企业文化,从而更好地适应新的经济环境,获得更强大的生命力。

(二)培养消费者品牌信仰

如今,品牌意识越来越被企业重视,并日益创造出巨大价值。对于互联网企业来说,品牌意识的培养尤其重要,线上的服务和产品,相较于传统企业,更依赖于口碑的传播,因此,互联网企业在塑造企业文化时应该更注重提升产品和服务的品牌价值,培育消费者对企业的品牌信仰。

"品牌信仰"是国际管理界主流导向。它是集文化管理、文化营销于一体的企业文化导向。它以"内外参与"为核心,引导企业从品牌文化到品牌信仰转化。这种转化是通过理念、形象、组织和外部沟通等一系列的方法步骤,让消费者通过参与企业文化过程而产生对品牌的忠诚,进而形成一种消费信仰,这是品牌建设的最高层次。它需要形成一种能将公司及其品牌以一种和谐统一的方式融合在一起的营销模式。企业可以让消费者通过产品或服务体验品牌价值观,从而实现消费者对品牌乃至企业从认识到认可、从认可到满意、从满意到认同、从认同到信赖、从信赖到忠诚、从忠诚到信仰的过程。这对互联网企业来说是一项十分艰辛的工作,而一旦成功,企业通向市场引领者的优势就能够得到有效保持。像迪士尼通过自己的产品和服务持续不断地让消费者感受到"让人们过得快活"的企业文化,从而一直在世界传媒娱乐领域占据市场的主导地位。

对于互联网企业来说,需要关注消费者的消费文化,如生活方式、购物习惯、心理诉求等等,今天的消费者进行消费,并不是简单地购买产品,同时也在选择一种生活观念和生活态度。在面对不断增加和日益多样化的选择时,消费者的购买就变得更加受制于他们对自己钟情的品牌的信仰。在当今移动互联网时代,人们在信息搜索方面,经常首选百度搜索;在资讯浏览方面,经常首选今日头条;在路线导航方面,经常首选高德地图;在社交通讯方面,经常首选微信;在出门旅行方面,经常首选携程旅行;在手机购物方面,经常首选淘宝网、京东商城,等等。可见,这些手机 APP 已经打出了自己的品牌,受到了用户的认可和信赖,占领了手机移动端市场的行业领先地位。随着消费者对品牌信任度和美誉度的不断提升,消费者希望了解他们所信赖的品牌背后更多的故事,就像苹果公司、阿里巴巴集团、腾讯、京东等等,这时候公司如果能适时将其理念和宗旨进行宣传,公司的品牌影响力将得到进一步提升,对企业实现长远发展十分有利。

二、更关注企业内部的人性化管理

（一）强调共享和参与

在互联网企业，随着国际化管理思维的增强、员工整体素质的提升及自我意识的提高等，企业员工在企业管理中互动式的、参与式的沟通方式越来越发挥出积极有效的作用。阿里巴巴董事局主席马云曾表示，公司的发展依靠引进优秀的人才，特别是比自己优秀的人才，这就需要建立各类人才共建共享的文化价值观体系。而作为阿里巴巴集团的创始人之一、曾长期担任阿里集团首席人才官、现为蚂蚁金服董事长兼 CEO 的彭蕾表示，在阿里，自己作为首席人才官，需要的不仅是对客户价值的坚持，还需要培育更适合长出未来想象力与美好改变的土壤。同样是中国互联网知名企业的百度公司，在其企业的核心价值观中郑重地列出一条"员工观念"：员工是最重要的资产，员工的管理理念是建立在信任和尊重的基础之上，要为员工和管理人员提供自由交流的环境，考虑员工利益，激励员工，保证公平，等等。对此，百度董事长兼首席执行官李彦宏在阐述公司的人才理念时，表示："互联网公司，最有价值的就是人。我们的办公室、服务器会折旧，但一个公司，始终在增值的就是公司的每一位员工。"[1]可见，对人才的尊重和认可，是互联网企业需要努力创造的企业文化，因为互联网企业最有价值的就是员工的创新和创意，只有创造有利于人才成长的环境，才能够最终实现企业知识资本的增值。

互联网企业作为知识密集型、科技密集型企业，决定了员工是以技术性、知识型人才为主，同时互联网企业具有年轻化、创新性强的特点，因此，人员也呈现年轻化趋势，如易贝网（ebay）员工的平均年龄约为 32 岁，雅虎员工的平均年龄约为 31 岁，苹果公司员工的平均年龄在 31 岁左右，阿里巴巴员工的平均年龄约为 30 岁。可见，年轻化的知识型员工是互联网企业未来的人才趋

---

[1]　引自百度门户网站"招贤纳士"一栏中的"人才理念"的内容，百度网，2016 年 12 月 1 日，ht-tp://home.baidu.com/jobs/jobs.html。

势,他们更在意企业的文化管理体系和制度,更注重个性的发展及自我价值的实现等等,因此,互联网企业在企业文化建设上更需要注重文化价值体系的共建共享,营造信任并尊重每一位员工的工作氛围,让员工在自己的岗位上能够拥有最大限度的自由,以自己的方式做事;鼓励员工的参与精神,为企业的发展建言献策,鼓励他们以创新的方式完成自己的使命。从而让企业的每一位员工能够以更好的状态投入工作,充分释放自身潜能,为企业创造更多、更大的价值。

(二)注重学习氛围的培养,创建学习型企业文化

对于互联网企业来说,随着知识经济的到来,企业组织形式向扁平化的灵活方向发展,同时其管理核心为发挥人的主观能动性,充分调动员工的创造性思维,实现企业的可持续发展。持续创新是互联网企业的核心竞争力。不断发展的互联网技术,对互联网企业和个人的知识水平提出了更高的要求,新经济环境下最成功的企业仍然是学习型组织,学习型组织在互联网企业文化建设中将进一步得到关注。

当前互联网企业作为依托高新技术成长的企业,企业管理也应该进入全球化和知识化阶段。在这个阶段里,企业业绩的持续增长将成为企业管理者的目标,知识管理也将成为企业管理的重要课题。许多著名的国际化公司,都设立了 CKO(首席知识官)的职位。因此,对于以科技创新为企业发展动力的互联网企业,知识的创造、传播、共享和利用,都是企业保持竞争优势的关键。因此,创建学习型企业文化应该成为互联网公司企业文化建设的重要课题之一。

三、更强调营造和谐共赢的伙伴关系

(一)培育"协作共赢"的企业发展理念

"协作竞争、结盟取胜、双赢模式"是互联网企业文化发展的未来趋势。

互联网行业跨界合作、跨界并购、跨国并购等风潮仍将盛行,因此,合作共赢应是互联网企业文化建设的趋势和重点。例如,随着互联网技术的发展,许多互联网企业都参与"智慧政府""智慧城市"的建设。例如,2016 年 9 月,百度公司与云南省人民政府签署战略合作协议。根据协议,在"智慧政府"建设方面,百度通过开放的公共数据资源,充分发挥核心技术优势,参与云南政务信息资源整合,建设准确高效的在线智能服务平台,实现互联网与政府公共服务体系的深度融合。百度依托云南交通、交管等数据,加速建设云南智慧交通信息平台,提升交通运输行业服务品质。除此之外,百度通过百度舆情、百度指数、百度预测、百度地图等产品,共同开展针对经济指数、政策评价、人群流动、公共安全等方面的大数据研究,从而建立起科学、先进的数据模型,助力政府进行科学决策。可见,随着互联网企业高科技产品及服务优势的凸显,互联网企业更多的领域和行业将进行深度合作,这是互联网企业的发展趋势,因此,塑造合作共赢的企业文化是互联网企业文化建设的重点。

许多互联网企业在并购之后面临着自然资源、人力资源和金融资源的重新分配,面临着如何让原有企业和并购的企业发挥各自优势,进行资源的重新整合,从而创造更大的发展空间,这些都对互联网公司的企业文化建设提出了新的要求,即企业重组后怎样融合企业文化。比如,互联网企业进行跨界并购,各个国家、各个企业都有各自的文化背景和文化特征,所形成的企业文化也各具特色、互有差异。如果没有进行企业文化的融合,就会出现"貌合神离,形连神不连"现象,许多兼并整合后的企业经常遇到的最大问题是文化不兼容甚至文化冲突的问题。因此,互联网企业在进行跨界并购和跨国并购的时候,需要加强"团结协作"的企业文化建设。

(二)倡导"开放、包容、共享"的企业精神

互联网具有开放性、包容性、创新性、渗透性、全球性等特点,因此,互联网企业要在全球化竞争中获得生存发展的机会,就需要顺应互联网市场的发展趋势和产业特性,倡导"开放、包容、共享"的企业精神,实现企业的全球化竞争与全球化发展。

许多中国互联网企业像阿里巴巴、京东、腾讯已经纷纷走出国门,布局全

球海外市场,改变了世界互联网市场的经济格局。例如,阿里巴巴致力于将淘宝和天猫打造成一个全球贸易平台,让所有国家的货品都能卖到世界各地。在阿里巴巴全球化战略中扮演该角色的"全球速卖通"(AliExpress)在2017年4月宣布全球海外买家数累计突破1亿。据速卖通提供的数据,截至2017年,速卖通已覆盖全球220多个国家和地区,过去12个月活跃买家超过6000万,移动端占比59.3%。阿里巴巴把生意做到全世界,在多个国家和地区例如印度、马来西亚、印尼、越南、土耳其、澳大利亚等找到了战略伙伴或者是渠道分销商。这些战略伙伴有着不同的文化背景和利益诉求,因此,更需要企业发扬"开放、包容、共享"的企业精神,以开放、包容的精神和态度与这些海外战略伙伴建立良好的合作关系,通过自己的资金或技术优势实现相互间的资源或利益共享,促进双方的共同成长和进步。正如阿里巴巴在谈及企业愿景时一再强调,阿里巴巴集团拥有大量的市场资料及统计数据,正努力成为第一家为全部用户免费提供市场数据的企业,希望让用户通过分析数据,掌握市场先机,继而调整策略,扩展业务。正是这一以贯之的企业发展理念让阿里巴巴一直以来都与合作伙伴之间建立了良好的互动关系,这也是阿里巴巴实现可持续发展的重要因素。

互联网是一个开放、共享的空间,作为互联网经济运行主体的互联网企业需要秉承和发扬"包容、开放、共享"的互联网精神,以包容互惠的态度对待用户和合作伙伴,以此赢得相互间的信任和支持,推动企业不断向前发展。

四、更提倡建构公平有序的竞争文化

(一)培育公平有序的竞争意识

近年来,我国互联网行业涌现出了一大批颇具市场竞争力的企业,形成了具备一定国际竞争力、影响力和吸引力的互联网产业体系,随着互联网产业的蓬勃发展,互联网市场参与者不断增加,技术升级速度也逐步加快,因此,行业同质化竞争加剧,互联网产品面临的市场竞争环境日趋激烈。因此互联网企业需要顺应产业发展趋势,建构公平有序的竞争文化,培育企业形成公平有序的竞争意识及行为,从而建构互联网市场公平有序的竞争环境,实现企业的长远发展。

在中国互联网市场活跃着一批有胸怀、有战略的企业家,像阿里巴巴董事局主席马云、京东集团董事会主席刘强东等,他们一直有意识地培育公平竞争的企业文化和企业行为,为企业的长远发展筑牢根基。以京东为例:

刘强东表示在创立京东之初就坚定了一个信念,那就是要做一家走正道、没有贪污腐败的企业。多年来,京东都坚持这样的企业底线和道德底线,并在企业内部进行积极的实践。例如,在文化建设方面,京东新员工入职必须接受反腐的培训和考核,同时员工会签署员工反腐承诺书。京东的内控合规部将根据培训对象的情况,制订反腐培训方案从而实施阶梯性培训。同时京东也通过制度、技术等手段强化员工的廉洁意识。例如,集团制订了《京东集团反腐败条例》,以此作为集团反腐败的根本制度,并以条例为中心,增加配套制度,形成健全的反腐制度体系。为鼓励员工、供应商及其他合作伙伴全面深度参与京东诚信经营的监督体系,京东宣布出台《京东集团举报人保护和奖励制度》,并设立每年高达1000万元的反腐奖励专项基金,同时上线了反腐网站"廉洁京东",开通微信公众号"廉洁京东",联合全社会力量共同参与净化商业环境。2017年3月,京东发布了《京东集团廉洁奖励试行办法》进一步完善了京东反腐体系,对于行贿者按照《反商业贿赂协议》进行处理,从而达到从源头上有效控制行贿行为,同时通过奖励的方式对员工做正确事情给予特别认可,鼓励员工拒收贿赂。对此,刘强东强调,对腐败行为进行严厉打击,不是因为狠,是因为这样的事情完全违背了自己的价值观,颠覆了自己的梦想。所以,他表示:"别说几万块钱,几千块钱,就是你敢拿一分钱我也一定把你开掉,我不会跟你讲任何感情,我不会有一丝一毫的犹豫。"[1]正是因为京东一直坚守着这样的企业道德和企业底线,在互联网商业环境中与竞争对手进行公平竞争,既有效地维护了互联网市场公平的贸易环境,又促使企业通过合法正当的手段获取财富价值,实现企业持续不断地发展壮大。

可见,互联网企业要想获得长远发展,必须培育公平有序的竞争文化,增

---

[1] 陈琼珂:《刘强东反腐为什么这么狠,"你敢拿一分钱我也一定把你开掉"》,上观新闻网,2017年8月9日,http://www.jfdaily.com/news/detail? id=61584。

强企业全体人员的正当竞争意识,促使企业通过"苦练内功",不断提升产品质量和服务水平,在与竞争对手进行公平有序的竞争中占据优势,以此赢得市场。随着互联网市场发展的有序化、规范化,互联网企业只有构建起公平有序的竞争文化才符合互联网产业的发展趋势和规律,才是企业走得稳、走得好、走得远的根本之道。

(二)以创新文化提升企业核心竞争力

2017年9月,波士顿咨询公司(BCG)携手阿里研究院(AliResearch)、百度发展研究中心、滴滴政策研究院发布了最新的"中国互联网经济白皮书"《解读中国互联网特色》①,书中指出了互联网发展的三大特性:一是大而独特。特别是互联网用户更年轻、更草根、更移动以及更"喜新厌旧"。二是发展快速。特别是中国互联网新应用和服务的普及速度快,诸多新兴应用在中国的渗透速度远远超过美国,比如移动支付规模已达美国的70倍。三是活跃多变。特别是服务和应用变化节奏快,互联网行业风口现象更明显,高峰期企业数量更多,企业平均寿命更短,相应地,也更加容易造就一夜成名。书中还指出,中国互联网行业的竞争格局越来越激烈,且逐渐形成了生态体系。百度、腾讯、阿里三大巨头构建了广泛的生态体系,培育了不同细分行业的领头羊。例如,电商领域有阿里旗下的淘宝、天猫,社交领域有腾讯的微信和阿里持股的微博,在线视频有百度旗下的爱奇艺,在线领域有百度持股的携程,等等,而第二梯队的领先企业如京东、网易、360也不断延伸业态,围绕中国互联网行业的各个业态展开竞争。可见,中国互联网市场竞争激烈,市场和消费者需求变化迅速,互联网技术更新迭代很快,因此,中国互联网企业生存不易,要想在激烈的市场竞争中占据一席之地,关键就在于培育创新文化,以创新精神为企业赢得发展先机。

可以说,创新文化的培养是互联网企业进行企业文化建设的重点。在互联网企业中,通过培育创新文化,形成良好的企业创新氛围,可以激发员工的创新精神和创新能力,驱使企业实现长足发展。

---

① 《波士顿咨询:解读中国互联网特色》,互联网数据中心—199IT,2017年9月14日,http://www.199it.com/archives/633046.html。

五、更重视企业文化的落地生根

（一）企业文化建设更理性务实，具有可测量性和可操作性

企业文化是企业在经营活动中着力构建形成的，是员工所共享的愿景、价值观等企业本质特征的总和。企业文化的作用不仅仅是对内的导向、凝聚和规范作用，它更重要的作用还在于实现企业基业长青。互联网企业经过 20 多年的发展，开始走向理性和成熟，因此在企业文化建设上也将更趋向于理性和实战，在实施细则上更加具有可测量性和可操作性。像阿里巴巴企业文化从原来的"独孤九剑"精炼成"六脉神剑"，每一脉下面都有 5 个具体的考核评分细则。例如，"激情——乐观向上，永不言弃"这一脉中，分成了 5 个具体的考核评分细则：喜欢自己的工作，认同阿里巴巴企业文化（1 分）；热爱阿里巴巴，顾全大局，不计较个人得失（2 分）；以积极乐观的心态面对日常工作，不断自我激励，努力提升业绩（3 分）；碰到困难和挫折的时候永不放弃，不断寻求突破，并获得成功（4 分）；不断设定更高的目标，今天的最好表现是明天的最低要求（5 分）。在阿里巴巴的业绩考核中，价值观考核占绩效考核的 50%，这也在很大程度上发挥了企业文化对员工的激励和鞭策作用，对企业的长久发展和不断创新起到了不可或缺的作用。

随着互联网的发展，互联网行业呈现出多元发展的业态，不同的企业有着各自鲜明的企业特性，因此，制订符合各自企业特色的、可供测量的企业文化评价体系，能够更好地将企业文化落实到位，能够更好地让员工遵从和信仰企业文化，得到社会的认可和信任，充分发挥企业文化对企业发展的促进作用。

（二）通过丰富多样的文化活动促进企业文化落地生根

企业文化的核心，如企业目标、企业精神、企业价值观、企业道德等都属

于精神层面的文化。因此，互联网企业要让企业文化真正取得实效，成为企业员工共同的集体意识、行为规范和工作准则，就要善于运用多样化的载体和传播方式，才能让企业文化真正见实效，起到对企业及全体员工的精神引领作用。那么互联网企业如何进行有效的企业文化的培育和传播呢？对此，习近平总书记在党第十九次全国代表大会上的一段关于培育和践行社会主义核心价值观的论述具有深刻的启示意义。习总书记谈道，要培育和践行社会主义核心价值观，要通过强化教育引导、实践养成、制度保障等方法和手段来发挥社会主义核心价值观对国民教育、精神文明创建、精神文化产品创作生产传播的引领作用，把社会主义核心价值观融入社会发展各方面，转化为人们的情感认同和行为习惯。要推进国际传播能力建设，讲好中国故事，展现真实、立体、全面的中国，提高国家文化软实力。① 从习总书记的讲话中，我们可以看到一个国家在培育和传播优秀的民族文化和民族精神时可以通过强化教育引导、实践养成、制度保障等方式，特别是通过讲故事的方式来加以实现。那么一个企业在培育和传播企业文化方面也可以积极借鉴这些行之有效的方式方法。

1. 以讲故事的方式传播企业文化

企业可以通过讲故事的方式传播企业文化。中华民族是一个拥有丰厚的历史文化资源，善于讲故事，喜欢听故事的民族，因此，互联网企业在对企业员工进行企业文化的教育和培养时，可以立足于企业的发展理念和发展历程，从中提炼出富含故事性的企业文化。企业把发展过程中能够体现企业发展理念、企业发展愿景、企业道德观、企业价值观、企业精神等一系列人物或事迹挖掘出来，进行具体化和形象化描述，把抽象化的企业文化理念通过一个个生动的故事讲述出来，让企业员工从故事中了解企业文化，从中明确自己身为企业的一分子，应该做什么，不应该做什么，企业对自己有什么期望，自己对企业应该担负什么样的责任和使命，什么样的行为方式可以让自己更好地在企业中获得发展，为企业做更大的贡献，什么样的行为方式会触及企业的行业底线或道德底线，等等。从而让企业员工更好地学习和体会，慢慢

① 《决胜全面建成小康社会 夺取新时代中国特色社会主义伟大胜利——习近平同志代表第十八届中央委员会向大会作的报告摘登》，《人民日报》2017年10月19日，第2版。

地从文化自觉过渡到行为自觉。这样,企业文化教育也就达到了内化于心、外化于形的良好效果。

那么互联网企业如何讲出好的企业故事呢?

(1)讲与企业创业和发展相关的故事

企业讲述什么故事最具文化吸引力?就近取材,自己企业创业和发展的故事是最佳选择。这样的故事,不仅能让员工爱岗敬业,而且能让他们自然而然地产生工作自豪感,增强企业员工之间的凝聚力,成为企业持续发展的强大动力。大凡好的企业,都会有一个能贯彻自己企业精神的"创业故事",它是百讲不腻,百听不厌的,作为企业的精神血脉流淌在全体企业人员的血管里。以华为为例:

华为无疑是中国企业中最善于推进落实企业文化的表率。这家受人瞩目的企业正是用一个个和自己企业创业、发展相关的动物或植物的故事代言企业,塑造企业文化。薇甘菊、毛尖草、龟等的故事已经深入华为人的精神血脉。华为的 logo 不是一般的菊花,而是来自南美的薇甘菊。华为用薇甘菊的形象及成长故事展示华为作为一个企业的性格特征和文化底色。2013 年,华为创始人任正非首度引入了"薇甘菊"理念。薇甘菊是南美的一种野草,它超强的生命力及疯狂生长的速度超越了所有的植物,是被植物学家称为"每分钟一英里"的恐怖野草。薇甘菊的成长故事令人惊叹。不管在多么恶劣的环境下,只要有很少的水分和养分,它就能以迅猛之势生长,并覆盖周边所有的植物。就是这样一种迅速成长、扩张的特性,使得与它争水分、阳光、养分的其他植物一个个走向衰亡。任正非用薇甘菊的成长故事塑造企业文化,激励员工传播薇甘菊的精神基因,强调做产品需要具备薇甘菊这样的特质,以实力说话,才能成为行业的"薇甘菊"。

讲好毛尖草故事,是华为推行成长模式的文化举措。中国有不少企业的成长,靠的是机会主义、风口理论和颠覆性成长,华为却与众不同,以毛尖草鲜活的成长故事,铸就企业的魂魄,让企业文化牢牢扎根在企业员工的内心。毛尖草是非洲大地上生长得最高的毛草之一,有"草地之王"的美称。但是,它的生长过程十分怪异。在成长初期,它几乎是草原上最矮的草,只有一寸高,人们甚至看不出它在生长,草原上的任何一种野草,长得都要比它旺盛。在最初的半年里,毛尖草是不是真的没有生长?植物学家的研究表明,毛尖

草其实一直在生长,但它不是在长身体,而是在长根茎,其根系最深可达 28
米。雨季一来临,毛尖草就如同施了法术一般,以每天一尺半的速度向上生
长,三五天时间,就能长到两米多高,当狂风肆虐非洲大草原时,其他的野草
都折断了,只有毛尖草还能依然挺立。毛尖草之所以能出类拔萃,是因为它
已经付出了超出其他野草多倍的艰辛,它扎下深深的根,从大地深处汲取更
丰富的营养。毛尖草的成长故事告诉华为人一个朴素的哲理:无论做什么,
首先要夯实根基,积蓄力量,其次要持之以恒。只有这样,才能厚积薄发,水
到渠成。华为的成功,有毛尖草的精神基因,与毛尖草的成长奇迹有异曲同
工之妙。

总之,中国互联网企业需要讲述好企业故事,用好故事来传递企业文化,
用企业精神鼓舞人心,激励企业员工成长成才,营造积极向上的企业文化氛
围,让企业文化成为全体企业人员共同的价值追求和文化自觉,成为引领企
业向前发展的精神动力。

(2)讲述企业优秀人才创新或执行的故事

在"互联网+"大潮下,互联网企业俨然成为汇聚人才、资金、技术等资源
的"高地",持续创新是互联网企业生存和发展的关键性因素。如何最大限度
发挥优秀人才优势是互联网企业需要思考的大问题。人才是互联网企业创
新的根本和发展的动力源泉。具有创新知识与创新理念的优秀员工,更能积
极主动地参与企业发展决策,并以自己的创新实践推动企业的发展。他们不
仅仅满足于互联网企业的经济利益,而且能营造一种与时俱进、奋发向上的
企业文化氛围。榜样的力量是无穷的,企业的优秀员工,是树立和传播企业
文化精神的好教材。企业应努力打造鼓励创新的文化,构建共同的价值观,
并以此为指导建立创新环境。讲述企业优秀人员在工作中的创新与执行的
故事,能为大家提供启发和借鉴,用榜样的力量激发企业其他员工的工作积
极性、主动性和创造性,以此来推动企业的创新发展。以北京春播科技有限
公司(简称"春播公司")为例:

这家主要以中高端收入家庭为目标客户的生鲜电商,2015 年由曾任搜狐
联席总裁兼 COO 的王昕创办,该平台目前提供新鲜水果、安心蔬菜、肉禽蛋
品、水产海鲜、安心乳品、粮油副食等各大类食材食品。在企业发展过程中,
春播公司走出了一条不同于其他生鲜电商的发展路径。与"每日优鲜""天天

果园"等提供生鲜产品的电商平台相比较,春播公司最大的特色在于通过对食品安全的把控检测和厨师训练营等模式,以可视化的形式向用户展现产品,利用体验互动等相关运营手段,搭建消费者和生产者之间的信任消费关系,满足用户对食品安全的需求。

春播公司集结了一大批优秀的生产者组成"良心守护大地生产者联盟"。企业通过讲述他们每个人的故事,传递以良心、安心、健康为主旋律的企业文化,打动了很多用户的心,实现了企业和用户利益的一体化。这其中有许多企业员工的感人故事,例如魏占山的五常大米的故事、阿帅的崇明鸟蛋的故事、刘云龙的大兴圆黄梨的故事、丛东日的栖霞苹果的故事、邹正云的林地香菇的故事、熊晓梅的红柠檬的故事、侯祖庆的有机红枣的故事、关金宝的心形红颜草莓的故事等等,由此提炼成企业"保卫人类健康,保护地球环境"的价值追求,成为春播公司强有力的核心竞争力。

讲故事,不仅是一个文化现象,也是一个经济现象,更是在互联网环境下的传播现象。诺贝尔经济学奖得主、耶鲁大学经济学教授罗伯特·希勒认为,故事是会流传的,它就像一块宝石,听者能产生共鸣。套用互联网的说法,故事会像病毒般扩散。讲好故事,打好感情牌,是互联网企业必须具备的过硬本领。"感人心者,莫先乎情",只有赢得越来越多用户的真心喜爱,企业才有可能长盛不衰。互联网企业可以通过讲述企业优秀人才的故事,在全体员工中培育和树立一批先进典型,使每位员工真正做到思想上有触动,行动上有自觉,灵魂上受洗礼,在企业中营造学先进、比贡献、促发展的浓厚企业文化氛围。

(3)讲述中外著名企业的故事

企业自身的故事虽然贴近员工,但是经常有很大的局限性,不够典型、广泛,或者不够激励人。如果能利用中外著名企业的精彩故事,树立有代表性、典型性的正面经验范本,则可以收到事半功倍的效果。中外著名企业的先进典型故事,彰显时代精神,弘扬创新意识,传播社会文明,引领企业风尚,是企业开放式学习的好榜样,对于激发员工的创业活力,具有十分重要的意义。为了企业文化的建设和传播,互联网企业可以把这类故事经典作为一种事实蓝本,对全体员工进行引据说服、教育培训,让他们在分析研究中参考借鉴,发奋图强,这是一种有效、简捷、有说服力的方式。以美国苹果公司为例:

　　美国苹果公司及其创始人史蒂夫·乔布斯的励志故事无疑是最典型的，在全球拥有超凡的影响力，给了当前所有的互联网企业和创业人士强大的智慧启迪。作为全球计算机业界和娱乐业界的标志性人物，乔布斯经历了几十年的起起落落，先后领导和推出了麦金塔计算机（Macintosh）、iMac、iPod、iPhone、iPad等风靡全球的电子产品，深刻地改变了现代通讯、娱乐、生活方式，以及整个世界。是什么使得乔布斯在没有高学历、没有家庭支持、没有充足资金的情况下获得巨大成功的？首先，最重要的是梦想，其次是敢做。乔布斯以自己亲身经历的奋斗故事，告诉世人："梦想有多大，舞台就有多大"。无论什么人，出身如何，只要我们的梦想走在时代的前列，并以坚定的决心和毅力付出几倍于常人的努力，那么，成功就不远了。在漫长的人生旅途中，难免会遭遇艰难险阻，有不少企业半途而废，有很多创业人士受困于眼前的窘境，不敢梦想未来的美好，最后只能碌碌无为了却此生。乔布斯的人生追求是"改变世界"，苹果公司的故事和乔布斯创业及发展故事，让人们懂得：伟大的创造力，来源于对人生深切的感悟和在梦想支撑下的强大执行力。这种颠覆性的强大执行力，包括勇于颠覆世界、无所畏惧的"愿力"，一往无前、如激光般聚焦的"专注力"，源源不断、无中生有的"创造力"，以及超越表象、洞察本质的"洞察力"，这四者的合力奠定了乔布斯"全球最伟大的企业家之一"的地位，成就了他传奇的一生。

　　乔布斯及其公司的励志故事在全球广为传颂，其中有一些话语已经深入人心，激励了无数心怀梦想的企业人。如当年他劝说百事可乐总裁来担任苹果CEO，说："你是愿意一辈子卖糖水，还是跟我一起改变这个世界？"他还通过那则著名的广告《Think Different》告诉世人："只有那些疯狂到以为自己能够改变世界的人，才能真正改变世界。"在讲述自己生活故事时，乔布斯说："每个早晨，我都会对着镜子问自己，'如果今天是你生命中的最后一天，你会不会完成你今天想做的事情？'如果连续几天的答案都是'不'的时候，我知道我要做些改变了。"[①]改变自己，改变世界，乔布斯以火山爆发一般的激情，深深地震撼着企业人乃至所有人。

---

　　① 李开复：《我们该向乔布斯学什么》，李开复微信公众号，2017年8月22日，https://mp.weixin.qq.com/s? biz=MjM5NTE5NzUwMA==&mid=2650978522&idx=1&sn=8580ceeabf641f49aed19a89380b4265。

可见,会讲故事,讲好故事是互联网企业的必修课。通过讲故事的方式让企业员工能够迅速、深刻地领会和认同企业的核心文化与价值观,让企业文化能够快速直抵员工的内心,达到企业文化外塑形象,内聚人心的效果。

六、以举办活动为载体强化企业文化

企业可以以举办活动为载体强化企业文化,通过人们喜闻乐见的形式传播企业文化。互联网企业可以通过丰富多彩的文化活动,在愉悦员工身心的同时实现企业文化的落地生根、开花结果。

(一)通过举办富有仪式感的活动强化企业文化

以阿里巴巴为例,阿里巴巴在企业文化的实践上善于通过举办富有仪式感的活动,像公司周年年会、庆祝"5·10 阿里日"等,以及组织员工观看阿里宣传片、建设企业文化墙等这些员工喜闻乐见、易于接受的活动,增强企业员工对企业文化的理解。比如阿里巴巴的年会:

阿里巴巴公司的周年年会不仅是全体阿里人的一场欢乐盛宴,更是阿里精神、阿里文化的凝聚和传承。通常在这一天,阿里巴巴集团董事局主席马云会带领阿里的高管与企业员工同台竞技,共享欢乐。像在阿里巴巴 18 周年的年会上,马云不仅以迈克·杰克逊的经典舞步传递了阿里巴巴 18 岁的青春活力,在现场掀起一个高潮,同时还和阿里巴巴集团 CEO 张勇、阿里巴巴集团董事会执行副主席蔡崇信、蚂蚁金服首席执行官井贤栋等企业高管一起,以超高难度魔术《大变活人》和《瞬间转移》带给年会又一个惊喜。除了企业高管们登台献艺,阿里员工也纷纷展现自己的才艺。其中有"阿里小二"组成的阿里女团 IT GIRLS 展现的青春歌舞秀,有阿里工程师弹着吉他的舞台献唱,有阿里员工的下一代"阿里宝宝"的集体合唱,等等。阿里巴巴通过年会活动让阿里人聚集在一起同享欢乐的同时,也有力地传递了"阿里巴巴是一个快乐的大家庭"的企业文化理念。此外,阿里还邀请了 18 位客户和 1 位特邀嘉宾来参加年会,阿里巴巴是要表示这 18 张面孔,正是他们 18 年以来最想感谢的一群人,从而再次强调了阿里永远坚持"客户第一"的企业文化。在公益环节,阿里特邀了一名"阿里同学"——湖南卫视著名主持人何炅上场,他鼓励全体阿里同学把"人人公益三小时"的理念带给全社会,影响更多人。他说,阿里 6 万员工在 2016 年总共贡献了 28 万元公益,这应该成为阿里最大的自豪,向社会有力地传递了阿里一直以来都坚持履行的企业责任和企业担当。另外,阿里企业从事不同业务的分公司也通过年会活动展示了各具特色的企业文化及宣传口号,例如"飞猪,享受大不同""梦想很酷,酷公司用钉钉""有梦想,闲鱼也能上天""无形的神秘力量,请看专业线分舵""阿里妈妈:让天下没有难做的营销"等。当然,马云在年会上发表的题为《阿里巴巴可以失去一切,但是不能失去理想主义》的演讲,再一次把阿里巴巴的企业价值观、企业精神有力地传递给企业员工、客户及社会。马云对全体阿里人提出要求:未来必须要有"家国情怀"和"世界担当",只有"考虑这个社会,考虑这个国家,考虑世界的担当,阿里才会赢得尊重"。[1] 阿里巴巴通过举办年会的形式让企业文化以一种喜闻乐见的方式直抵员工的内心,并内化为外在的行为习惯。例如在 18 周年年会结束后,4 万名阿里人和阿里亲人,主动捡拾带走身旁的垃圾,依次有序离开。对此阿里人表示:"我们离开,像我们不曾来过;守护家园,像守护我们的初心。"[2]员工这些行为习惯的养成再一次证明了阿里巴巴企业文化的深入人心,阿里人已经自觉地把企业文化转化为自己的行为习惯。

(二)通过举办以满足用户需求为导向的活动强化企业文化

企业文化绝不仅仅是企业内部的事情,企业的客户也是企业文化的享用者和建设者。企业文化不仅得在企业内部倡导和建立,还应得到客户的认同和欢迎。只有在和客户互动的过程中,才能不断地验证和完善。当今世界,客户选择产品或者服务,已经由功能性转向价值观和文化。合适就是最好

---

[1] 马云:《2017 年阿里巴巴 18 周年年会马云演讲》,搜狐网,2017 年 9 月 9 日,http://www.so-hu.com/a/190734181_614005。

[2] 阿里巴巴官方微博,2017 年 9 月 9 日,https://weibo.com/1897953162/FkV3mr8pJ? type=comment#_rnd1512445358406。

的,客户选择自己喜欢的企业,青睐于适合自己的产品和服务,已经成为一种潮流。

再伟大的企业文化,只有和企业行动统一起来才有意义。为了更好地落实"真正视顾客为上帝,服务到家"的企业文化追求,互联网企业拓展业务领域,打造新型价值链,必须以不同客户需求为基础,创造多元化的优质服务,培育和强化文化营销理念,把企业长期坚持的一些基本的价值观,渗透到企业开展的活动中,形成企业人员共同的心理契约,从而让企业客户从中受益。以被广大用户誉为手机"打车神器"的滴滴出行为例:

滴滴出行的服务方式除了面对大众的出租车外,还针对不同客户、不同的需求推出出行档次化的爱心活动,这是让企业文化落地生根,发扬光大的一种有效的方式。2014 年 8 月,滴滴出行推出滴滴专车活动,主要针对需要中高档商务车的客户。2015 年 1 月,又推出便于企业出行的活动项目,即企业版的商务用车体验。此后,还推出了顺风车、快车、飞机出行、滴滴巴士、代驾、试驾等活动项目。滴滴出行开展多档次的用车体验活动,从地上到天上,从叫车到卖车,几乎所有与车有关的服务,都可以通过滴滴打车一站式平台来实现,这样,既可以迅速细分和占领各领域的打车市场,更重要的是,还可以让不同的客户根据自己的实际情况,制订出用车的规格,100%叫到不同层次的车,传达"滴滴一下,让出行更美好"的企业文化理念。在这样的企业文化的引领下,滴滴出行推出了许多深度满足用户需求的用车活动,形成了一张巨大的出行网络,满足了用户的出行需求,提升了用户的出行品质,也进一步向用户传递了滴滴的文化和价值观。

企业文化建设是一项战略性、长期性的工作,也可以看作一项庞大的、复杂的系统工程,要树立针对不同的客户需求做好"打持久战"的心理准备。企业文化是企业的"铸基"与"铸魂"的工程,要有坚持不懈的努力。就像滴滴出行信奉的"滴滴之水,汇成河海"这一理念一样,滴滴出行就是每一个员工,每一个客户,都是一滴水,但将他们汇合起来就是大江大海,就能汇聚起推动企业发展的巨大力量。

可见,互联网企业在企业文化传播上要善于运用多样化的文化载体,让文化理念以一种生动活泼的形式传递给企业员工,让员工更容易接受企业文化的浸润与熏陶,并逐渐养成自身的行为自觉,从而为企业培养一批有相同价值观的群体,能够在企业共同的价值观的引领下,齐心协力为企业的发展做贡献。

七、小结

　　站在新时代的历史节点上,互联网企业必须充分认识企业文化对企业发展的重要性,遵循企业文化发展的客观规律,把握企业文化发展的总体趋势,让企业文化更好地适应和促进企业的成长。党的十九大提出,我国社会主要矛盾已经转化为人民日益增长的美好生活需求和不平衡不充分的发展之间的矛盾。不管是对一个国家、民族,还是对一家企业而言,精神文化需求自始至终是人们日益增长的美好生活需要的重要组成部分,甚至可以说是满足物质需求之后更重要的需求。随着互联网企业创造财富的不断增加,企业文化也要跟得上时代发展的需要,成为企业实现发展愿景、发展使命、发展目标,实现企业基业长青的助推器。这也是互联网企业文化获得可持续发展的动力和源泉。

第五章 互联网企业的企业文化与核心竞争力

阿里巴巴董事局主席马云在谈到企业文化建设时表示,企业文化就是企业发展的 DNA。它决定了公司的性格和命运。成立任何企业的第一要素是要明白自己的企业为何而存在,也就是你的使命是什么。有了使命,才能够决定公司招什么样的人。而招人的时候如果只谈工作,薪资和能力,几乎不谈公司的使命和文化,那么,公司从一开始就缺少了凝聚的精神。物以类聚,人以群分。你使命的格局和坚信度决定了有什么样的员工来加入你和帮助你。① 这段话很好地道出了企业文化的重要性,没有企业远景的公司是注定走不长远的。企业文化最为重要的一点就是精神的激励和鼓舞作用,因此,企业家要善于构筑企业发展的宏伟蓝图,为员工筑梦,激发员工的斗志和激情,让他们愿意为梦想而奋斗,在奋斗中实现个人与企业的共同发展与进步,这是企业管理的最高境界。

可见,优秀的企业文化不能仅仅以制度规范人,而要善于通过文化引领人,通过精神鼓舞人,通过机制激励人,从而营造出有利于员工和企业发展的工作环境,让员工能在实现个人价值的过程中自觉自愿地为企业创造更多的价值。对于互联网企业来说,员工是企业的核心竞争力,好的企业文化能够让互联网企业更好地吸引人才、留住人才,充分激发人才的潜能,并把各种人才汇聚在一起,让他们在共同的使命感、价值观的引领下,贡献各自的智慧和力量,与企业一起成长,共同推进企业的发展壮大。

---

① 《马云发文致创业者:文化是企业发展的 DNA》,新浪网,2017 年 1 月 19 日,http://tech.sina.com.cn/i/2014−01−19/17179108843.shtml。

一、企业文化与企业发展战略目标的实现

优秀的企业文化是互联网企业成长的重要推动力,是企业发展的精神脊梁。如果没有好的企业文化作为支持,即使企业有着良好的发展前景和市场需求,也会因为企业文化的缺失而走不长远。例如近年来成长迅速、发展前景看好的互联网金融企业,屡屡出现提现困难、跑路、停业等各种情况,出现这种状况的原因除了法律法规尚未健全和市场监管存在漏洞,还有就是一些互联网企业在诚信文化建设方面的短板与缺失。像宝典创投、微贷通、钱程在线等互联网金融跑路平台,本身就缺乏企业应有的诚信和责任,注定走不长远。可见,缺乏良好的企业文化会成为阻止企业发展壮大的拦路虎,优秀的企业文化是互联网企业实现基业长青的关键因素。

(一)企业文化是推动企业发展战略实现的精神动力

许多知名互联网企业在创业之初就制订了企业发展战略目标。像阿里巴巴集团刚成立的时候,创始人马云就确立了这样的企业发展愿景和使命:让世界上没有难做的生意,成为全球最大电子服务供应商,成为一家持续发展102年的公司。正是在这样的企业文化的指引和驱使下,阿里巴巴虽历经波折,遭遇种种困难,依然不改初心,终于取得了今天令人惊叹的巨大成就。阿里巴巴已经从当初杭州湖畔花园18个人组成的小企业成长为今天在全球拥有5万多名员工,致力于为全球中小企业服务,在全球经济一体化进程中贡献中国智慧和中国方案的互联网大企业。阿里巴巴历经18年的成长,企业规模扩大了,影响力扩大了,成为全球知名的互联网企业,但是马云表示,阿里巴巴的初心始终不变,一直在为"让世界上没有难做的生意"而努力奋斗。这个初心,让阿里巴巴渡过了重重难关;这个初心,不断激励阿里巴巴成长壮大;这个初心,让阿里巴巴时刻不忘责任使命,促进企业实现可持续发展。

众所周知,阿里巴巴1999年成立,在2002年之前一直处于不赚钱的状态,是什么在一直支撑着阿里巴巴走下去呢?是梦想,是价值观,是使命感,

正是依靠这些,阿里巴巴拥有一批坚定的支持者和追求者,他们和马云一起携手助力阿里的发展成长。像孙正义、关明生及阿里巴巴最初的创业团队,他们相信马云和阿里的梦想,即使在阿里巴巴一直没有盈利,依靠投资烧钱维持企业经营的时候,依然看好马云和阿里巴巴,纷纷加入阿里阵营,为阿里的发展尽心竭力。如今阿里巴巴已经拥有了骄人的发展成就和规模,马云依然强调不要忘了创立企业的初心,就像他在阿里巴巴18周年年会上讲道:"让阿里巴巴坚持18年的是因为我们有理想主义,坚持理想主义使阿里巴巴走到了今天。我最担心的是我们的员工,看到自己拥有这一切的时候,忘却了理想主义。如果人没有了理想,这个人会活得非常无趣。而由人组成的组织失去了理想,一个公司失去了理想,就只是一部赚钱的机器。""这个世界上永远会有公司比我们更赚钱,但是这个世界需要每一个人都非常明确知道自己有什么、要什么和想做什么。所以阿里巴巴可以失去一切,但是不能失去理想主义。""未来5到10年,我们不是要超越谁,也不是要当世界前三,而是要为未来解决问题,要为中小企业、为年轻人、为我们当年'让世界上没有难做的生意'这个承诺去付诸行动。"[①]正是因为这个初心、这个信仰让阿里巴巴更加具有家国情怀和责任担当,站得更高、看得更远,企业的发展格局也越来越开阔。可见优秀的企业文化是促进企业实现长远发展的重要推动力。

(二)企业文化实践是促进企业发展战略实现的重要手段

企业发展战略目标是企业发展愿景和使命的重要组成部分。因此,互联网企业要实现发展战略目标,需要对企业员工进行文化培训,让企业文化深入人心,从而让企业发展愿景和使命成为企业全体员工共同的奋斗目标和价值追求,有力地促进企业发展战略目标的早日实现。以阿里巴巴的企业文化培训为例:

阿里巴巴对员工的文化培训可谓全方位、多角度、无死角。在阿里巴巴,

---

① 马云:《2017年阿里巴巴18周年年会马云演讲》,搜狐网,2017年9月9日,http://www.so-hu.com/a/190734181_614005。

无论是企业管理层还是新员工都需要参加公司的企业文化培训。阿里巴巴要求新员工在入职一个月以内必须参加为期两周的脱产带薪培训,课程项目有公司发展、价值观、产品和组织架构介绍等,并且针对公司新员工平均年龄不到 30 岁的特征,开展百年责任的活动,包括在西湖边做环保义工、去敬老院慰问老人等,帮助员工感悟做人做事的道理,加强员工对公司文化的了解和增加社会责任感。除此之外,阿里巴巴还把价值观考核纳入员工的绩效考核中,并且占员工个人考核成绩的 50%,对于不符合或违反公司价值观的员工,不论业绩多么出色,阿里巴巴都会坚决给予辞退。在阿里巴巴,招聘新员工最看重的是个人的诚信,能否融入企业,以及是否接受企业的使命感和价值观。在阿里巴巴的招聘历史上曾多次出现由于价值观不符合企业发展需要,而把一些业务能力强的专业人才拒之门外的案例,按照阿里巴巴人力资源副总裁卢洋的话,就是"如果跟我们价值观不相吻合,一个人能力越大,那么进来之后对组织的破坏力也就更大。"[1]正是基于这样一套颇具特色的企业文化实践体系,才让阿里巴巴汇聚一群具有共同理想、愿景和价值观的天下英才,并且在企业规模不断扩大的情况下,没有让公司的文化稀释,反而让越来越多的人团结到阿里巴巴的团队中,把实现阿里巴巴的发展愿景变成全体阿里人共同的奋斗目标。可以说,阿里巴巴人在企业文化的熏陶下,形成了共同的价值观和使命感,在工作中就更容易汇聚成一股强大的力量,齐心协力地为实现阿里巴巴的发展战略贡献自己的智慧和力量。现在的阿里巴巴,已经部分地实现了创业时期提出的战略目标,正朝着企业发展的终极目标稳步迈进,这就是优秀的企业文化蕴含的巨大能量,它是加速推进企业实现战略目标的重要动力。

二、企业文化与企业现代管理理念的实施

企业管理植根于文化,企业文化是企业管理的核心。现代企业管理从根本上说就是要寻求调动人的积极性和创造性的最佳途径,就是实现以人为本

---

[1] 《聚焦阿里巴巴成长之路:企业文化居功至伟》,中国经济网,2014 年 2 月 23 日,http://www.ce.cn/cysc/tech/07hlw/guonei/201402/23/t20140223_2354069.shtml。

的管理方式方法。对互联网企业来说,优秀的企业文化有助于提升企业的管理能力,能让每一位员工充分感受公平、正义、有序、和谐的文化氛围,从而促使员工能够更加自觉自愿为公司创造价值和利润。

(一)优秀企业文化有利于形成良好的人才成长机制

优秀的企业文化具有感染人、激励人和鼓舞人的作用,更能实现企业的人性化管理,从而激发企业员工的积极性、主动性和创造性。以腾讯公司为例:

腾讯公司的核心管理理念就是关心员工成长,为员工提供良好的工作环境和激励机制;完善员工培养体系和职业发展通道,使员工获得与企业同步成长的快乐;充分尊重和信任员工,不断引导和鼓励,使其获得成功的喜悦。具体的做法就是:在腾讯的大家庭里,员工在工作生活中如果遇到困惑和问题,都能得到及时有效的沟通和帮助;良好的企业文化氛围让每一位员工都以身为腾讯的一员感到自豪,愿意在工作中展现自己的能力,实现自身的价值;企业为不同能力和兴趣的员工量身定制管理和专业双通道发展机制,鼓励员工在自己擅长的专业领域长期发展,做出绩效。这不仅使企业实现了人力资本的不断增值,更让员工享受到成长的快乐。

腾讯通过塑造以人为本的企业文化,为员工个人成才、成长创造了很大的空间,并由此激发出企业更大的创新能力,造就了"企鹅帝国"一系列的明星产品,像 QQ、TIMQQ、QQ 邮箱、QQ 浏览器、QQ 音乐、腾讯视频、微信、腾讯新闻客户端、QQ 游戏等等,特别是微信,在移动互联网时代更是彰显出强大的影响力。可以说,在现代社会,微信已经成为一种生活方式,中国 13 亿人口有超过 9 亿人在使用微信。而微信诸多功能的开发,如自媒体功能、即时通讯功能、生活服务功能、金融理财功能等等,都源于腾讯员工的创新与创造。正是腾讯把以人为本的企业文化融入企业的现代管理中,才成就了企鹅帝国今天的辉煌业绩,让腾讯公司成为中国最具影响力的互联网公司之一。

可见,优秀的企业文化具有提振员工精神状态的功效。良好的企业文化氛围,能让员工以更好的精神状态投入工作,更容易在工作中获得成就感,也能更出色地完成工作目标和任务。像阿里巴巴集团、百度公司、腾讯公司等国内知名互联网公司,员工的职业自豪感和工作满意度是比较高的,优秀的企业文化让这些互联网公司更容易将一群具有共同理想信念和价值观的人团结在一起,为完成公司的使命和目标共同奋斗。

(二)优秀的企业文化有利于企业建立长效激励机制

互联网企业可以通过有效的激励文化,激发员工的工作积极性和创造力,让每一位员工能够最大限度地发挥自己的潜能,为企业发展做贡献。员工责任与能力的提高是企业的成功之源。企业应该在引进人才、使用人才、留住人才和培养人才方面不断进行激励,以此用好人才,盘活人才资源,提升企业的核心竞争力。例如,现在国内一些互联网企业像阿里巴巴、奇虎360等都实行股权激励机制,以此提升员工的主人翁责任感及工作积极性。像在阿里巴巴集团的股权结构中,管理层、雇员及其他投资者持股合计占比超过40%。根据阿里巴巴网络的招股资料,授予员工及管理层的股权报酬包括了受限制股份单位计划、购股权计划和股份奖励计划三种。阿里集团通过实行"受限制股份单位计划",鼓励企业员工逐年取得期权,从而有力地维护了团队的稳定性,提高了员工的积极性。据统计,在世界500强企业当中,90%的企业向员工提供了股权激励后,工作效率提高了三分之一,利润提升了50%。企业通过股权激励机制充分有效地提高了员工的忠诚度和创造力,确保了企业团队的稳定性和战斗力,为企业长远发展筑牢根基。

可见,优秀的企业文化能够让互联网企业实现更科学、更有效的现代管理。互联网企业通过为员工营造良好的工作环境和工作氛围,尽力为员工提供完成工作所需的资源,从而培养企业员工的主人翁意识和责任感,让他们对企业有归属感和自豪感,自觉把个人的梦想与公司的远大愿景和使命紧密联系在一起,形成个人价值与企业价值相统一的主导意识及自觉行动。企业通过有效的激励机制,让员工成为企业内富有活力的细胞体,从而积极主动地发挥个人潜能,让员工能够以极大的热情、忘我的态度和敬业的精神为企业的发展做贡献。

三、企业文化与企业创新能力的提升

互联网企业是依托互联网技术生存发展起来的,面对着日新月异的互联网技术和市场需求的不断变化,互联网企业也需要不断创新才能提升企业竞争力,实现企业的持续发展。"苟日新,日日新,又日新",这是互联网企业当前面临的生存状态,因此,只有创新才是互联网企业在市场竞争中立于不败之地的不竭动力。而优秀的企业文化在激发企业的创新活力方面起着很大的作用。

(一)优秀的企业文化有助于企业突破传统思维模式

互联网企业是高科技型企业,需要引进多样化人才。就像苹果CEO库克所说的,苹果产品是由工程师、计算机科学家、艺术家和音乐家等多种类型的人才共同创造的,互联网企业开放包容的企业文化更有利于企业不断打破固有的思维,推陈出新,根据客户个性化需求来挖掘潜在市场,寻求企业新的经济增长点。

互联网企业需要关注互联网技术的发展,也需要跟进市场需求的变化,并根据市场形势的变化进行相应的技术革新及产品、服务的研发与创新,例如,从PC互联网时代到移动互联网时代,用户的消费行为和习惯发生了很大变化,相比较于PC互联网时代,移动互联网时代用户的消费行为主要通过各种类型的手机APP来实现,而互联网企业就需要进行各种研发和创新,让自己的产品或服务能够通过各种类型的APP应用直达用户,并让用户在使用这款APP应用的过程中,体验到简单、方便、快捷等特点,从而成为该款应用程序的忠实用户。只有拥有了大量的基础用户,互联网企业才有实现规模效益的可能。

互联网企业在企业文化中强调鼓励冒险、允许失败、在冒险中求创新等价值观念,会很好地激发员工的想象力和创造力。而互联网企业容错试错的文化机制也让研发人员能够放开手脚,大胆地进行技术应用的研发,从而让企业和员工能够更好地跟进互联网技术的革新及市场需求的变化,实现企业的创新发展。例如,百度公司一直都提倡"容忍失败,鼓励创新"的企业文化。在百度,哪怕只是实习生,只要有想法,都可以说出来,很多项目都会交给倡议者全权负责。百度赋予每位员工宽松的工作环境,鼓励他们说出自己的想法,并以此来推动公司的技术进步及制度改革,等等。正是百度公司这种对待员工的包容态度,给予员工尝试和改进的机会,使得百度能够不断进行产品和服务的创新,让百度引擎在互联网剧烈的市场竞争中依然保持着中文搜索引擎的龙头地位,并且通过不断研发新产品和提供新服务如百度外卖、百度糯米、百度地图、百度云、百度输入法等,积极拓展移动终端市场,提升企业移动互联网市场占有率。

(二)优秀的企业文化有助于企业打造创新生态环境

创新文化是企业实现科技创新、应用创新、制度创新等一系列创新的内生动力。因此,互联网企业应该通过创新文化构建良好的创新生态环境,以此让企业成为创新型、成长型企业,实现企业的可持续发展。创新型企业,最基本的特征是在制度、管理、知识、技术、文化等方面具有强大的创新活力,具有本行业关键技术和知识产权优势,能够对市场环境变化做出灵敏的反应,等等,最本质的特征在于其始终保持持续创新的能力。当今的互联网企业面对的是全球化的市场竞争环境,因此,只有及时把握和分析市场需求变化,进行持续创新,才能获得企业的生存发展。像阿里巴巴、腾讯、百度、京东、谷歌、脸书等都一直提倡企业的创新文化,并且以创新作为企业发展的助推器,培育企业的创新生态环境,促进企业实现可持续发展。

当前,各大互联网企业纷纷意识到创新对企业发展的引领作用,纷纷加大科研投入,希望以创新驱动企业发展。例如,阿里巴巴集团在 2017 年 10 月,正式宣布成立"以科技创新世界"的达摩院。马云宣布,未来 3 年内,阿里巴巴将在技术研发上投入 1000 亿元人民币在全球范围内寻找人才、投资技术、开拓未来,包括全球研究院、高校联合实验室、全球前沿创新研究计划三大部分。阿里巴巴此次成立达摩院的目的在于加大前沿科技领域的投入,加强与国际科技巨头在科技领域的竞争,实现从规模型企业向技术型企业的转变。目前阿里巴巴在科技研发领域已经领先于其他互联网公司,数据显示,阿里巴巴 2016 年 4 月至 2017 年 3 月底在技术上的投入约为 170 亿元人民币,百度同期约为 101.5 亿元人民币,腾讯约为 118 亿元人民币,京东约为 54 亿元人民币。综观世界,美国互联网企业亚马逊的研发投入在 2017 年已经突破了 174 亿美元,大约是 1000 亿元人民币。此外,苹果、微软、谷歌、亚马逊等海外互联网公司在科技研发上的投入力度也很大,超过了阿里。可见,目前世界互联网企业都把创新作为企业发展的重要驱动力。在研究领域,互联网企业也不断拓展领域和版图。例如,阿里巴巴表示达摩院将聚焦研究量子计算、机器学习、基础算法、网络安全、视觉计算、自然语言处理、人机自然交互、芯片技术、传感器技术、嵌入式系统等,涵盖机器智能、智联网、金融科技等多个产业领域,为人类未来 30 年科技创新储备基础能力。对此,马云强调:"即使有一天阿里巴巴不在了,希望达摩院还能继续存在,今天阿里巴巴已经活了 18 年,我们还有 84 年要走,达摩院至少得活 85 年。"可见,技术创新将成为阿里巴巴未来的发展手段。

不仅是阿里巴巴,腾讯也设立了腾讯研究院,百度旗下拥有百度深度学习研究院、百度大数据实验室等机构,网易则成立网易杭州研究院。虽然不同的互联网公司创立研究院的目标不一定相同,但是他们已经意识到科技创新是未来互联网企业发展的大趋势,纷纷打造企业创新生态环境,努力营造企业的创新文化,把技术创新作为实现企业可持续发展的内在动力。

四、企业文化与企业良好形象的塑造

企业形象是企业内外对企业的整体感觉、印象和认知,是企业状况的综合反映。企业文化是企业形象的核心,优秀的企业文化将有利于促进企业树立良好的公众形象,提升企业的社会知名度和美誉度。像谷歌、脸书、新浪、搜狐、阿里巴巴、腾讯等这些国内外知名的互联网企业,独具特色的企业文化不仅是这些互联网企业取得成功的重要因素,而且为这些互联网企业良好公众形象的建立起到了关键作用。

（一）优秀的企业文化提升产品和服务的文化内涵

企业要在社会公众中树立良好的形象,首先要靠自己的内功——为社会提供优质的产品和服务,而优秀的企业文化则能很好地提升产品和服务的文化内涵,让大家在使用产品的过程中,了解产品背后的故事,感受到自己不仅仅是在使用产品,而是在选择一种生活态度或生活品质。优秀的企业文化在丰富品牌文化内涵的同时也提升了企业知名度。如苹果公司推出的苹果产品,都充分体现出了苹果公司独具特色的文化内涵,比如,苹果手机别具一格的外形设计、超乎想象的功能体验及超高人气的需求情况,都体现出苹果公司"重视设计、重视创新、重视人才、坚信自己、永不服输、注重营销、关注细节、发挥特色"等企业文化特色。这些鲜明的企业文化不仅成就了苹果产品卓越的品质,也让苹果公司树立了"追求创新与卓越、引领世界科技潮流、简约却不简单、为人类谋幸福"的企业形象。

企业要在社会公众中树立良好形象,还可以进行企业文化传播——通过各种宣传手段向公众介绍、宣传自己,加深外界对企业的熟悉程度,并对企业产生认同感。像唯品会把企业定位为"一家专门做特卖的网站",提出企业宗旨是为消费者带来高性价比的"网上逛街"的愉悦购物体验。唯品会在创立之初,在产品营销上就推行"我们卖的不是产品而是一种生活品位"的文化理念,并且坚持只卖精品和正品,这和唯品会一直以来推行的诚信经营的企业文化一脉相承。除了通过优质的产品和服务让消费者体验企业坚持"正品经营、诚信经营"的文化理念,唯品会也加大宣传力度,善于利用各种媒体资源进行企业形象宣传。比如,先是邀请周杰伦入职唯品会首席惊喜官,由此开创了明星入职电商企业品牌首席惊喜官的先河;找来周杰伦的妻子昆凌做广告代言进行明星夫妇组合档营销;进行 2016 年"双 11"的素人直播,邀请普通人组成体验团队进行"产品测评",其中不乏大叔滚床单测试床单柔软度、涂发蜡坐过山车等创意玩法。唯品会通过这些娱乐化的营销手段凸显了该网站产品的最大优势:产品品质保证。通过这些前卫、新潮的营销手段,唯品会在电商同行中保持着自己特有的企业形象和市场占有率。《中国消费者报》和中国电子商务研究中心 2016 年 11 月联合发布的《2016 网络消费洞察报告与网购指南》,现代社会人们消费理念发生变化,51.5％的人购买商品时看品牌选择,45.6％的消费者注重品质,消费者已经过了以价格为导向的网购时期。在消费持续升级的背景下,电商平台的核心竞争力也逐渐转向对商品品质和服务品质的把控上。《2016 网络消费洞察报告与网购指南》对淘宝、天猫、京东和唯品会等国内主要电商平台进行比较,结果显示,唯品会在"品牌优"和"品质优"方面最受消费者喜爱,领先于国内第一阵营的其他购物网站,可见唯品会"精选品牌、正品保障"的企业形象已经深入人心。

可见,对于互联网企业来说,塑造优秀的、符合企业品牌特色和企业发展趋势的企业文化,能够有效提升产品和服务的文化内涵,为企业树立良好外部形象奠定坚实的文化基础。

(二)优秀的企业文化有助于提升企业社会责任感

优秀的企业文化倡导积极的社会观和价值观,促使企业注重社会责任的履行。企业不仅要在营销活动中树立一个良好的公民形象,同时还要关心社会问题,关心社会的公益事业,使企业在自身发展的同时造福于民众和社会。互联网企业作为推动社会经济发展的强劲动力,在自身得到发展的同时,也需要承担一定的社会责任和社会义务,为社会的发展贡献自己的一分力量。这样不仅有利于社会的进步与繁荣,而且能为企业赢得社会公众的普遍好感。以京东集团为例:

京东充分发挥互联网科技在做公益方面的优势,以"技术驱动让京东公益更有温度"的理念,在 2017 年创立京东公益物资募捐平台,在业界率先创造了"一键捐赠、物资直送"的全新模式,以创新、阳光、高效的特性引领"互联网＋公益"发展新趋势。京东公益基金会理事长、京东集团首席人力资源官兼法律总顾问隆雨表示:"京东在高速发展的同时,也心怀感恩之心。在灾害救援、扶贫助困、妇女儿童等领域,我们一直在以京东的专业优势和资源,积极践行企业社会责任。从京东公益基金会、京东志愿者协会的成立,到爱心衣物募捐等众多公益项目,京东已将社会责任融入公司战略和日常经营管理中。"[①]

---

① 《京东公益物资募捐平台打造互联网公益新标准》,北晚新视觉,2017 年 3 月 14 日,http://www.takefoto.cn/viewnews-1105974.html。

可见,"坚持正道成功,坚持回馈社会"这一朴素的价值观引领着京东在企业社会责任领域砥砺前行,也树立了京东"更有温度、更值得信赖"的互联网企业新形象。

因此,互联网企业可以通过强化企业的责任文化,倡导企业社会责任的自觉履行,传递正能量,运用企业的力量回馈和造福社会,树立起企业良好的公众形象,为企业实现可持续发展营造良好的外部环境。

五、企业文化与企业品牌的打造

优秀的企业文化,对于提升企业的品牌形象发挥着巨大的作用。独具特色的优秀企业文化能产生巨大的品牌效应。全球知名的互联网公司比如谷歌、脸书、亚马逊、阿里巴巴、百度、腾讯、网易等,他们独特的企业文化在其品牌形象建设过程中发挥了巨大作用。品牌价值是时间的积累,也是企业文化的积累。品牌本身就是一种文化,它承载着企业文化的精髓,是企业对用户心理感受的接受与认同,更多体现为一种精神价值,而不仅仅是物质的满足。一个品牌如果缺少优秀企业文化的感染,缺少精神的价值,那么这个品牌就是没有生命、没有灵魂、没有气质的品牌,终究是昙花一现。所以优秀的企业文化必将会为企业的品牌建设铺好道路,使企业获得长足发展。

(一)优秀的企业文化是塑造优秀品牌文化的基础

优秀的企业文化是塑造优秀的品牌文化的基础。对于互联网企业来说,要善于把优秀的企业文化注入品牌的文化内涵中,提升和丰富品牌文化,让品牌文化更符合企业发展理念,实现品牌的长远发展。以腾讯公司为例:

腾讯一直以来都致力于成为最受欢迎的互联网企业,希望通过互联网服务提升人类生活品质,让产品和服务像水和电一样源源不断融入人们的生活,为人们带来便捷和愉悦,一切以用户价值为依归,重视与用户的情感沟通,尊重用户感受,与用户共成长。正是在这样的企业文化的引领下,腾讯公司才创造出了众多品牌,像 QQ、微信、腾讯新闻客户端、QQ 游戏平台、QQ 邮箱等品牌无不渗透着腾讯公司的企业文化理念,特别是 QQ、微信更是在社交通讯方面的一场革命。可以说,这两款通信工具影响深远,伴随着几代人的成长,如今微信更是成了人们生活中必不可少的通信工具,改变了人们的生活方式,也实现了腾讯一直以来的企业文化理念:让产品和服务像水和电成为人们生活中不可或缺的一部分,让产品和服务为人们带来简单、方便、快捷的体验,让产品和服务跟随用户共同成长,等等。

可见,优秀的企业文化对于企业发展的影响是长期的、深远的,对企业品牌的文化渗透是点点滴滴、润物细无声的。优秀的企业文化是互联网企业品牌内涵的文化基础,也是实现企业长远发展的根本。

(二)优秀的企业文化是实现品牌价值的基础

企业文化在品牌传播中具有重要作用,优秀的品牌文化能吸引消费者关注和喜爱该品牌的产品,进而对企业抱有强烈而持久的好奇心,品牌在一定程度上充当着企业形象代言人的角色。优秀的品牌文化来源于优秀的企业文化,互联网企业要善于把企业宗旨、企业精神、企业核心价值观运用到企业品牌的塑造过程中,打造出品质卓越、内涵丰富,符合市场需求和消费者审美的品牌,从而培养消费者对品牌的美誉度和忠诚度。以京东、百度、腾讯等互联网企业的品牌文化为例:

京东集团通过旗下京东商城的产品和服务不断阐释京东"让生活变得快乐简单、成为全球最值得信赖的企业、客户为先"等企业文化。百度通过旗下的品牌产品如百度搜索、百度地图等诠释"简单,可依赖、坚持以用户需求为导向"等企业文化。腾讯通过主要品牌如微信、腾讯网等阐述腾讯"成为最受欢迎的互联网企业""不断倾听和满足用户需求,引导并超越用户需求,赢得用户尊敬""通过互联网服务提升人类生活品质""使产品和服务像水和电一样源源不断融入人们的生活,为人们带来便捷和愉悦""重视与用户的情感沟通,尊重用户感受,与用户共成长"等企业文化。

这些互联网企业把企业文化融进企业品牌的建设和经营中,不仅提升了品牌的文化内涵,树立了品牌的良好形象,也传播了优秀的企业文化,增强了消费者对企业的好感度和信任度,培养了一批忠实的消费者,促进了企业品牌价值的实现。

六、小结

优秀的企业文化是企业发展的精神引领和内在驱动力。互联网企业构建起符合企业发展规律和发展特色的企业文化,有利于企业开辟出一套独具特色的企业发展模式和经营之道,形成能够支撑企业过去、现在和未来的竞争优势,并使企业在竞争环境中能够长期取得主动地位的核心能力。对此,活跃在中国资本市场的大批优秀的中国企业家都从不同层面阐述了企业文化对企业发展的重要性。华为的总裁任正非说:"世界上一切资源都可能枯竭,只有一种资源可以生生不息,那就是文化。"[1]阿里巴巴集团的董事局主席马云说:"企业文化就是企业发展的 DNA。它决定了一个公司的性格和命运。"[2]海尔集团的董事局主席张瑞敏认为:"企业文化就是企业的灵魂,是企业的价值观,是企业的基因。如果企业有一个好基因,那么这个企业就可以代代传承。就像一个人一样,如果这个人只是四肢发达,头脑简单,可能不会长久。企业也是这样,企业文化是企业生存兴旺、可持续的关键。世界百年老店都有一个非常好的基因。"[3]

---

① 《马云、王健林所说的"企业的无形资产和核心竞争力",竟是它……》,搜狐网,2016 年 9 月 9日,http://www.sohu.com/a/114045324_355070。

② 《马云发文致创业者:文化是企业发展的 DNA》新浪网,2014 年 1 月 19 日,http://tech.sina.com.cn/i/2014-01-19/17179108843.shtml。

③ 《企业是人,文化是魂——海尔集团首席执行官张瑞敏谈企业文化建设》,党建网,2017 年 4月 27 日,http://www.dangjian.cn/djzx/zxft/201304/t20130427_1200932.shtml。

第六章　互联网企业的企业伦理与企业责任

　　企业伦理建设是互联网企业建立和完善现代企业制度不可缺少的基础建设,是企业价值观的重要组成部分。企业伦理涉及企业如何处理好"利"与"义"之间的关系,在经济效益和社会效益之间如何抉择、如何处理的问题。

一、企业伦理观对互联网企业发展的重要作用

　　企业伦理观反映的是企业关于善与恶的价值判断,是企业价值观的核心内容。互联网企业作为网络空间的运营主体,更需要在其经营管理活动中,重视和加强企业的伦理建设,自觉遵循企业的伦理规范,这是互联网企业提升核心竞争力、实现可持续发展的基础。

　　良好的企业伦理观,是指能够指引企业树立明确的是非善恶标准,能够督促企业遵守社会道德规范,在企业的经营管理过程中,追求企业经济效益和社会效益统一,自觉以社会效益优先,通过自己的企业文化或经济行为向社会传递正能量,积极履行企业的社会责任等的意识和观念。在企业内部,树立正确的企业伦理观,有助于企业确立正确的核心价值观,发扬企业精神,促进员工群体行为合理化和规范化,充分调动员工积极性,提振员工的精神士气,为公司的健康发展奠定良好的内部运行环境,同时也有助于企业树立良好的外部形象,获得好口碑,创造财富价值,是企业立足社会,实现可持续发展的重要保障。

　　具体来说,正确的企业伦理对互联网企业具有以下几个重要功能:

导向功能。互联网企业只有具备正确的企业伦理观,才能更好地认识它在社会中的角色、功能、地位和作用,才能正确指导企业处理它在市场经济运营过程中的各种关系,才能使自己获取财富价值的行为符合社会道德规范。以企业伦理作为企业的决策导向,在决策过程中做出正确的判断和选择,才能促进企业的发展壮大。

现代的互联网企业需要对中国传统伦理道德观念有深刻的认识和领会,并把优秀的传统道德规范创造性地运用到企业文化的建设中来,确立起符合社会道德准则和行为规范的企业伦理,从而以积极正面的态度思考企业的生存发展之道。阿里巴巴所创立的阿里文化,可以说对中国优秀的传统文化进行了很好的借鉴与创新,并对企业产生了积极正面的影响,让企业更有使命感和担当精神。马云在谈到对阿里巴巴的市场定位时曾表示:"我们不是普通的民营企业,也不是国有企业,我们把自己定位成中国的'国家企业'。就像三星是韩国的国家企业,奔驰是德国的国家企业,谷歌和苹果是美国的国家企业一样,今天的中国,需要诞生一批能代表中国的年轻人,代表中国的创新技术、创新能力,代表这个国家对世界的贡献的国家企业。"[①]浙商发展研究院高级顾问杨建新曾谈到衡量企业家对社会的贡献一般有 3 个指标:创造就业、上缴税收和为社会提供产品和服务。同时,他表示还有 2 个指标更重要,这 2 个指标不是对一般企业家而言,一是看他对振兴民族经济、展示国家形象有何贡献,二是看他对架构中国当代商业文明有何建树。在这两点上,马云和阿里巴巴都做出了贡献。可见,阿里巴巴一开始以服务中小企业、服务社会,通过企业的创新发展为国家经济和社会发展做贡献的企业经营理念,符合新经济环境下企业通过诚实守信、合法经营的方式实现自身发展,同时积极回馈社会,为国家经济和社会发展做出贡献的新时代企业伦理观,并赋予了传统伦理道德观念新的时代意义和精神价值。

企业伦理是企业文化的重要内容,也是企业核心价值观的制订标准。综观目前国内知名的互联网企业,它们在企业文化上都显示出了鲜明的社会道德标准和价值规范。例如,阿里巴巴的企业核心价值观是"客户第一、团队合作、拥抱变化、诚信、激情、敬业";网易的核心价值观是"正直、责任、合作、创

[①] 《马云:阿里给杭州最好的礼物是什么?》,杭州网,2014 年 12 月 30 日,http://hznews.hang-zhou.com.cn/chengshi/content/2014-12/30/content_5590190_2.htm。

新"；京东在企业经营理念上强调"竞合共赢、诚信为本、广交朋友，做生意就是做人，而且要先做好人"。这些互联网企业在企业文化建设上具有鲜明的道德伦理，既符合中国传统的道德规范，又彰显出企业符合社会伦理规范的经营法则，不仅有利于企业制订出更能够促进企业发展的战略和决策，而且有利于获得企业员工、合作伙伴及消费者等群体的广泛认同和接受，能对员工的行为习惯起到合理有效的规范和制约作用，同时也更容易让企业获得市场的青睐和信任，树立起企业良好的社会形象。

凝聚功能。正确的企业伦理观，具有感染力和号召力，能够让员工对企业产生归属感、安全感和责任感，增强企业员工的凝聚力，提升企业的竞争力。在企业内部的经营管理中，企业伦理能起到协调企业内部员工的关系，营造和谐、有序、健康的企业环境的作用。例如，阿里巴巴在企业文化中强调团队文化，要求员工能够积极融入团队，乐于接受同事的帮助，配合团队完成工作；能在决策前积极发表建设性意见，充分参与团队讨论；决策后，无论个人是否有异议，必须从言行上完全予以支持；能积极主动分享业务知识和经验；主动给予同事必要的帮助；善于利用团队的力量解决问题和困难；善于和不同类型的同事合作，不将个人喜好带入工作，充分体现"对事不对人"的原则；有主人翁意识，积极正面地影响团队，改善团队士气和氛围。阿里巴巴塑造的团队文化，体现了"以和为贵"的中国传统的集体伦理观，讲究团队成员之间的"合作、共享、不争、互补"的精神，从而有利于企业打造和谐稳定的工作团队，营造和谐健康的工作氛围，提升企业的整体合力，为企业发展做贡献。

激励功能。企业伦理能为企业员工提供一种强有力的精神动力，让企业员工在心理和行为上都保持着高昂的状态。管理者运用伦理手段可以充分调动员工的积极性和创造性，让企业在竞争激烈的市场中处于优势地位。例如，企业可以对员工进行目标激励、诚信激励和公平激励，从而激发员的工作热情，为公司创造出更大价值。

目标激励，是通过管理者与被管理者一起协调、制订目标，从而增强彼此之间的责任和联系，激发员工的责任感和荣誉感。例如苹果公司的创始人乔布斯曾鼓励员工：让我们一起在这个世界上留下一点印记，我们要生产与众不同的东西，让最极端的科技变得更加容易被人所用，通过产品改变世界，等等。这样具有崇高感的企业发展目标，提高了苹果员工的责任感和使命感，让他们高度认同企业的价值理念和奋斗目标,他们相信自己真的是用工作改变世界。在苹果公司,工作几乎上升到宗教般奉献的程度。通过这样的目标激励,苹果公司赋予了企业员工工作的价值感和荣誉感,激励企业员工齐心协力创造出一个又一个为世界所惊叹的奇迹。

诚信激励,是通过对企业员工单纯的或者偶然的"讲诚实"和"守信用"的行为进行奖励,从而鼓励他们把单纯的诚信行为转化为内在深层次的价值观,自觉把讲诚信作为价值标准和行为底线。例如,阿里巴巴建立职员诚信档案,重视招录人员的诚信和道德,优先招录诚信人员,拒招不诚实守信人员。阿里巴巴合伙人蒋芳表示,作为社会信用的重要组成部分,职场诚信越来越受到社会各个层面的重视。企业建立职员诚信档案,既是对守信主体的奖励与激励,也是对失信主体的约束与惩戒。诚信档案的建立有助于提高不诚信行为的社会成本,在全行业、全社会倡导诚信文化。① 可见,企业通过建立员工诚信档案,能对员工的诚信行为形成良好的激励和约束机制。尤其是对表现优秀的员工,留下好的表现记录,对他来说是一种激励,更是一种诚信财富的积累。

公平激励,通过在企业内部营造公平的氛围,从而激发员工积极、平衡的心理状态。公平是人的一种基本需求,古语云"不患寡患不均",说的也是这个道理。对于以知识型员工为主体的互联网企业来说,公平激励对员工积极性和创造性的发挥会产生较大影响。以阿里巴巴在 2016 年 9 月爆出的"抢购月饼"事件为例,当时有 4 名阿里员工利用企业内部系统漏洞,用技术手段抢购了 124 盒月饼,事件爆发后这 4 名员工即刻被公司开除。对此,阿里巴巴集团首席风险官刘振飞在内部论坛"阿里味儿"发表了一段声明:这 4 名员工在公司内销月饼过程中采用技术手段舞弊,虽然没有对企业外部平台业务秩序造成干扰,但是对内部其他小二造成了福利分配的不公正,因此,公司做出了让这 4 位员工离职的决定。② 这件事情在当时也引发了社会关于企业价值观的思考与追问。有些网友认为,阿里巴巴对这 4 名员工的处理过于严厉,因为

① 《阿里等企业成立反舞弊联盟 将建立诚信职工档案》,新浪科技,2015 年 6 月 18 日,http://tech. sina. com. cn/i/2015−06−18/doc−ifxefurs2596911. shtml。

② 《由"阿里月饼惨案"谈谈互联网企业的价值观》,新浪科技,2016 年 9 月 13 日,http://www. sohu. com/a/114312624_116016。

一件小事而失去 4 名优秀的安全技术师,实属可惜。也有网友认为,作为互联网巨头阿里的员工,薪资待遇应该不低,不应该为了区区月饼这样的小便宜就动了歪念,虽然不违法也算不上太大的事情,但从侧面反映了爱占小便宜的心态,这种心态如果任其发展将来可能滋生更大的腐败或是违法事件,等等。尽管众说纷纭,但是看待事物需要回归本质,才能看清楚孰是孰非的问题,马云说阿里巴巴是依靠价值观才走到今天的,价值观是阿里巴巴企业生存发展的根基,这 4 名抢购月饼的员工在行为上已经违背了企业关于诚信的核心价值观,同时也破坏了企业内部的公平环境,如果听之任之,不严肃处理,那么久而久之,势必会影响到企业其他员工对企业价值观的动摇和迷失,这才是让阿里巴巴深感危险的原因。我们说,企业文化绝不能是一纸空文,搞形式主义,而是要在工作中实实在在地贯彻执行,这样企业文化才能落地生根,变成员工的价值标准和行为自觉。

因此,在企业内部实行激励公平的规章和惩戒不公平的规章,才能够在企业内部营造公平正义的环境,这有利于企业员工保持平衡、稳定的心理状态,从而有利于提高工作的积极性和创造性,这是企业实现长远发展的重要因素。

规范功能。企业通过伦理道德及其特有的社会功能对企业内部施加影响,从而有效规范员工的个人行为,让企业伦理成为员工的自觉信仰,达到以企业伦理提倡的道德规范作为自我评价和自我规范的标尺。例如,阿里巴巴、腾讯、百度、京东等互联网企业都提到了团队合作的企业文化,尽管表述有所差异,但是都提倡团队精神,这就要求员工在工作上需要对自己的行为进行一定的约束。首先在团队中要找准自己的位置,按照团队的工作要求确定自己的职责,努力完成自己的工作任务。这种在团队中的职责定位需要员工克服个人主义的倾向,反对个人英雄主义,讲究团队成员之间的相互配合。在配合过程中,团队成员如果做得比团队要求的出色,则需要给予肯定和鼓励,而不是加以嫉妒或阻挠,这是团队中很重要、最基本的伦理精神。团队成员要以团队的精神来规范自己的行为,意识到自己是整个团队链条中的一个环节,不断调整自己的工作状态,给予其他团队成员有力的、积极的配合,以实现团队的整体目标。在这个过程中可能需要团队成员牺牲一些个人的爱好或者一些个人的权利,这些牺牲不是单向的,而是合作伙伴关系的伦理要求。企业通过伦理道德的社会功能对企业员工进行有效的影响,从而让员工能够自觉地把企业提倡的伦理观作为个人自觉遵循的行为法则和价值观念。

赢得商誉。企业伦理是企业的一种重要的无形资产,越来越成为现代企业参与市场角逐的核心竞争力之一。企业的伦理不仅直接影响着企业的商誉和绩效,也是影响现代企业人力资源管理水平的关键因素。企业商誉是指在未来期间能为企业经营带来超额利润的潜在的经济价值。商誉是企业整体价值的组成部分。在企业合并时,它是购买企业投资成本超过被合并企业净资产公允价值的差额。[①] 简而言之,商誉就是企业通过企业行为所获得的社会公众的认可度和美誉度,企业在社会上的口碑越好,受社会认可度越高,商誉就越高,就越有可能为企业经营带来超额的经济价值。

对于主要在虚拟的网络空间进行经济运营的互联网企业来说,商誉的好坏直接影响企业的生存发展。互联网企业需要积极践行以客户为中心、诚实守信、合法经营、履行社会责任等企业伦理,为企业赢得好的口碑,树立起企业良好的社会形象,这也是企业获取商业价值的重要来源。例如,京东商城、唯品会、亚马逊等这些网上商城一直以来都坚持"诚信经营,只卖正品行货,不欺骗消费者"的道德伦理,不仅为企业赢得了消费者的口碑和信任,而且提升了企业的品牌价值和商业价值,并成为企业获取价值财富的重要保障。

因此,互联网企业在企业文化建设中要深刻认识企业伦理对企业发展的重要影响,树立正确的企业伦理观,在企业运营和管理中充分发挥企业伦理精神的作用,营造良好的企业内部环境,提高企业员工的积极性和创造性,提升企业的核心竞争力,树立企业良好的外部形象,为企业的长远发展奠定坚实基础。

二、中国互联网企业伦理建设现状及存在问题

当前,随着市场需求的增长,人们生活方式的转变,线上交易已经成为一种生活常态,中国的互联网企业也迎来了历史发展的重大机遇,呈现出蓬勃

---

① 商誉,360百科,2014年3月18日,https://baike.so.com/doc/2783000－2937439.html。

的发展态势。一些互联网企业已经意识到企业伦理建设对企业发展的重要作用,因此,加强了企业伦理建设,将企业伦理渗透企业文化的方方面面,例如在企业愿景、使命及价值观的建构方面都反映出企业伦理道德的影响因素。企业希望通过建构符合企业伦理观念的企业文化,从而实现对企业内部员工管理的人性化、合理化和规范化,营造和谐有序的企业氛围,提高员工的积极性和创造性,增强员工的使命感和自豪感,打造一支和谐稳定的职工队伍,同时也树立起企业良好的社会形象,为企业的发展迎来新的商机。

中国一些知名互联网企业,像阿里巴巴、百度、腾讯、京东、新浪、搜狐、网易等,在企业文化建设上都表现出强烈的道德观和伦理观。如搜狐强调"诚信公正、以德为本"的价值观,强调作为企业公民的社会责任,希望通过自身作为一个具有强大影响力的媒体平台,积极参与公益事业的报道,弘扬社会正能量。同时也积极参与到公益行动中,在教育、人文、关爱、健康、环保等领域做出积极贡献,将从事公益事业这个概念深深植入每个员工的心中,以此推动中国公益事业的发展和进步。此外,阿里巴巴、百度、腾讯、京东等也都纷纷打造符合企业伦理的核心价值观,这些价值观对企业员工起到了重要的精神引领和规范作用,为企业健康发展发挥出积极作用。可以说,中国互联网企业在企业伦理的建设上也进行了一些有益的探索并积累了一些成功经验。但是,我们也要看到中国互联网兴起和发展也就短短十几年的时间,中国的互联网企业发展的时间也就十多年,因此,在企业伦理建设方面还有诸多问题需要解决,例如网络信息安全问题、侵犯用户隐私问题及企业之间不正当的竞争方式等。这些违反伦理的行为不仅影响了企业的声誉、企业自身的生存和发展,而且使网络运营空间秩序混乱、伦理道德水平下降。因此,互联网企业需要重视企业伦理道德建设,加快企业伦理建设步伐,共同营造安全、公平、合理、有序的互联网运营空间。大体而言,中国互联网企业在伦理建设方面存在的问题有以下几个方面:

一是企业管理者认识水平有限。中国的互联网企业,企业创始人具有对企业高度的决策权,因此企业的命运与企业管理者的管理能力及水平密切相关。近年来中国互联网行业涌现出一批像马云、马化腾、李彦宏、刘东强等治企有方的民营企业家,他们充分认识到企业文化对企业生存发展的重要性,十分注重企业道德伦理建设,在企业管理中侧重以文管人、以文育人、以文服人,从而有力地提升了企业的核心竞争力,也为企业的长远发展打下了重要根基。但是,在当下一些互联网企业中也存在着一些比较急功近利的企业管理者,他们更看重的眼前既得利益和经济利益,缺乏对企业长远的规划,忽视企业的社会责任,甚至见利忘义,为了获得经济利益而牺牲员工、社会乃至国家的利益。因此,要提高互联网企业的伦理水平,需要从企业管理者做起。让企业管理者充分认识企业伦理的重要性,认识到缺乏伦理建设的企业是走不长远的,是不符合互联网市场"创新、绿色、协调、开放、共享"的发展趋势,最终损害的是企业自身的利益,甚至会导致企业走向灭亡。

二是企业自身对伦理建设重视不足。互联网科技的飞速发展,让互联网企业在商机无限的同时也危机无限,许多互联网企业前一秒还是无限风光,下一秒就有可能被"拍在沙滩上",像在竞争激烈的共享单车市场,摩拜单车和 ofo 小黄车凭借着前期市场占比的先发优势,进而获得雄厚的资金资源,在竞争中脱颖而出,成为行业独角兽,而其他共享单车企业则在夹缝中求生存。像悟空单车、3Vbike、町町单车及小蓝单车在激烈的市场角逐中都纷纷败下阵来,最终宣布倒闭,可见互联网市场竞争环境的严峻。这样严峻的竞争环境让许多互联网企业一开始就疲于应付生存问题而忽视企业文化建设,导致企业在经营过程中遇到利益权衡问题时,容易出现短视行为,为了追求利益而道德失范,如造假卖假、虚假广告、欺骗客户、偷税漏税、进行不正当竞争等等。这些违反企业伦理的行为严重损害了消费者的利益,有些甚至造成了重大的事故。这些忽视消费者利益追求短期利益的行为,最终损害的是企业的利益。对于互联网企业来说,商誉是十分重要的,有些甚至决定了企业的生死存亡。像活跃于各大电商平台的微店,口碑是决定他们生存发展的关键。有些微店为了提升口碑,采用了"刷单炒信"的行为欺骗用户,不少网友都表示自己经历过网购时被销量和好评误导的经历,这种不正当的竞争行为最终损害的不仅是消费者的利益,其实更是商家的长远利益。特别是新修订的《反不正当竞争法》明确规定,"刷单炒信"和帮助"刷单炒信"将会面临 20 万元以上 100 万元以下的罚款;情节严重者,处 100 万元以上 200 万元以下的罚款,甚至可以吊销营业执照。可见,随着互联网市场日益走向法制化和规范化,互联网企业需要充分重视企业伦理道德建设,通过文化的引导和规范作用来实现企业行为的自律和自觉,坚守道德底线和职业操守,以实现企业的可持续发展。

三是忽视伦理教育导致员工伦理意识淡薄。许多互联网企业忽视企业文化建设,没有深刻意识企业文化对企业员工的精神引领作用,没有用心培养企业员工树立正确的价值观,培养他们的伦理意识,导致企业员工缺乏向心力和凝聚力,责任意识淡薄,更多关心的是自己的经济利益,而非企业的发展,甚至出现个别员工为牟取个人利益而做出危害企业利益的行为,例如故意泄露商业秘密等,不仅使企业在竞争中处于被动地位,还影响企业正当利益的获得。可见,员工伦理意识的缺失将严重危害企业的生存发展。

四是企业伦理规范建设明显滞后。当前,我国一些互联网企业伦理规范建设明显滞后。这其中有社会原因,主要是市场运行规则的不完善或规则执行缺乏有力的监管,使得一些善于投机取巧的企业违背伦理的行为不但没有受到惩罚反而能够获得大利;或者即使受到处罚,也属于可承受范围,对企业影响不大,这就使得一些企业在投机钻营方面更加有恃无恐。相反,那些遵守伦理道德的企业却得不到应有的经济回报或面临成本过高的压力,从而呈现出"劣币驱逐良币"的不良情况,最终导致有些企业不再注重甚至放弃企业伦理建设。市场监管机制的不到位和政府惩处力度不够,也是导致企业伦理规范建设滞后的重要因素。同时,也有企业内部的原因,有些互联网企业虽然意识到企业伦理的重要性,但是觉得自身底子薄、力不从心,希望等到企业发展起来以后再进行企业伦理规范的建设。这其实是一种错误的思想,阿里巴巴集团的董事局主席马云说过,企业文化和商业模式是推进互联网企业发展的两只手,两只手要一起使劲,不可偏废。作为企业文化重要组成部分的企业伦理,如果在建设上跟不上企业发展的需要,则会阻碍的企业发展,成为企业发展的绊脚石,只有企业伦理规范与企业经济齐头并进,才能够成为企业发展的助推器。

三、解决中国互联网企业伦理建设问题的对策分析

我们说,中国互联网企业存在伦理建设问题,有企业自身的原因,也有社会方面的因素,因此,要解决好互联网企业伦理建设中存在的问题,需要企业

和社会的共同努力,携手解决。

一要重视互联网企业伦理道德体系建设。加强企业伦理道德建设不仅关系到互联网企业自身的生存发展,而且关系到市场经济秩序的正常运行,关系到整个社会的和谐稳定。在互联网市场中,也存在不道德的经营活动或不正当竞争的现象,例如:线上交易频繁出现假冒伪劣产品;门户网站为了点击率,传播虚假信息,误导网民;互联网企业采用不正当的手段进行竞争,如奇虎360与腾讯之间曾经发生的"3Q大战";等等。这些违背伦理道德的现象不仅扰乱了正常的市场经济秩序,对企业自身产生了不良的影响和危害,而且违背了"开放、公平、透明、共享"的互联网精神,是不符合互联网企业的发展趋势的。因为市场监管体系的不完善,缺乏伦理建设的互联网企业有可能因为一时的失信行为而获得短期利益,但是这种违背企业伦理精神的行为最终损害的是企业自身。因此,只有寻求正确的伦理道德之路,不断加强企业自身的伦理道德建设,把它作为企业对社会应尽的义务和责任,并作为实现企业长期发展的重要根基,才能够确保互联网企业沿着符合经济规律和社会发展的道路走下去,实现企业的良性发展和基业长青。任何想实现可持续发展的互联网企业都必须重视企业伦理建设,把企业伦理作为企业核心价值观的来源和基础。

二要提升互联网企业管理者的道德修养。我们说,互联网企业的企业管理者在企业中具有重要地位,企业家的人格对企业的凝聚力、竞争力与创新能力具有重要影响。企业家的道德、气质、胸怀、视野和境界等往往也决定了这家企业的发展格局。习近平总书记提出,要加强网络伦理、网络文明的建设。因此,建构"和谐、有序、文明、共享、绿色"的互联网运营空间是互联网发展的必然趋势,也是互联网企业应该努力发展的方向。这就要求互联网企业家具备较高的道德修养和道德水平,具备尊重人、尊重社会、尊重自然等基本的伦理精神,在以伦理精神为核心的企业文化的引领下,带领企业获得更好的发展。

首先,互联网企业家的伦理道德应体现为公正,这是建构和谐、健康、有序的企业内部环境的重要因素。企业家要具备公平正义、不偏私的伦理精神,才能处理好员工之间的利益关系,以及维持协调企业内部人际关系的平衡,才能充分调动企业员工的积极性、主动性和创造性的发挥,才能营造平等友爱、融洽相处的企业内部环境。

其次,互联网企业家还应该具有诚信精神,企业家应该自觉地遵守诚信原则,以完全诚信的理念来指导企业经营和管理活动。诚信是互联网企业家应该具备的最为重要的伦理精神之一。企业家的诚信是内在的全方位的诚信,企业家应信守契约,按承诺办事,对员工、对合作伙伴、对消费者讲信用,才能赢得各方面的信任,让与企业有关系的各方人士有信赖感、安全感,从而有利于营造和谐稳定的企业内外部环境。"人无信不立,业无信不兴,国无信则衰",说的就是这个道理。人如果没有信用则无法立身处世,做事业如果不讲信用则无法兴盛,国家如果没有诚信则走向衰弱。可见,诚信是企业家成就事业的根本,也是企业获得生存和发展的基础,缺失诚信的企业家,是无法带出讲诚信的团队的,最终的结果只能是企业做出对消费者、对合作伙伴甚至对企业员工的失信行为,从而也就失去了企业生存发展的根基。例如,现在的互联网金融行业出现多起企业负责人卷钱跑路的案例,这在根本上损害的是整个互联网金融行业的形象,导致消费者对互联网金融行业的整体信任度不高,阻碍整个行业发展壮大。对此,除了政府部门加强风险防控管理,互联网金融的行业自律、互联网企业负责人自身诚信修养意识的提高,也是决定这个行业能够持续发展壮大的关键因素。

此外,互联网企业家在伦理道德方面还表现为负责任的精神。企业家要为企业的长远发展负责任,思考企业与政府的关系、与环境的关系、与员工的关系、与社会的关系等等,以负责任的态度,构建企业内外部的和谐关系。例如,企业家通过合法经营支持和促进政府建立公平正义有序的市场经济体系;通过诚信经营为企业赚取正当的经济利益,树立企业的良好形象;以负责任的态度对待员工,尊重、关心和爱护员工,让员工在工作中能实现价值、获得成就感,提升员工的工作满意度和主人翁责任感,更好地为企业做奉献;回馈社会,积极参与公益环保事业;以"企业有多大,责任就有多大"的企业家精神,积极发挥企业资源优势,为社会和国家做贡献。

互联网企业家只有不断提升自身的道德水平和道德修养,才能更好地在企业中实行和贯彻企业的伦理精神,从而赢得企业内外的尊重和信任,发挥企业掌舵人的作用,带领企业员工为企业的发展和社会的发展做贡献,实现企业经济效益和社会效益的双赢。

　　三要积极培育企业员工的伦理道德意识。员工是互联网企业的核心竞争力。企业伦理道德的实践和传播,除了企业管理者进行身体力行的倡导之外,还需要依赖企业员工才能获得广泛的实现,企业员工是企业伦理道德建设的基本力量。为此,一方面互联网企业应该遵循以人为本的伦理道德观念,关心关爱员工,把满足员工实际需求作为企业伦理道德建设工作的最佳切入点,让员工从心理上认同企业的伦理价值观,进而转化为自己的自觉行动。同时企业也需要通过培训、教育等手段,提高员工的职业道德,让员工在工作中自觉贯彻伦理观念,并以之为行动准则和工作标准,从而为企业和消费者创造优质的产品或服务,培养他们的职业精神和主人翁责任感,更好地为企业服务,也让员工能够更容易融入企业中,自觉担当为实现企业发展做贡献的责任和使命。例如,阿里巴巴倡导的"百年阿里系列培训"等,不仅是对阿里员工工作能力的提升,而且很好地培育了阿里员工的企业价值观,让阿里员工能够把企业奉行的伦理道德观念铭记于心,并体现在自己的行动中。

　　此外,企业也可以通过激励或举办具有仪式感的活动等方式,对那些观念、品格、气质与行为能够反映企业伦理道德趋向和文化价值观的员工给以精神和物质上的鼓励,从而让员工更鲜明地感受企业所倡导的正确伦理趋向。例如,在培养员工社会责任感方面,阿里巴巴设了"感动阿里奖"、"六脉神剑"考核制、"阿里日"、"阿里公益金"、"天天正能量"公益传播平台等"五小载体",积极推进社会主义核心价值观教育,不断培育和增强企业年轻员工的社会责任感。以阿里巴巴设立的"阿里感动奖"为例:

　　2005年,阿里巴巴推出了这项弘扬见义勇为精神,传递阿里正能量的大奖,在之后的12年时间里,"感动阿里奖"一共颁发了10次,表彰了数十位阿里人。

　　2005年3月,邓鹏迪和同事一起走在路上,突然一辆公交车疾驰过来,邓鹏迪推开了身边的同事,自己被撞断了7根肋骨,卧床休息近1年。2011年7月,吴菊萍用双手接住了从10楼坠下的2岁儿童,吴被当场砸昏,手臂被巨大的冲击力撞成粉碎性骨折,被大家称为"最美妈妈"。2013年7月的一个晚上,王绍国下班途中遇到一个小孩子落水,他直接从桥上跳了下去,将孩子救起。2014年6月,高国新、张伟、李菁和墙辉在下班途中遇到一起重大车祸,他们在车爆炸前砸开车窗救出受困伤员,跑出十几米。2014年7月5日,杭州某公交车起火燃烧,阿里人依伶正好驾车路过,她将两位烧伤求援的伤者送到了市一医院,上演了一场现实版"生死时速"。2016 年 1 月,胡展、桑蝶、歌琳一起开车上班,在转塘高速路口遇到一辆浓烟滚滚的小轿车。三人想都没想,立即下车救人,当他们撬开车门,拽出姑娘的一刹那,火苗蹿出了引擎,仅仅 10 分钟,车就烧成了空架。2016 年 8 月 27 日,刚刚学会游泳一个月的焉识同学在杭州城西某小区的游泳池里救起了一位溺水的小姑娘。2016 年 9 月 26 日,阿里安全部小二叶洪兵冒着浓烟,从失火的居民楼里抢救出一名 5 岁的孩子。2017 年 2 月 27 日,阿里国际事业部小二侯晓冬,参与一场生命接力赛,一口气救了车祸中的一家三口。2017 年 11 月 19 日,阿里云工程师刘新停等 8 人,跳入冰冷的千岛湖连救 4 人,包括 1 名孕妇。[①]

阿里巴巴把"感动阿里奖"这个被阿里人认为是分量最重的一项大奖颁给了这群见义勇为的人,表彰他们凡人善举、温暖人心的行为,有力地弘扬了社会正能量,在企业内部起到了良好的示范和激励作用,极大地鼓励和引导员工向善、向上的精神和行为,培育和增强他们的社会责任感。同时也为阿里巴巴赢得了社会声誉,树立了阿里巴巴良好的企业形象。

四要健全互联网企业内部道德监管机制。互联网企业需要设立内部道德监管机制,对企业内部违反伦理道德的行为进行干预、控制、管理,并及时处理解决相关问题。当今,一些互联网企业已经充分认识到企业伦理建设对企业发展的重要性,不仅将企业伦理融入企业文化建设,以企业伦理为企业核心价值观的基础,同时也设立专门的机构,对企业内部进行道德监管。例如,百度设有"职业道德委员会",阿里巴巴针对内部反腐成立廉正部,京东集团开设反腐网站"廉洁京东"。这些互联网企业设立的内部监管机构,有效制约和惩处了企业内部违背道德伦理的行为,对塑造诚信、干净、有担当的互联网企业环境起到了监管作用,同时也体现了互联网企业积极加强自律、勇于承担社会责任的胸怀和态度。

互联网企业通过加强企业的内部道德监管机制建设,联合政府司法部门共同打击企业内部违背伦理道德、损害消费者利益的行为,实现了对富有正能量的企业伦理观的倡导,让企业内部员工意识到如果做出违背企业道德伦

---

① 《跳入千岛湖连救 4 人的阿里工程师,刚刚获得了阿里巴巴最暖心大奖》,阿里巴巴官方微博,2017 年 11 月 21 日,https://weibo.com/ttarticle/p/show? id=2309404176523526575694。

理的行为,损害了消费者、客户及企业的利益,是需要付出代价的,从而对企业员工的个人行为起到良好的震慑和约束作用,让企业员工能够自觉遵守企业伦理道德规范,这对营造健康、有序的互联网企业运营环境具有积极作用。

在企业内部设立道德监管机构,在传统企业也是有例可循。以英国传统的传媒行业为例,《卫报》《金融时报》《独立报》等就在企业内部建立内部新闻道德监管机制。《卫报》设有读者事务总编岗位,该岗不受总编辑等报社负责人领导,直接向报社所有者——斯科特信托基金会负责。读者事务总编有权对报社或记者违背职业道德的行为进行调查,做出公开更正、罚款、停职、开除等处理决定。英国广播公司除了接受英国通讯办公室监管,在媒体内部也设立监管机制,受理受众对自身内容或记者行为的投诉。英国广播公司建有三级受理投诉的机制,首先由举报中心受理,问题未解决可转至编辑投诉委员会处理,问题仍未解决则由信托基金编辑标准委员会进行处理。[①] 这对我国信息门户网站设立企业内部道德监管机制也具有积极的借鉴和启发作用。我们的新浪、搜狐、网易等新闻门户网站,负有向公众传递正确信息,弘扬社会主义核心价值观和传递社会正能量的功能,因此,需要企业内部员工能够具备良好的职业道德和职业精神,才能充分发挥新闻网站应有的作用和应该履行的社会责任。

总之,互联网企业作为虚拟经济主体,在政府相关的法律法规还没完全成熟和完善的情况下,更应该加强行业自律精神,加强和完善企业内部道德监管机制的建设,让企业员工能够更好地以正确的道德伦理作为自己的行为规范和工作准则,从而营造和谐健康的企业内部环境,让互联网企业在塑造规范、公正和有序的互联网市场环境中发挥积极作用。

五要完善相关法律法规,强化制度约束。互联网经济活动与传统经济活动存在较大差异,政府部门需要加强对互联网企业法律法规建设,强化对互联网企业的制度约束。随着互联网技术的发展,互联网新的业态不断出现,互联网企业在伦理建设上会遇到新问题、新情况,需要政府部门加强相应的法律法规建设,从法律的角度有效规范和制约互联网企业新产生的道德伦理问题。例如,共享单车的出现,虽然打通了民众出行“最后一公里”的通道,又

---

① 《英国新闻道德监管机制运行情况》,中国记协网,2015 年 1 月 17 日,http://news. xinhua-net. com/zgjx/2015—01/07/c_133901867. htm.

契合低碳绿色出行的政策导向,有效缓解了城市交通压力,给市民带来时尚方便的生活体验,但是,随着共享单车规模的迅速扩张,市场竞争环境愈加激烈,在共享单车运营过程中出现了用户押金无法正常退还,供应商欠款无法及时支付,企业或暂停运营或濒临破产,甚至有个别中小品牌的共享单车企业出现"跑路"问题。这些都涉及企业伦理层面的问题,对此,政府部门要根据新的情况变化,及时出台相关的法律和制度,加强对互联网企业伦理失范行为的法律约束。

面对新兴的互联网企业产生的企业伦理问题,政府需要加强制度建设,强化对互联网企业的制度约束。以共享单车为例,政府需要进一步加强和细化法律法规的建设,让共享单车运营企业在经营过程中能够更符合伦理规范,对违反伦理道德的企业予以惩罚,督促互联网企业在经营过程中对社会公德、社会规范的遵守,维护和保障遵守伦理规范的互联网企业的利益,进而维护广大消费者的利益。

六要建立社会评价机制,加强舆论监督。网络信息时代,社会舆论对互联网公司具有很强的影响力。像一些规模较大、上市的互联网公司,市值都会受社会舆论的影响而产生波动,特别是负面舆情对公司股价有显著的影响。例如,受魏则西事件影响,百度公司的市值在 2016 年 5 月曾出现一日之间蒸发了 349 亿元。又比如在 2017 年 7 月初,人民网连发三文狠批"王者荣耀",称"王者荣耀"作为游戏是成功的,而面向社会,它却不断地释放负能量。受此影响,腾讯股价一度暴跌 5%,市值蒸发逾 1000 亿人民币。可见,在现代资本市场,社会舆情对上市公司具有重要影响,资本市场舆情反映的是投资者的"民意",体现为敏感信息经大量个体快速传播扩散,强化群体性认知的过程。对于互联网上市公司而言,舆情有时候仅是些无关痛痒的闲言碎语,充其量带来市值的短暂波动,有时候却可能使其声誉遭到持续损伤,甚至化作关乎生死存亡的惊涛骇浪。[1] 在这个人人都是自媒体的年代,公众的舆论监督对互联网企业的伦理道德及社会责任具有很大的影响,因此,利用舆论监督推动互联网企业规范企业伦理行为,增强社会责任意识是一种可行的监管方式。

---

[1] 《负面舆情与上市公司市值波动》,《证券时报》2011 年 6 月 29 日,第 A10—A11 版。

对于目前依然存于各大电商平台的众多互联网小微企业,各电商平台开放的评价体系对小微互联网企业的经营行为起到了一定的规范和制约作用。好的口碑是这些网店财富的来源,现在的网民进行购物,已经不仅仅是根据买家在网络上关于产品的宣传信息和图片就冲动购物,而是更加理性。他们在网络购物的时候会先浏览一下之前消费者留下的评价,如果差评很多,就说明这家网店存在着产品质量不过关,欺骗消费者的行为,这对于小微网店来说,有很大的影响。用户积累的好口碑能转化成互联网小微企业源源不断的财富来源,而差评则会对这些小微企业产生很大的负面影响。就像蔡明老师和潘长江老师在 2016 年春晚演绎的小品《网购奇遇》,卖家为了消除一个差评亲自到买家家里进行解释以消除误会。虽然不少电商平台的商家存在刷单的行为,但是随着我们国家出台法律法规加强对这方面的整治力度,各电商平台开放的评价体系对小微企业的经营行为将起到一定的规范和约束作用。

此外,利用传统的媒体像报刊、电台等对互联网企业违反社会伦理的行为如欺诈、失信等进行曝光,也能起到良好的舆论监督作用。像每年央视都要举办的"3·15"晚会,就经常对那些缺乏诚信、做出违背伦理道德行为、损害广大消费者利益的商家进行曝光。这一举措也起到了良好的监督和约束效果,并且凭借着央视强大的公众影响力,"3·15"晚会让许多黑心商家心惊胆战,起到很好的敲山震虎的效果。近年来,不少互联网企业上过"3·15"晚会的黑名单,像"饿了么"外卖平台存在黑心作坊,暴露了外卖食品的安全隐患;车易拍等二手车在线交易平台存在价格骗局;跨境电商行业存在不合格产品;"道有道""话语"等广告营销公司存在操作手机恶意扣费现象;手机APP 泄露用户私人信息;智能支付和智能汽车存在安全漏洞;网店存在刷单现象;等等。通过这种用传统媒体曝光的方式,对互联网企业违反企业伦理、欺骗消费者的行为起到了很好的震慑作用。像二手车交易平台车易拍被曝光存在价格骗局后,即刻做出回应,表示对央视的报道高度重视,并将做出深刻反思。车易拍方面称,他们在"3·15"晚会播出后,连夜将收费细节在网站首页做了公示,收费标准和收费原则也已完全公开,并将接受消费者和媒体的监督。而针对"3·15"晚会曝光的海淘商品不合格的情况,跨境电商企业也发布了跨境电商安全倡议书,其中参与承诺的公司包括天猫国际、京东全球购、洋码头、网易考拉、丰趣海淘等跨境电商企业。央视正是通过发挥自身的受众面广、影响力大、权威性强等优势,对中国企业伦理行为形成一个良好的舆论监督机制。

可见,建立社会评价机制,发挥舆论监督作用,能对互联网企业规范企业伦理行为、履行社会责任起到良好的约束作用。

四、新形势下互联网企业如何更好地履行企业责任

企业伦理是指企业以合法手段从事经营活动时所应遵循的伦理规则。如企业对员工的伦理行为,包括尊重、关爱和信任员工,为员工营造良好的工作环境,为员工提供成长和教育的机会,等等;企业对顾客的伦理行为,包括提供安全的产品,提供正确的产品信息,提供周到的售后服务,提供必要的指导,以及赋予顾客自主选择的权利,等等;企业对竞争对手的伦理行为,主要表现为正当、有序的竞争等;企业对投资者的伦理行为,包括提供有吸引力的投资报酬,及时、准确地向投资者汇报企业的财务状况等;企业对社会的伦理行为,包括提供就业机会和创造财富,为社会乃至国家做贡献;等等。

可见,只有树立正确的伦理观,企业才能更好地履行企业责任,理顺内外关系,营造健康有序、团结务实、诚信协作、热情严谨、公平合理的企业内外部环境,对内赢得职工的信任和尊重,对外赢得社会的认同和支持,这对于实现企业的长远发展具有重要意义。

企业伦理就是用道德的约束力去调节企业的行为。道德调节具有非强制性、普遍性、扬善性、便易性等特点,道德主要是依靠社会舆论、传统习俗、内心信念起作用,体现了内在性和自觉性。因此,互联网企业加强企业伦理建设,通过道德调节来避免企业出现产生行为失范的现象,可以让企业获得更好的成长环境和发展空间,有利于企业实现长远发展。

当前的互联网市场讲究创新、绿色、协调、开放、共享的发展理念,互联网企业只有在伦理建设方面下功夫,才能更好地履行企业责任,实现企业的经济价值和社会效益。我们说,互联网企业要发展壮大,既要靠人才、技术,更要靠正确发展理念的引导。树立正确的伦理观,能让企业更有责任感和担当

精神,促使企业沿着正确的方面发展。

(一)树立"以人为本"伦理观,履行好企业对员工的责任

在互联网企业内部,员工是企业的核心资源,企业员工的创新思维和创造力是企业的核心竞争力。因此,互联网企业需要树立"以人为本"的企业伦理观,从尊重、关心和培养员工的角度出发,满足员工的合理需求。例如,为员工创造良好的工作条件,为员工进行职业培训和教育,重视和尊重员工的创意,畅通上下级之间的交流渠道,等等。通过构建正确的伦理观,企业可以切实履行好企业对员工的责任,以此来调动员工的积极性、主动性和创造性,激发员工的创造力和活力,同时,让员工更加自觉自愿地为企业做奉献,以为企业创造价值为荣。中外一些知名的互联网企业如谷歌、脸书、阿里巴巴、百度等在履行企业对员工的责任方面做得比较到位。谷歌公司在美国《财富》杂志公布的最佳企业雇主排行榜中多年来蝉联第一,阿里巴巴多年来则一直致力于做中国"最具幸福感的企业",努力提升企业每一位员工的幸福指数。这些互联网企业的理念和做法,都反映出企业对待员工的道德伦理观,正是在这样的企业伦理观的引导下,这些企业才能更好地尽职履责,履行好企业对员工的责任。

我们说,企业除了对企业员工负有责任,还对合作伙伴、消费者及社会和国家等负有责任。如何履行好这些责任,需要企业先树立正确的伦理观,在正确伦理观的引导下,通过正确的行为方式处理好企业各方面的关系,履行好企业各个层面的责任。

(二)树立"开放共享"的伦理观,履行好企业对合作伙伴的责任

企业与合作伙伴之间通过合资合作或其他方式,实现资源之间的优势互补,从而给企业带来资金、技术、管理、市场等方面的提升,从而提高企业的核心竞争力。因此对合作伙伴来说,互联网企业需要树立"开放共享、合作共赢"的伦理观,通过互利互惠的方式,让企业和合作伙伴能够实现资源的共建

共享,实现共同的发展进步。像一些起步不久但成长迅速的互联网企业通过融资的方式,获得了企业发展壮大必要的资金支持,合作伙伴则通过投资的方式获得企业的红利,实现资本的增值。例如摩拜单车在 2017 年上半年已经完成多轮融资,获得的投资金额超过 10 亿美元。融资方包括腾讯、工银国际、交银国际等实力强劲的投资人。完成多次融资后的摩拜,在资金实力上得到了进一步提升,这让摩拜有能力通过雄厚的资金进一步扩大自己的技术优势,从而提升自己的核心竞争力。与此同时,摩拜的投资方也从摩拜的成长中实现了资本的持续增值。此外,一些已经发展到一定规模的互联网企业如阿里巴巴则是通过战略合作的方式牵手合作伙伴,利用各自领域内的丰富经验及资源,实现共同发展。例如,在 2017 年 5 月,阿里巴巴牵手中国电信,双方将在电子商务、基础网络和安全、营销服务、云计算、支付、农村渠道、终端和物联网、企业采购服务等多个领域开展广泛深入合作。双方互为战略大客户,将共同加强中国电信的"五圈"(智能连接、智慧家庭、新型 ICT 应用、互联网金融、物联网等五大生态圈)和阿里巴巴的"五新"(包括新零售、新制造、新金融、新技术、新能源)展开对应合作,从而实现双方在产品、业务和营销上的创新及合作共赢。

可见,互联网企业以"开放共享、合作共赢"的企业伦理观为先导,理顺了他们与合作伙伴之间的关系,让合作伙伴获得更大利益。

(三)树立诚信伦理观,履行好企业对消费者的责任

企业对消费者应该负有的最大责任就是维护消费者的利益,为消费者提供优质的产品或服务。这就需要企业树立讲诚信的伦理观,并以此为先导,在企业的运营过程中,本着为消费者负责的态度,提供让消费者满意的商品和服务。以美团网为例,在互联网行业团购概念刚刚热起来的时候,业界曾经涌现了"百团大战"甚至"千团大战"的状况,但发展到今天只剩下美团网等少数几家团购网站。美团网之所以能在激烈的互联网市场竞争中存活,关键就在于美团网倡导的诚信伦理观,在这样的企业伦理观的倡导下,美团网首先考虑的是消费者的利益,信守的是对顾客的承诺,有诺必行。例如,美团网曾经和一家冰淇淋厂商做一次合作,50 元的冰淇淋团购价只要 25 元,参与的

大概有 1 万人。但后来因为冰淇淋厂商存在问题，很多消费者兑换不了团购券，于是纷纷去美团网站投诉店家的这种欺诈行为。在这种情况下，美团网创始人王兴和高管团队在集体讨论两天后，做出决定：一是美团网为每个消费者补贴 25 元，让他们还用那个券和码去兑换，为此，美团网要损失 20 多万元；二是王兴等美团网高管团队一致决定形成一个价值观的排序，那就是消费者第一，商户第二，员工第三，投资人第四，最后才是自己。以后再遇到类似商业纠纷或冲突的时候，全部按照这个价值观的排序去做。正是秉持着这样的伦理观，美团网才发展成为今天中国团购行业的引领者。可见，只有树立正确的伦理观，才能正确处理好企业与消费者的关系，让企业自觉履行对消费者的伦理责任，而其核心就是"顾客第一"的原则，这是企业实现持续发展的核心竞争力。

（四）树立"竞争协作"的企业伦理观，协调好企业和竞争对手的关系

当前，互联网几乎渗透了日常生活的每一个角落，互联网企业之间的竞争也日趋白热化。奇虎 360 与腾讯曾持续 4 年之久的"3Q 大战"虽已逐渐淡出公众视线，但这起"互联网反不正当竞争第一案"的影响却尤为深远。对于互联网企业来说，树立"竞争协作"的企业伦理观，通过正当的手段与对手展开有序竞争，才能更好地维护市场秩序，实现企业的长远发展。近年来，随着互联网市场经济的发展，新业态、新商业模式不断涌现，我们国家自 1993 年开始实施《反不正当竞争法》，新修订的法案在 2017 年 11 月 4 日通过，自 2018年 1 月 1 日起施行。新法案增加了针对互联网不正当竞争行为的司法处理，明确规定从事网络生产经营活动的经营者如果出现妨碍、破坏其他经营者合法提供的网络产品或者服务正常运行，以及损害竞争对手商业信誉、商品声誉的行为，将"由监督检查部门责令停止违法行为，处十万元以上五十万元以下的罚款；情节严重的，处五十万元以上三百万元以下的罚款"[①]。虽然，我国

[①] 《中华人民共和国反不正当竞争法》，中国人大网，2017 年 11 月 04 日，http://www.npc.gov.cn/npc/xinwen/2017-11/04/content_2031432.htm。

政府部门不断加大执法监察力度,互联网企业之间不正当竞争的现象日趋减少,但是单靠法律监管还是不够的,还需要互联网企业从自身抓起,加强企业伦理道德建设,通过道德的规范和引导,实现对企业不正当竞争行为的约束和纠正,从而维护互联网市场公平有序的竞争环境,这也是企业对自身负责任的表现。互联网企业生存和发展的重要目标就是实现企业经济效益和社会效益的双赢,而不是通过不正当竞争手段来打压和整垮对手,这种"伤敌一千自损八百"的行为,最终伤害的是双方的利益。就像奇虎360与腾讯的"3Q大战",双方都不是赢家,腾讯是股价下跌,而360则是流失了近三分之一的客户,同时两家互联网企业的社会声誉也都受到了严重影响。这种两败俱伤的行为带来的后果最终还是双方企业各自承担。因此,互联网企业需要树立"开放、包容、共享、合作"的企业伦理观,与竞争对手展开有序竞争,采用正当手段获得企业合法利益。企业在市场竞争中要获得长久发展,最有效的方式就是不断提供能够满足市场和用户需求的产品和服务,提升企业核心竞争力,以此在市场竞争中获得生存发展。

在全球经济一体化的大时代背景下,"竞争对手之间就是输赢的关系"这一传统观念,需要做出改变,互联网经济市场讲究"开放、共享、合作、共赢"的发展理念,因此,互联网企业也需要顺应互联网的发展趋势,转变观念,实现与竞争对手之间的合作共赢。像阿里巴巴近年来频频布局线下零售业,2015年阿里巴巴与苏宁牵手,阿里巴巴宣布投入283亿元人民币入股苏宁,苏宁将认购阿里价值140亿元人民币的股票。这是在"互联网+"背景下,互联网经济市场发展的新趋势。互联网企业与传统企业长期以来一直都处于一种竞争状态,觉得双方都在相互抢夺对方的蛋糕,线上说线下怎么不好,线下说线上怎么不好,其实,双方都需要转变观念,一起把蛋糕做大,实现双方资源的优势互补,携手共赢。就像马云说的,阿里跟苏宁过去曾经是竞争对手,但是竞争是行业发展的必然,双方通过合作,将探讨出一条新的零售发展方向,实现双方的合作共赢。马云表示,阿里和苏宁的合作,双方的出发点是相同的,都是为了提高消费者的满意度,只有消费者满意了,企业才能做得好。阿里和苏宁的合作,不仅帮助苏宁把原来的货卖得更好,也不仅仅让天猫、淘宝中阿里巴巴的货卖得更好,而且让商家获得更好的利益,让各种各样的家电、智能产品、供应链上的伙伴实现共赢,实现以消费者满意为目的整个生产制造业的转型。马云谈到历史上阿里和苏宁曾经有过竞争,竞争很正常,竞争本来就是商业一个必不可少的一个环节。但是在"互联网＋"的时代背景下,实体经济和数字经济不能互相排斥,而应互相欣赏,互相配合,互相做好对方的工作及自己的工作,才能够实现整个商业生态系统更加健康,更加持久的发展。这也是整个互联网新经济发展的必然趋势。

可见,在全球经济一体化和"互联网＋"时代背景下,互联网企业只有树立"竞争合作"的企业伦理观,才能根据实际情况,处理好与竞争对手之间的相互关系,实现企业经济效益和社会效应的双赢。

(五)增强企业公民意识,履行好企业对社会乃至国家的责任

"企业公民"是国际上通行的用来表达企业社会责任的基本概念。不同的国家有不同的定义,例如,2003 年的"世界经济论坛"提出的企业公民包括:一是好的公司治理和道德价值;二是对人的责任;三是对环境的责任;四是对社会发展的广义贡献。[①] 英国企业公民会社的定义是:企业是社会的一个主要部分;企业是国家的公民之一;企业有权利,也有责任;企业有责任为社会的一般发展做出贡献。建立企业公民理念,不仅意味着企业要主动承担更多社会责任,而且包括对其参与社会环境改造的权利和义务的法律保障。[②] 美国波士顿学院对企业公民的定义是:企业公民是指一个公司将社会基本价值与日常商业实践、运作和政策相整合的行为方式。一个企业公民认为公司的成功与社会的健康和福利密切相关,因此,它会考虑公司对所有利益相关人的影响,包括雇员、客户、社区、供应商和自然环境。[③] 中国企业公民委员会对企业公民的定义是:企业在经营活动中,以地球环境和人类福祉为出发点,按照为客户提供优质产品和满意服务为基本原则,自觉承担社会责任,实现全

[①] 谌远知等:《企业公民:策问与策辩》,社会科学文献出版社 2009 年版,第 76-77 页。

[②] 《企业公民》,360 百科,2017 年 12 月 1 日,https://baike.so.com/doc/6848720－7066146.html。

[③] 谌远知等:《企业公民:策问与策辩》,社会科学文献出版社 2009 年,第 77 页。

面、协调、可持续的线性发展。①

从这些定义中,我们可以总结出关于"企业公民"的通俗解释,那就是企业是社会的主要部分,是国家的公民之一;企业有权利,也有责任为社会和国家的发展做出贡献。"企业公民"意味着企业不能只满足于做个"经济人",还要做一个有责任感和道德感的"社会人",自觉承担和履行为社会乃至国家的发展做贡献的责任。

当前,我国互联网企业在快速发展的进程中,自觉承担了很多社会责任,做出了大量的社会贡献。今天的互联网企业在履行社会责任上,更注重利用自身的资源优势,例如技术优势、平台优势、商业模式优势等,为增强社会和国家的福祉做贡献。以京东商城为例:

京东公益物资募捐平台是京东公益继其资金募捐平台上线后,在互联网平台公益领域的又一创举,在业界率先创造了"一键捐赠、物资直送"的全新模式,以创新、阳光、高效的特性引领"互联网+公益"发展新趋势。"京东公益物资募捐平台"充分发挥京东自营式电商优势,从商品供应、物流配送、技术运营、客户服务等方面为公益项目提供全方位支持,为社会公众提供阳光、透明的公益捐赠体验。京东公益物资募捐平台完全基于移动端开发,网友通过京东 APP 即可访问京东公益模块,浏览了解公益项目,以爱心价点选购买所捐赠项目所需物资,一键即可完成捐赠。"一键捐赠,物资直送",网友的爱心物资经由京东高效的物流体系直接配送到公益项目地,并由公益机构执行人员发放至受助人手中。网友可通过京东 APP 实时查询所捐赠物资的物流状态,直观地看到物资发放到受助人手中的全过程。②

对此,京东表示创立该公益平台的使命是"物爱相连,让每一份爱心真实可达",并郑重做出承诺:通过技术驱动让京东公益更有温度,让京东公益实现"创新、阳光、高效"。京东充分发挥自身作为电商平台在智慧物流、智慧供应链、大数据等领域的技术优势,直接让捐款变为物资,省去了非政府机构采购流程,既提高了效率,也降低了中间环节滋生腐败的风险;同时,通过自建的强大的物流体系完成物资的运输,让捐助者能追踪物资运送全过程,实现

---

① 《企业公民》,360 百科,2017 年 12 月 1 日,https://baike.so.com/doc/6848720-7066146.html。
② 《物爱相连:京东公益物资募捐平台打造互联网公益新标准》,经济观察网,2017 年 3 月 25日,http://www.eeo.com.cn/2017/0325/301152.shtml。

了捐赠过程的透明和高效。这是当今互联网企业在履行企业社会责任上的创新性做法，值得提倡。

除了通过公益项目做慈善，京东还积极参与国家"精准扶贫"的大战略，积极利用自己的电商平台，全覆盖的物流网络帮助贫困地区农民致富。在2016年年初，国务院扶贫办与京东集团签署了《电商精准扶贫战略合作框架协议》，双方共同探索"产业扶贫、创业扶贫、用工扶贫"三种模式。在推动精准扶贫这项国家战略上，京东的主要做法是：第一，帮助农户农产品走出去。偏远农村的农特产品，经常遇到产品走不出去的困难。针对这个问题，京东可以利用强大的物流网络、电商平台帮助这些农特产品走出大山，走出贫困地区，走到城市居民的家中，免去了中间商或中间渠道。第二，技术扶贫。京东通过建立涉农电商服务生态体系，联合更多社会培训资源，为贫困青年群体提供种养殖技能、电商技能培训服务，协助贫困县政府加强实用性培训，培育更多农村、农业和电商人才队伍，从根本上提升农户的技能，让电子商务切切实实地帮助他们致富。第三，通过创新帮助农户做大做强农产品品牌。目前，中国许多地区的农产品质量非常好，长在山清水秀的地方，没有任何污染，但是很多农户并不知道怎么搞营销，怎么做品牌，怎么卖出好价钱。京东就从这些难点入手，直接帮助贫困地区的农特产品注册品牌，并且利用京东的营销优势，在京东平台上进行品牌的营销和推广，让农户能够成功销售自己的农产品，并形成品牌。第四，进行资金扶持。京东表示，针对很多农户开展农业生产时缺乏资金的现状，他们在金融方面也做了很多创新，设立了专门针对扶贫的金融产品叫"京农贷"，通过"京农贷"帮助农户解决资金需求的问题。为了更好地推进国家精准扶贫工作有效实施，京东在公司内部成立了专门的部门来做精准扶贫这件事情，以更好地协调内部所有的部门推进精准扶贫工作。

可见，随着中国互联网企业的不断成长壮大，一批成熟起来的互联网企业在履行企业社会责任方面更有能力，也更加自觉。他们通过发挥自身的资源优势，努力回馈社会，积极参与国家和社会的发展建设，自觉履行为国家和社会的福祉做贡献的社会责任。

我们说，互联网已经深入社会生活的方方面面，成为人们生活中不可或缺的一部分。随着互联网技术的发展，人类社会对网络的依赖越来越强，作为互联网空间运营主体的互联网企业，需要增强企业公民意识，承担起更多的社会责任，让伦理与道德、秩序与制度为技术护航，使互联网空间更好地服务社会、造福人类。

五、小结

当前，在全球经济一体化的时代背景下，中国互联网企业面临着越来越激烈的国际竞争环境。互联网企业要想在激烈的市场中获得持续健康的发展，就需要深刻认识企业伦理和企业社会责任对实现企业健康、可持续发展的重要作用，自觉加强企业伦理与社会责任的建设。这不仅是企业实现健康有序管理的重要组成部分，也是企业文化建设的核心内容。我国的一些互联网企业像阿里巴巴、京东等已经在企业伦理建设与履行企业责任方面做出了积极的努力和实践，也在一定程度上推动了中国互联网企业伦理建设的发展进步。但是，我们也要看到随着互联网技术的发展，新的业态、新的商业模式不断涌现，如何在企业发展过程中，实现企业经济效益和社会效益之间的平衡与双赢，依然是互联网企业在发展过程中必须面对的问题。这就需要互联网企业增强企业伦理道德建设的意识，自觉树立正确的企业伦理观，采取切实可行的方法和步骤，如在企业内部进行企业伦理道德与社会责任的教育和推广等。通过道德的调节作用，企业能够更好地处理企业与员工、合作伙伴、消费者、竞争对手及与社会各界的关系，不断提升企业的核心竞争力，让企业能够更主动地迎接挑战，在世界经济体系中充当重要角色、发挥重要作用。

第七章　互联网企业的企业文化变革与创新

我们说,互联网的企业文化不是一成不变的,而是要随着社会大环境的变化,如政治环境、经济环境及社会环境的变化而做出相应的变化。同时企业自身也是不断发展变化的,企业文化也要根据企业在发展的不同阶段所产生的变化,如企业在不同的发展阶段会制订不同的战略目标,由此在企业内部会产生一系列相应的变化,如组织结构、业务运营、目标管理等也会随之发生变化。这就需要企业文化能根据企业内外部环境和条件的变化做出相应的调整、变革和创新,以适应企业发展过程中面临的新机遇、新挑战和新任务,从而确保企业文化建设的先进性和引领性,促进互联网企业实现更好的发展。

一、互联网企业文化变革与创新的时代背景

当前,中国互联网企业正处于政治经济体制深化改革的关键时期,优化政府职能、转化经济发展方式、调整产业结构等都成为重大的时代主题。特别是党和国家对互联网发展领域给予了高度重视。习近平总书记多次提出,要在践行新发展理念上先行一步,让互联网更好造福国家和人民,通过互联网构建网络空间命运共同体,实现世界的互联互通,让互联网更好地造福人类,让全世界人民共享人类文明发展成果。习总书记强调,我国互联网企业由小到大、由弱变强,在稳增长、促就业、惠民生等方面发挥了重要作用。企业搞大了,搞好了,搞到世界上去了,为国家和人民做出更大贡献了,是国家

的光荣。应该鼓励和支持企业成为研发主体、创新主体、产业主体,鼓励和支持企业布局前沿技术,推动核心技术自主创新,创造和把握更多机会,参与国际竞争,拓展海外发展空间。政府要为企业发展营造良好环境,减轻企业负担,破除体制机制障碍。要加快网络立法进程,完善依法监管措施,化解网络风险。李克强总理也积极部署推进"互联网+"战略,提出推动移动互联网、云计算、大数据、物联网等与现代制造业结合,促进电子商务、工业互联网和互联网金融健康发展,引导互联网企业拓展国际市场。李克强总理表示,推动大众创业、万众创新在很大程度上需要依靠互联网,因此更要加强对互联网企业的支持力度。可见,党和国家对互联网企业的发展给予了高度重视和大力支持,为互联网企业创造了良好的发展环境和空间。

面对新的市场经济环境,互联网企业如何主动抓住机遇、提升自主创新能力、打造强势企业品牌、加快开拓国际市场、提升核心竞争能力,将价值思维、互联网思维、创新思维更好地融入企业文化建设,成为互联网企业文化建设创新和变革的重要任务。

二、互联网企业文化变革与创新的考量因素

为了更高效地进行文化变革与创新,互联网企业需要认真考虑变革与创新的出发点和落脚点,切实推进企业文化建设的优化调整,实现企业文化建设与企业经营管理的深度融合,促进互联网企业获得更好发展。

(一)对企业发展现状进行分析与评估

互联网企业文化的创新和变革需要对企业发展现状进行认真分析和研究,不仅要分析企业宏观经济环境的变化,如国家对于互联网产业的政策变动、行业整体发展状况特点、消费者与客户的需求变化及购买行为的变化等等,还需要对企业自身的发展状况有客观的评价和分析,如企业自身的市场表现,与同行业相比较的优势和短板,商业模式是否有利于企业发展,等等,

以制订企业清晰的战略性发展目标。在此基础上,互联网企业可以明确文化创新和变革的方向,促进企业发展能力的提升。

(二)注重企业创新能力的成长

当前,互联网企业的核心竞争力就是创新能力,因此,创新文化应该成为互联网企业文化变革与创新的重点考量因素。在对互联网企业文化进行变革和创新时,要以是否有利于提升企业的创新能力为出发点,思考企业文化建设与企业创新能力的关系,例如企业是否重视创新,是否具有先进的创新理念,是否有创新的氛围,是否有创新的组织管理体系、创新平台、创新工作机制,是否有创新人才引进、培养、激励机制,等等。摒除企业文化中不利于实现企业创新的因素,引进有利于企业实现创新的因素,从而让创新文化成为发挥企业创新能力的促进因素。

(三)抓住影响企业生存发展的关键因素

企业的发展过程中存在着自身的发展优势,也存在着企业发展的短板,因此,我们在对企业文化进行变革创新时,需要考虑和分析影响企业发展成败的关键因素,对企业发展短板产生的原因进行深入分析,并从企业文化建设角度分析造成这种现象的深层次文化原因,从而为企业文化的创新和变革提供突破口。例如,企业在发展过程中,可能存在着技术创新、质量管理、内部沟通、协同发展、品牌管理、风险管理、责权利匹配等方面的不足,这就意味着企业需要进行多个方面的创新和变革。而企业文化就可以把这些不利于企业发展的因素作为切入点,思考如何从企业文化的角度为企业提升市场竞争力与发展能力提供精神动力和文化支撑,让企业文化成为企业发展的驱动力,更好地协调企业内外各种关系,实现企业的创新发展。

(四)有效激发企业内部文化创新和变革热情

企业文化进行变革与创新,关系到企业的所有成员,需要企业管理者和员工的共同协助和努力,以达成文化共识,形成合力,促进企业文化变革与创新的成功。由于文化的创新和变革会抛弃某些旧的文化,倡导新的文化,而企业员工由于固有的思维定式和行为习惯会对新的文化感到不适应,或者面临需要更新职业技能和知识结构的挑战。这些都会对企业文化的创新和变革形成一定的阻力,企业需要化解这些变革阻力,有效激发员工对企业文化创新和变革的热情,制订变革的措施,解决文化创新和变革中遇到的问题,将企业文化变革和创新的阻力转化为动力。

(五)注重发挥企业家的影响力

对于互联网企业来说,企业家就是企业文化的缔造者、引领者、宣传者和践行者,在企业文化建设中,企业家发挥着至关重要的作用。因此互联网企业要取得企业文化创新和变革的成功,在很大程度上需要发挥企业家个人的影响力,宣传和鼓励企业文化的创新和变革,激发企业管理者和员工的文化积极性和主动性,让企业文化的变革和创新顺利得以实施。

(六)制订确实可行的具体措施

实现企业文化的变革与创新,不是一蹴而就的,而是具有全面性、系统性和协调性的。明确了企业文化变革和创新的方向与目标,需要着手制订实现企业文化创新和变革的措施,例如将企业文化中创新和变革的方面与企业员工的工作标准和工作方式相挂钩,从而提升企业文化的执行力。此外,还需注重企业家影响力的发挥,强化企业职能部门之间的主体作用,让企业文化变革与创新更好地融入企业经营管理,更好地适应企业生存发展的需要,提高企业的核心竞争力。

三、互联网企业文化变革与创新的切入层面

互联网企业文化不是一成不变的,需要根据企业发展的内外部环境变

化,适时进行变革和创新,从而让企业文化更好地融入企业的经营理念、管理方式、价值观念、群体意识和道德规范等许多方面,更有效地提高企业的向心力和凝聚力,激发职工的积极性和创造性,促进企业实现健康、可持续性的发展。为此,互联网企业可以从四个层面进行企业文化的变革与创新:一是对原有的企业文化进行升级,二是对管理哲学进行创新运用,三是注重发挥企业家创新精神,四是对企业伦理观进行创新思考。这四个层面富含企业文化变革和创新的因子,能够让企业文化变革与创新更富有成效和实际可操作性,从而实现以文化创新促进企业发展。

(一)对原有企业文化进行升级进化

相较于互联网企业的发展速度,互联网企业文化具有相对稳定性和滞后性,因此,互联网企业需要阶段性地对企业文化进行升级,以及时摈弃不利于企业发展的因素,让企业文化更加完善,更好地适应企业发展的需要。

1. 对原有文化进行问题诊断

互联网企业是一个快速发展变化的行业,一夜成名、一夜暴富的事情在互联网行业并不是神话。一旦企业推出的产品适销对路,企业的业务发展速度就会很快,发展规模就会得到迅速扩张,企业发展的阶段性战略目标也需要进行相应的调整,那么想让企业文化及时跟进企业发展步伐,让企业文化不成为企业发展的绊脚石,而成为促进企业发展的发动机,就需要及时地、阶段性地对企业进行文化诊断,查找不利于企业发展的文化因素。只有强化有利于企业发展的文化因素,才能更好地为企业发展注入生机和活力,从而更充分地发挥企业文化的价值与作用。以腾讯公司为例:

2010 年底开始,腾讯提出并逐步落实"平台开放"战略,以更好地实现企业构造合作产业链的目标。"开放"不仅代表着企业在技术上的革新与转变,更是企业文化的创新与变革。为了更好地实现腾讯开放平台的战略转型,腾讯需要对原有的企业文化进行升级进化,丰富企业文化内涵,让"共享"精神成为企业文化的核心价值观之一。腾讯提出的"共享"精神不仅仅是员工之间知识与经验的共享、各部门之间成果与贡献的共享,而且体现了企业对外的一种更为开放的心态,是与行业伙伴之间的资源和信息的共享,与行业伙伴之间共同成长。

　　为了更好地实现共享文化的落地实施,腾讯公司首先对现有的企业文化进行问题诊断,比如企业内部存在着部门员工之间信息交流和经验分享不够,各部门之间各自为政现象,员工行为与企业文化存在现实差距,呈现出"两张皮"的现象,等等。针对这些问题,腾讯公司采取了一系列的措施,例如,建立相应的组织机构给予管理规范,强化制度建设来确保共享文化的落地实施,通过组织宣传、培训及特色文化活动等手段进行共享文化理念的深入传播,从而消除企业内部不利于共享文化传播的因素,强化种种有利于企业树立共享文化的措施,让共享文化更加深入人心,成为员工的自觉行为和工作准则。这些都为企业"平台开放"战略的顺利实施给予了思想上的统一和文化上的引领。

　　可以说,腾讯公司的企业文化升级方式对国内其他互联网企业有着很好的借鉴意义,这种方式体现了企业文化变革和创新对企业发展的重要战略性意义,为企业未来发展奠定了良好的文化基础。

2. 注重对传统文化的借鉴与创新

　　互联网企业是在一定的社会环境和时代背景下产生的,因此,企业文化不可避免地具有时代和民族文化的烙印。企业文化只有适合员工的文化背景和接受习惯,才能够深入人心,才能够达到统一思想和凝聚人心的效果。如果违背了员工的文化心理和接受习惯,企业文化则很难落实到位,很难让文化理念成功引领员工行为,从而大大影响了企业文化真正落地的效果。

　　我国有着悠久的历史文化,其中有不少优秀的传统文化被运用到国家的治理、企业的管理乃至家庭的经营中。中国古圣先贤的智慧对我们企业文化建设也有着很好的借鉴作用。例如,古人的"任人唯贤"运用到现代企业文化中可以衍生为尊重人才、重视员工、以人为本的核心价值观。互联网企业如果能够很好地把中华民族优秀的传统文化吸纳进企业文化体系建设中,并对之进行创新性的继承和发展,就能够更有效地发挥出企业文化对员工的精神引领和激励作用。因为优秀的民族传统文化有着广泛的受众基础,让有着相同文化背景的员工更容易理解和接受,也更容易让员工融入企业文化中,发挥企业文化的凝聚力和向心力作用。以阿里巴巴企业文化中的武侠文化为例:

很多中国人都有着深厚的武侠情结,每一个人都有着属于自己的江湖梦。在中华文化数千年的历史传承中。早期武侠文化是通过小说、评书、戏剧等形式加以表现。侠的精神最早来自于墨家的"兼爱非攻、止戈为武、舍己为人即为侠",墨子所倡导的牺牲自己为天下苍生谋福利的精神即为最早的侠义精神。20世纪50年代中后期金庸的"飞雪连天射白鹿,笑书神侠倚碧鸳"系列新派武侠小说的出现,在全世界掀起了一股武侠热。金庸推出的第一部小说《书剑恩仇录》,其作品的发行量已逾亿册。金庸的武侠小说为世人营造了一个快意恩仇的江湖,爱国主义情怀在金庸的武侠小说里体现为民族大义,荡气回肠,气吞山河。同时,金庸的武侠小说,还塑造了一批有血有肉、个性鲜明、脍炙人口的人物形象,郭靖、黄蓉、杨过、小龙女、张无忌、赵敏、萧峰、段誉、令狐冲等,这些人物形象鲜明,通常让人爱恋难舍,刻骨铭心。

正是金庸的武侠文化有着这样广泛的群众基础和历史渊源,因此,阿里巴巴把金庸小说中的武侠文化创新性地运用到企业文化中,不仅赋予了阿里巴巴企业文化与众不同的阿里味,更让一开始在企业内部就有广泛受众基础的武侠文化,更容易为企业员工认同和接受,更好地发挥企业文化的精神引领作用。例如,阿里巴巴把企业文化的核心价值观归纳成"六脉神剑",名称来自金庸小说《天龙八部》,同时阿里巴巴赋予了"六脉神剑"新的含义,那就是代表阿里巴巴企业文化的"客户第一""团队合作""拥抱变化""诚信""激情""敬业"等六大核心价值观。在淘宝网,每一个员工都有属于自己的花名,这些花名大多取材于金庸武侠小说,包括"风清扬""铁木真""逍遥子""令狐冲""黄蓉""乔峰"等,这样的花名有利于激发员工的正能量,也有利于企业树立自身的良好形象。淘宝的员工在工作中用花名,在生活中则使用自己的名字,这是淘宝提倡的"快乐工作,认真生活"企业文化理念的具体落实。在企业管理上,阿里巴巴的员工要根据自己的花名去加入不同的帮派,一起在公司召开的PK赛中争夺"天下第一帮"的称号,这是对企业竞争与协作机制的文化创新,而把会议室命名为"悦来客栈""桃花岛""侠客岛""神龙岛""达摩洞""光明顶",即是在细节处彰显企业文化特色,同时也塑造了一种极富特色的企业文化氛围,让员工时刻身处企业文化的浸润和熏陶中,更有利于员工对企业文化的认知和接受,从而让企业员工自觉以企业文化为准绳,形成良好的行为习惯和工作标准。

可见,把优秀的传统文化精华吸收借鉴到企业文化建设中,不仅有利于实现企业文化的创新性发展,更有利于发挥出企业文化内聚人心、外塑形象的重要作用。

3. 对原有文化进行升级与进化

优秀的企业文化既有文化的稳定性和继承性,同时又是一个开放性体系,可以实现文化的升级与进化,使企业文化体系能够不断得到调整和完善,更符合企业发展的需要。企业文化是需要积累和沉淀的,它的形成是一个渐进的过程,具有相对稳定性,同时,互联网企业是一个变化和发展速度都十分迅速的行业,因此,互联网的企业文化也需要进行升级和进化,使之跟得上企业变化的速度和规模,更好地发挥企业文化对企业发展的巨大促进作用。以阿里巴巴企业核心价值观的升级进化为例:

2001年,在通用电气公司工作了16年的关明生加入阿里巴巴,就任阿里巴巴首席运营官。此时的阿里巴巴已经从创业初期的十八罗汉变成了一个拥有300多人的跨国公司。如何将这样一群哈佛、耶鲁的毕业生,和一些杭州师范学院(今杭州师范大学)毕业的人凝聚在一个团队中,对阿里巴巴来说,是一件相当具有挑战性的工作。关明生的到来,帮助阿里巴巴解决了这个问题。在当时的阿里巴巴,企业文化的传承依靠的是口耳相传的师徒制,而随着企业的发展和员工规模数量的扩大,阿里巴巴已经无法保持企业文化及价值观的统一和延续。因此,关明生来到阿里巴巴之后的第一件事就是帮助阿里巴巴梳理了企业文化及价值观,最后阿里巴巴总结出了九条价值观,即"群策群力、教学相长、质量、简易、激情、开放、创新、专注、服务与尊重",这是阿里巴巴第一次将自己的价值观明确提出来,马云称之为"独孤九剑"。马云说:"中国的企业都会面临一个从少林小子到太极宗师的过程。少林小子每个都会打几下,太极宗师有章有法,有阴有阳。"①"独孤九剑"的提出,让阿里巴巴口耳相传的价值观有了清晰的表述方式,也让阿里巴巴的价值观有了继续升级进化的基础。

2004年7月,曾在多家跨国企业包括微软(中国)、甲骨文(中国)、达能(中国)等出任人力资源总监的邓康明来到阿里巴巴,出任集团副总裁,负责

---

① 周云成:《马云的魔咒》,《商界(评论)》2007年第11期,第27页。

整个阿里巴巴的人力资源管理。邓康明加入阿里巴巴后,第一把火就烧向"独孤九剑"。邓康明认为阿里巴巴现阶段,讲求的已经不再是"速度"和"攻守",而是"目的"和"价值",而"独孤九剑"的价值观已经不能完全展示阿里巴巴的独特个性,并且针对阿里巴巴员工人数的不断扩大,未来甚至会发展到数万人的趋势,"独孤九剑"的价值观逐渐显示出不适应性,不适合大范围地进行推广。阿里巴巴如果要让数千人乃至数万人记住并执行企业的文化价值观,"独孤九剑"必须进行升级和进化。

在邓康明的号召下,经过全公司上上下下历时数月的开会讨论与研究,2004 年 10 月,马云最终决定将原来的"独孤九剑"精炼成"六脉神剑",即"客户第一、团队合作、拥抱变化、诚信、激情、敬业"。阿里巴巴还把"六脉神剑"从一个抽象的概念变成了 30 个具体的行动指南,把价值观考核列入企业全体员工的绩效考核中。

阿里巴巴通过对企业价值观的升级进化,很好地保持了企业文化的先进性和引领性,让企业文化能够更好地适应企业在不同发展阶段的价值需求,为阿里巴巴实现企业的长远发展奠定了坚实的基础。

(二)对管理哲学进行创新运用

企业文化在实质上就是以企业管理哲学和企业精神为核心,起到内聚人心、外树形象的作用,提升员工对企业的忠诚度和归属感,调动员工的积极性和主动性。因此,对于以员工为核心资源的互联网企业来说,创新运用管理哲学有利于企业不断提升管理水平,增强企业的向心力和凝聚力,达到企业管理的新境界——以文管人、以文育人、以文服人。

1. 对古代管理哲学的创新运用

中国古代有着为数众多的思想流派,其中对后世影响较大的有儒家、道家、法家、墨家等,这些古代先贤流传下来的治世哲学直到今天依然给我们许多有益的启示。对于中国互联网企业来说,如果能够创新性地把古人的管理智慧运用到企业文化建设中,必将使企业文化内涵更加丰富,底蕴更加深厚,对员工的感召力和影响力也将进一步增强。其中,博大精深的儒家思想对互联网企业实现企业管理的创新具有很强的借鉴意义。以儒家思想中的"仁"

"义""信"为例。

（1）"仁"的思想在互联网企业中的创新运用

"仁"是儒家思想的核心，最常见的解释是"爱人"，引申到企业的管理中，则体现为爱员工、爱合作伙伴、爱消费者。对员工的爱主要表现为尊重员工、信任员工，培养员工对企业的归属感和信任感，让他们能够在为企业做贡献的过程中实现个人价值，得到成长并获得成就感。阿里巴巴、百度、腾讯、京东等优秀的互联网企业都在企业文化中充分体现出"仁"的思想。例如，阿里巴巴把成为"幸福指数最高的企业"作为企业的发展愿景之一，体现了企业对于员工的重视和关注；而阿里巴巴提倡的"认真工作、快乐生活"的文化理念，也赋予了儒家"仁"的思想新的时代内涵。在阿里巴巴，企业努力为员工打造良好的办公环境，提供员工学习和成长的机会，通过举办阿里日等活动让员工感受到企业像家一般温暖，通过人人持股的方式让员工感受尊重并获得激励，这些行为都充分体现出企业对员工的尊重、重视、关心和爱护，是阿里巴巴对儒家"仁"的思想的创新运用。

腾讯公司则在管理理念上提出要"关心员工成长"，并列出了具体的措施和原则：一是为员工提供良好的工作环境和激励机制；二是完善员工培养体系和职业发展通道，使员工与企业同步成长；三是充分尊重和信任员工，不断引导和鼓励，使其获得成就感。腾讯在员工的管理理念上也体现了现代企业对儒家"仁"的思想的创新运用。

优秀的互联网企业把古代儒家"仁"的思想创新性地演化成以人为本的管理理念。通过这种人性化的管理方式，企业能够更好地提升员工对企业的信任感和忠诚度，可以有效避免一些不利于企业发展的因素，如员工对工作的积极性不高、流动性强、缺乏职业成就感等，从而有利于企业打造一支稳定统一、团结一致的工作团队。这对企业政策执行的连贯性和稳定性，实现企业的长远发展目标具有积极作用。

（2）"义"的思想在互联网企业中的创新运用

"义"是儒家思想的基石。《论语·里仁》中孔子说道："君子喻于义，小人喻于利。"意思是"君子看重的是道义，小人看重的是利益"。"义"的主要解释是"道义、主义"。互联网企业在企业经营过程中遵章守法，通过合法的手段获取正当利益，同时树立企业正确的价值观，维护社会的公平正义，积极履行

企业的社会责任等行为,都是对儒家"义"的思想的创新运用。以阿里巴巴创业故事为例:

2000年,互联网泡沫破灭,全世界范围内无数家互联网公司纷纷倒闭,阿里巴巴作为一个刚刚起步的小公司,依靠从高盛公司、瑞典银瑞达公司及软银公司孙正义的投资,共得到2500万美元的风投,并因此获得了大发展。不到一年,阿里巴巴就成了跨国公司,在硅谷、伦敦、香港发展很快,员工来自13个国家。但是直到2001年,阿里巴巴一直是在烧钱,还没真正实现资本盈利,为此阿里巴巴提出要在2002年盈利一块钱。在互联网的寒冬中,许多互联网企业存活都很艰难,更何况盈利,这对于当时的阿里巴巴来说,是一个看似不可能完成的任务。而当时的创业环境就是如果不给回扣根本没人和你做生意。给回扣就意味着阿里巴巴能够迅速做出营业额,不给回扣,盈利一块钱就有可能是一句空话。为了给不给回扣的问题,阿里巴巴特意安排了一整天的讨论时间。争论之后,阿里巴巴做出了重要决定:谁给客户一分钱回扣,不管他是谁请他立刻离开。正是这个决定,使得阿里巴巴在中小企业里面特别受欢迎。阿里巴巴做生意不给回扣,而是把钱和精力更多地投入拉更多买家、做更好的服务、开发更好的产品上面。为了严肃这条"铁规",阿里巴巴甚至辞退了很多优秀销售人员。

这则故事彰显了阿里巴巴希望通过正当途径获取正当经济利益的经营理念和希望员工能够本着诚信经营的原则为公司赢得利润的文化理念,这是对儒家"义"的思想的创新运用。

此外,为了营造一个公平、公正、有序的网络经营环境,阿里巴巴对于网络打假也是不遗余力的。马云多次提出,要像治理酒驾一样治理假货,对制假售假者加重惩罚。对于打假,马云说:"我们不仅仅为阿里巴巴而打,为中国而打,还在为我们的后代而打。我们国家面临的假货问题,不是只有电子商务领域有。如果一个社会充满了很多假,比如假话、假文凭、假球、假新闻、假唱,也自然会有假货。假货最大的伤害是对整个中国社会的伤害。我们绝不能让自己的孩子和下一代以为,你不诚信,你抄袭别人,你剽窃别人的想法,你依旧能够发财。这是不对的。如果那些有知识产权、有专利、创新想法的人不能够成功,而小偷、强盗能够暴富;如果这个社会大家都在剽窃,这个社会的人都在使用假的东西,那这个社会怎么会进步,怎么会成功?"①阿里巴巴这样的企业经营理念,是把维护公平、正义的企业经营环境扩大到维护社会公平、正义的大环境,也是对儒家"义"的思想的创新发展,让古代哲学思想在现代社会焕发新的生机。

(3)"信"的思想在互联网企业中的创新运用

"信"是儒家思想的精华。孔子多次谈到"信"的重要性。在《论语·为政》中,他讲道:"人而无信,不知其可也。"在《论语·颜渊》中,他说道:"民无信不立。"可见,"信"作为儒家的伦理范畴,主要的意思是诚实、讲信用、不虚伪。"信"在古代社会被认为是治理国家、维护社会稳定的重要根基和一个人为人处事的基本原则。互联网企业也需要在企业经营中引入"信"的思想,这对于企业的生存发展至关重要。综观现在发展得比较好的互联网企业,"诚信"一直是这些企业不断获得成长的文化基因。以京东的诚信文化为例:

京东谈到企业的发展愿景时表示,要让京东"成为全球最值得信赖的企业",在谈到企业的经营理念时京东强调,企业是在诚信的基础上建立与用户、供应商、投资方等多方合作者之间最为融洽的合作关系。"诚"代表了京东在合作关系中所坚持的诚意态度,而"信"则代表了京东以"信用"为根本的发展信条。"诚信"既是京东的行为准则,同时也是京东的道德规范。而在企业文化中,京东也把"诚信"作为企业核心价值观之一,要求全体员工要"正直坦诚、勇于担当、信守诺言"。在 2013 年京东把一只名为"Joy"的金属狗形象作为企业的吉祥物和企业 logo 的重要组成部分。对此,京东表示,吉祥物金属狗蕴含着对主人的忠诚,拥有正直的品行和一定的奔跑速度等,代表着京东诚信经营、坚持客户至上,致力于为客户提供方便、快捷、高效、优质服务的决心和信心。这些做法彰显了京东诚信经营的文化理念,也赋予了儒家"信"的思想新的时代意义和社会价值。

从儒家思想体系可以看出中国古代哲学思想的博大精深,对当代中国互联网企业实现管理创新有着独特的价值和借鉴作用,互联网企业要实现以文管人,需要积极吸收借鉴中国古代管理哲学的精粹,把中华民族优秀的管理

---

① 《马云:阿里打假团队的预算和人员编制无上限》,搜狐科技,2016 年 3 月 14 日,http://www.sohu.com/a/63348633_115250。

思想、治世哲学转化为现代化的管理理念和管理方式,实现古代管理哲学与现代企业管理理论的有机融合,让互联网企业更好地实现以文管人、以文育人、以文化人的现代企业管理目标。

2. 对国外管理模式的经验借鉴

每一种管理模式中包含着一个国家中的任何一个企业自身独特的因素,也包含着超越国家和企业特点的共性。无论是独特性还是共性,只要是好的,都是可以借鉴的。[①] 在企业文化建设上,中国互联网企业受到欧美等发达国家企业文化的影响较深,主要因为中国早期的互联网企业在商业模式、营销模式及企业文化上都借鉴过美国互联网企业,与美国互联网企业存在着较深的渊源。综观美国如今做得较好企业,例如谷歌公司、脸书公司、苹果公司等在人才管理上都实行以人为本的管理模式,注重人力资源的开发和员工的学习培训,在管理结构上呈现扁平化趋势,同时能够结合企业自身的特点,探索出一条符合企业自身发展规律的管理模式和管理方法,这些企业管理经验值得中国互联网企业学习和借鉴。此外,日本企业的管理文化也广受赞誉,其终身雇佣制和集体主义成了国际上许多企业的学习榜样,这样的企业文化有利于实现企业的可持续发展。全球财富 500 强排行榜中,日本企业比比皆是,现代市场经济体系下几乎所有重要的行业中,都能看到日本企业的影子。

可见,在不同的政治生态、文化背景及市场环境中成长起来的中外企业,虽然存在着各种差异性,但是好的企业管理模式都具有共性,是可以互相启发的。美国和日本在企业管理模式上的做法和经验可以为中国互联网企业文化实现创新发展提供有益的经验借鉴。

(1)美国企业管理模式中值得借鉴的经验和做法

创新是互联网企业发展的动力源泉。创新文化是提高创新能力的土壤。在现代企业市场竞争中,创新文化越来越成为市场竞争的利器,越来越受到互联网企业的高度重视。苹果公司的创始人乔布斯说,创新使领先者区别于跟随者。

当前,在国际化市场竞争环境中,创新已经成为互联网企业之间相互竞争的利器,谁拥有了持续不断的创新能力,谁就能在市场竞争中处于领先地

---

① 陈少峰:《企业文化与企业伦理》,复旦大学出版社 2011 年版,第 44 页。

位。近年来,在国家的关心重视下,特别是国务院大力推进"大众创业、万众创新"的政策,很大地激发了全社会的创新潜能和创业活力。因此,中国互联网企业创新环境有了很大的进步,与国外互联网企业巨头短兵相接的过程中,有许多产品和服务都可以与之相媲美,并且我们的一些互联网企业也创造出了属于自己的独特的商业模式。但是,我们依然要看到,中国大多数中小互联网企业在创新能力方面还存在着不足,虽然中国目前已经拥有了一批像阿里巴巴、百度、腾讯、京东等成功的互联网企业,但是后续成长起来的互联网公司,在规模和实力上目前还是难以与这些企业相抗衡。特别是中国现在的互联网大公司都往全业务方向发展,提供一站式服务,留给新的创业公司的路子越来越窄,这些大的互联网公司垄断了很大部分用户与流量,小的创业公司在成长过程中获得资源越来越难,成本越来越高,因此创新成为中国中小互联网企业获得成长的重要路径。今天,中国互联网企业也意识到了创新对于企业生存与发展的重要性,纷纷采用积极的对策在企业内部营造激励创新、鼓励创新的文化氛围,以此确保企业发展的生机与活力,实现企业的创新发展。而美国互联网企业在创新方面一直走在世界的前列,无论是在技术创新、文化创新还是在管理创新等方面都积累了丰富的实践经验,特别是在营造企业的创新文化方面独树一帜,有很多经验值得中国的互联网企业加以借鉴。

一是营造企业的创新环境。美国许多高新科技企业,例如苹果公司、谷歌公司和脸书公司等都是以研发人员为核心竞争力的公司,因此,这些公司都致力为员工打造有利于创新的工作环境,倡导并鼓励一种创新、民主的企业文化,具体做法上就是注重员工的工作体验以激发员工的创新活力。以谷歌为例,谷歌通过不断购置土地、建设或优化办公场所等办法,积极改善员工的工作环境。在 2006 年,谷歌曾斥资 3 亿多美元买下山景城总部所在地近 100 万平方英尺的土地用于建设总部。2013 年,谷歌又宣布采用绿色建筑设计风格,对总部进行大规模扩建。为了让员工在工作中享受快乐,释放出自己的创造潜力,谷歌在工作环境和福利管理上都采用了创新性的措施。例如,谷歌的办公室的造型充满卡通色彩;公司为员工免费提供各种零食,精心烹调一日三餐,各种娱乐体育健身设备一应俱全。此外,谷歌还设立了牙医和家庭医师,允许员工带孩子或宠物来上班,尽可能帮助员工解决生活上的问题，使他们以轻松的工作状态开展创新活动。谷歌希望创造这样一个舒适温馨的工作环境，能够有效激发员工的创意思维，并把创意变成现实。

对于中国的互联网企业来说，要实现创新发展，也需要积极营造有利于创新的工作环境，让企业的员工能够更专注于工作，从而激发出员工更大的创造热情和创造能力，这是中国互联网企业文化变革与创新的着力点，即设计和建构有利于创新的工作环境。

二是设立公平合理的创新激励模式。对员工的创新和创造采用公平合理的激励方式有利于在公司内部营造出良好的创新文化。例如，谷歌的薪酬体系是吸引和激励创新人才的重要因素。在谷歌，员工享有丰厚的年薪且都持有公司的股票。美国著名雇主评价网站 Glassdoor 调查，2014 年，谷歌软件工程师的平均基本年薪为 12.8 万美元，位居美国公司年度薪酬和福利待遇榜单首位。同时，谷歌还为所有正式员工发放股票期权，并且每年都会根据员工上一年度的业绩表现再授予股票期权。业绩表现越好的员工，会得到更高的工资、奖金和股票期权，从而保障员工的收入与绩效充分接轨。在奖金体系方面，公司的奖金并不根据工作量分配，而是依赖于项目的重要程度。员工即使负责一个很小的产品，甚至暂无应用前景，只要能证明自己的想法正确，同样也能够获得不菲的奖金，这保障了员工开发新项目的创新积极性。除了物质激励，谷歌也倡导精神方面的激励作用。每个季度末，谷歌会将每一个项目向所有员工公示，并贴上每个人的名字和照片，以尊重肯定员工的工作价值，激发员工的积极性。来自美国的一份调查数据就显示，在员工福利计划中每投入 1 美元，就能促进公司经济效益增长 6 美元，这从数据角度说明了企业建立公平合理的激励模式有利于员工创造性、积极性的发挥，从而能够更好地回馈企业自身。

对于中国互联网企业来说，在管理上实行公平合理的创新激励模式，能够有效地激励员工的积极性和创造性，让他们愿意为企业多做贡献，也有利于企业吸引人才、留住人才，增强企业的核心竞争力，为企业实现长远发展筑牢根基。

三是管理模式扁平化。美国许多高新科技企业，在管理上都实行扁平化模式，较好地解决了等级式管理的"层次重叠、冗员多、组织机构运转效率低下"等的弊端，加快了信息流的速率，提高了决策效率。这对于以知识型人才为员工主体的互联网企业来说,是一种更有效的管理模式,有利于知识团队的自我管理,不断释放整体知识能量,进而实现企业价值创造空间的创新和拓展。以谷歌为例,谷歌的人才构成比较多元,不仅仅限于互联网领域,而且包含其他领域的专家例如火箭领域的科学家和脑外科医生等等,因此,谷歌针对这样多元化的员工全体结构,实行的是扁平化的内部管理模式。例如谷歌倡导员工之间进行自由沟通交流,公司创始人会和员工一起共进午餐;满足员工私人化的需求;每位员工每周还需向所在工作组发送电子邮件,汇报上周工作成绩,以便每个人都能简单地跟踪其他成员的工作进度并同步工作流程。谷歌在项目管理方面,鼓励创新、允许犯错,这也是谷歌管理的一大特色。在互联网行业,谷歌这种项目管理方式有很强的借鉴作用,通过产品聚焦客户多样化、个性化的需求,有利于形成"不是公司领导说不可以就不可以"的项目管理氛围,而是鼓励员工去尝试、允许他们犯错并给他们以实现自己想法的氛围。这种项目管理方式对于互联网企业来说很实用,更有效率。因为互联网产品更新迭代十分迅速,只有鼓励员工不断创新,才能创造出适应市场需求变化的产品,企业才能获得更好的生存和发展。

因此,中国互联网企业也应该不断发挥创意,改变企业与员工之间的互动关系,积极探索有利于激发员工积极性和创造性的管理模式,让员工的心情更加舒畅,工作效率更高,从而为企业创造出更大的价值。

四是积极倡导"创新"的企业文化。创业革命始于美国,硅谷无疑是世界的创业圣地和创新榜样。像苹果公司、谷歌公司、脸书公司、易贝网、甲骨文公司等这些美国硅谷的高科技企业之所以能够成为全球创业者的旗帜和标杆,与它们无处不在的创新精神有着密切的关系。正是一如既往的创新精神让这些企业获得持续不断的发展动力,成为引领全球的创业先锋。以苹果公司为例,苹果公司的创始人乔布斯一直是企业创新文化的倡导者和践行者,他认为历史上伟大的公司保持长盛不衰的关键因素就是完全地、纯粹地创新。这种想法使得乔布斯始终把创新放在第一位,甚至于偏执创新,因此他在企业管理中十分注重激发并保持员工的创造力。乔布斯鼓励员工要有勇于创新的激情和善于创新的精神。正如他所说的:只要敢想,没有什么不可能,立即跳出思维的框框吧;不要把时间浪费在重复其他人的生活上;人有激情就能让世界变得更美好;等等。因此,在乔布斯的倡导下,创新成为苹果公司企业文化的核心价值观,也使苹果公司成为一家以创新为驱动力的伟大公司。乔布斯表示,最好的创新驱动源于员工自发的激情,只有怀着推动社会前进的热情,才能够拥抱创新和独树一帜的理念。

这种与众不同的文化创新理念,对于中国互联网企业来说,也具有很强的启发和借鉴意义。它启发我们能够更深入地思考企业的使命和发展愿景,树立崇高的目标和使命感,不是为了卖产品而卖产品,为了赚钱而创业,而是应该有着明确的企业使命和长远的发展目标。实践证明,企业要实现基业长青,要获得长远发展,没有崇高的使命感、远大的目标和正确的价值观的引导,就缺乏了发展壮大的根基和动力,就缺少了灵魂,企业的发展之路就会受限,最终导致走不远、长不大。

五是建构符合企业发展的独特模式。综观苹果公司、谷歌公司、脸书公司等这些美国硅谷成长起来的创新企业,我们会发现他们积极探索符合企业发展的商业模式,同时也建构了符合企业自身发展的特色鲜明的企业文化。以谷歌和脸书不同的企业文化为例:

谷歌致力于推行"不作恶"的企业文化,不仅起到了内聚人心,外树形象的作用,而且也成就了谷歌在互联网商业领域的巨大成就。谷歌作为世界搜索引擎领域的龙头,在同行业中具有充分的资源和技术优势,但是谷歌不是利用这些优势来摧毁或打压竞争对手,而是推行"不作恶"原则,并把它作为企业的核心价值观进行积极推广,使之成为所有员工的行为准则和工作标准。例如,谷歌的页面上没有扰民的广告,不会为广告客户的利益而修改搜索结果,把购买其股票的权利分享给所有人;虽然拥有掌握大量私人信息的技术和优势,但并不滥用这些信息为自己谋私利;积极利用谷歌强大的资源和技术优势积极探索解决世界重大领域如健康、医疗、卫生、教育等的问题。"不作恶"的企业文化让谷歌赢得了企业内外的尊重和信赖,同时也让谷歌获得了良好的经济效益和社会效益。

脸书则是倡导"黑客文化",让充满颠覆和创新意识的黑客精神成为企业的核心价值观,引领企业在社交领域的持续创新发展,实现"连接世界,更加开放"的伟大使命。黑客精神在脸书的具体体现,就是企业经营发展中贯彻执行"打破束缚、快速发展"的文化理念,让企业富有挑战精神,擅长通过创新的思维来思考问题,寻找路径,缩短目标实现的时间,从而有效提升工作效率,这也成了企业实现长期发展的竞争优势。例如,脸书在招聘企业员工方面不拘一格,员工不一定要拥有高学历,但是必须要聪明、富有效率及认同黑客文化。脸书相信只有这样的人才能够更顺利融入公司的企业文化,能够形成更为团结稳定的人才队伍,能够更迅速地为企业创造价值,也更符合企业未来的发展需要。

从谷歌、脸书的企业文化建设中,我们可以看出,不同的企业需要根据企业自己的发展定位、发展目标、企业特性等来找准企业的文化定位,以此建构特色鲜明的、符合企业自身发展需要的企业文化。企业文化作为企业的核心灵魂,是无法简单复制别人的,要针对企业的独特性建构出自己独一无二的企业文化。

美国企业的创新文化为中国互联网企业提供了很多有益的经验和借鉴,中国互联网企业应该学习美国企业的创新精神,把创新文化引进企业的管理模式中,增强企业的创新动力,激发企业的创新活力,以此为切入点推动中国互联网企业文化的变革与创新。

(2)日本企业管理模式中值得借鉴的经验和做法

相较于美国企业文化中"尊重员工的个性发展,崇尚个人自由,尊重个人价值""支持冒险、激励创新""务实精神""科学的管理体系"等特点,日本的企业文化具有自己的显著特征,例如提倡"集体主义",倡导"和、忠、信"的文化观念,实行"家族式管理"方式,等等。美国的企业文化和日本的企业文化呈现出的不同特点,也是中西方文化差异在企业文化中的具体体现。对于中国的互联网企业来说,企业文化建设没有固定模式,我们可以博采众长,吸收借鉴其他国家在企业文化建设上的经验,从而建构出更利于促进企业自身发展的文化体系,实现企业的基业长青。

日本与中国地缘相近,文化相通,同时在企业文化建设方面也积累了很多先进的经验。企业文化一直是日本企业在全球市场竞争中保持领先优势的重要因素之一,同时也是许多国家企业文化建设的示范和榜样。因此,中国互联网企业可以在结合企业自身实际的基础上,通过学习和借鉴日本企业在企业文化建设方面的优秀做法和经验,让企业文化更好地发挥对企业发展的精神引领作用。

一是积极倡导"和"文化。日本文化深受中国儒家文化的影响,中国儒家文化的实质是人伦文化、家族文化等伦理文化,提倡"仁""义""礼""智""信""忠""孝""和""爱"等思想,日本文化中吸纳了儒家文化中的等级观念、忠孝思想、宗法观念等,并把儒家思想与本民族的宗教神道相结合,创造出了具有日本鲜明宗教文化色彩的"忠""和""诚"思想。这些思想也对日本公司的企业文化产生了很大影响,以"和"文化为例,在日本有许多企业都把"和"文化作为企业重要的文化基因。例如丰田公司制订的丰田纲领中就明确规定"上下同心协力,忠实于公司事业,以产业成果报效国家""发扬友爱精神,以公司为家,相亲相爱"。索尼公司倡导的"和"文化具体体现为对从总裁、总经理到每一位员工都一视同仁,互相敬爱,互相尊重。上班时间,大家都穿一样的夹克衫,在不分等级的餐厅里一起就餐,就如同一个融洽的大家庭。索尼公司的高级主管、各厂厂长都没有单独的办公室,而是与工人们在一起,以便尽快互相认识和熟悉。这种"和"文化,体现了日本企业浓厚的家庭式文化氛围,日本企业希望通过倡导"家和万事兴"的文化理念,实现企业上下一心、团结和睦的工作氛围,这样有利于营造良好的企业氛围,促进企业和谐稳定、健康发展。

中国互联网企业可以借鉴日本企业中的"和"文化,树立以人为本的管理理念,关心、爱护和尊重员工,让员工感受到来自领导、同事之间的关怀和温暖,提升员工对企业的忠诚度和信任感。这有利于企业营造健康和谐稳定的文化氛围,提高员工工作的幸福指数,让员工之间、上下级之间能够为了共同的工作目标团结一致、分工协作,从而发挥出企业的整体合力,实现企业的良性发展。

二是具有强烈的企业责任感。日本的企业文化中有着强烈的社会责任感和报国情怀,大多数日本企业认为做企业目的不是为了赚钱,而是报效祖国,就像松下电器的创始人松下幸之助提出了"企业是社会的公器"的著名观点。他认为,由私人创办的企业尽管在法律上属于个人所有,但是在本质上不是属于哪个个人和股东的,而应该属于全社会,是为全社会服务的。因此,日本许多知名的大企业在企业文化上都表现出忠于国家、报效祖国、造福社会的强烈的企业责任感。产业报国是日本企业关于企业使命的主导思想。例如,日本知名企业松下公司,把"力图社会生活之改善和提高""为世界文化之发展做出贡献"等列为"松下之魂"的核心内容,指出"把全体人民的生产推向富裕和繁荣,进行这样的生产才是我们的神圣使命"等文化理念。从日本这些知名企业的企业文化中,我们可以强烈地感受到日本企业与生俱来的社会责任感,正是有着报效国家,造福人民和社会这样的使命感和经营理念的引导,才让丰田公司、松下公司等这些世界知名公司拥有这样的创新力和战斗力,能够生产出品质卓越的好产品,具备国际竞争力,为振兴日本产业、实现社会富裕、国家富强做贡献。

中国互联网企业需要学习这样的企业文化:不是把赚钱作为企业的根本目的,而是通过发展企业来更好地造福人类社会,为国家做贡献,实现经济效益和社会效益的双赢。

三是善于学习和借鉴的精神。日本人是一个善于学习和借鉴的民族,在企业文化上,日本也是如此。日本的企业文化是中西方文化兼收并蓄的产物,既融合了中国传统文化儒家思想、佛教文化等精华,同时也学习了西方科学的企业管理制度,并结合本民族的文化传统,创造性地探索出一套符合日本企业发展特点和发展规律的企业文化,在日本的企业发展中发挥了重大作用。松下公司的创始人松下幸之助说:"学习的精神是迈向繁荣的第一步。"[1]这是日本国民民族性的一个显著特征,不仅善于吸收和借鉴外来文化,同时也善于维护自身的传统文化,从而创造性地开发出既有他国优秀文化基因又带有鲜明的民族色彩的文化体系。日本民族坚信"学习可以致强"的信念及热衷学习和借鉴的精神值得我们学习。

对于中国互联网企业来说,我们既要学习日本企业文化中的优秀元素,还要学习日本企业文化建设中善于向他人学习和借鉴的经验和做法,从而打造出具有先进性、引领性、开放性的企业文化体系,更好地促进企业的发展壮大。

四是注重对员工的教育培训。日本企业历来重视对员工的教育培训,日本企业在员工的管理模式上强调以人为本,注重教育和培训,提出"经营含教育""造物先树人"的观点,主张"企业的发展在于人才",因此重视对员工的教育和培训,这也是实现企业可持续发展的重要路径。以丰田公司为例:

丰田公司的员工管理理念是:"人"是企业事务处理系统中最关键和核心

---

[1] 王敦婵:《松下领导艺术》,辽宁人民出版社 1988 年版,第 221 页。

的因素,因此要构建企业与员工之间可互相信赖的良好的劳资关系,通过培养个人的创造力及团队精神,从而确保企业源源不断地生产出品质优良的产品。因此,丰田公司在人力资源的管理上十分非常重视企业教育。企业教育是丰田公司企业文化的特色之一。丰田公司对新参加公司工作的人员,有计划地实施企业教育,把他们培养成具有独立工作本领的人。这种企业教育,可以使企业员工分阶段地学习,并且依次升级,接受更高的教育,从而不断提升员工的工作能力和水平,为公司创造更大的价值。

丰田公司曾表示,企业人事管理和文化教育的实质就是通过教育把每个人的干劲调动起来。调动员工积极性不能单纯地依靠提高工资福利等方法,同时也需要通过一系列精神教育活动,对员工进行教育培训,让员工更自觉地融入企业,增进彼此之间的了解,认同彼此之间的事业,从而拥有共同的信念和价值观,这对于提振人的精神,打造高效统一的团队,具有重大作用。例如,丰田公司对新入职的员工实行的"专职前辈"制度和"领导个人接触"制度。丰田公司为了让新员工迅速熟悉和了解新环境,采取了为新员工挑选"专职前辈"的做法。这位前辈负责对新员工入职后的所有事情进行指导和帮助,任期一般为 6 个月。通过这种"专职前辈"制度,新员工能较快融入企业、熟悉业务,融洽与其他员工之间的关系,有利于打造团结稳定和谐的工作团队。同时,丰田公司对新员工还实行"领导个人接触"制度,就是让车间的工长、组长、班长等实施"协助者"教育。丰田公司将这些制度进一步常态化和规范化,从而为丰田公司培养了很多管理人才和技术骨干,这对丰田公司的企业发展发挥了重要作用。丰田公司这种以人为本,注重对员工培训和教育的管理模式,形成了丰田公司企业文化的重要特色,也是丰田公司能够持续不断创造经济奇迹的重要因素。

对于中国互联网企业来说,丰田公司的做法有很多值得借鉴的地方,特别是在人才资源的管理上,注重以人为本,注重对人才的培育,给人才的成长提供机会和创造平台,让企业不仅能够"招得来、留得住、用得好"人才,同时也有利于公司实现长远的、可持续性的发展。

当前,创新成为企业发展的不竭动力,中国互联网企业在企业文化的建设上,也需要紧跟时代发展的步伐和企业发展变化的需求,适时进行企业文化的变革和创新,既可以从中国优秀的传统文化中汲取有利于企业创新发展的营养,也可以通过学习和借鉴其他国家在企业管理方面的有益经验和做法,让企业文化为促进企业发展发挥重要作用,真正达到企业以文管人、以文育人、以文化人的企业管理新高度。

(三)重视企业家精神和作用的发挥

综观中外知名的互联网企业如谷歌、脸书、阿里巴巴、百度、腾讯等企业的企业文化,我们可以看出,企业创始人对企业的文化建设起着至关重要的作用。企业家个人的境界、胸怀及文化特质对企业文化会产生很大的影响,企业家不仅是企业文化的制订者,同时也是企业文化的引领者和倡导者,互联网企业要建构优秀的企业文化,实现企业文化的变革和创新,就需要重视企业家精神和作用的发挥。

习近平总书记指出,我们全面深化改革,就要激发市场蕴藏的活力。市场活力来自于人,特别是来自于企业家,来自于企业家精神。美国经济学家德鲁克认为,企业家是革新者,是勇于承担风险、有目的地寻找革新源泉、善于捕捉变化、把变化作为可供开发利用机会的人。经济学界一般把企业家定义为"担负着对土地、资本、劳动等生产要素进行有效组织和管理、富有冒险和创新精神的高级管理人才"。可见,企业家并不能等同于一般意义上的厂长、经理等经营者,他更加注重企业的成长性,更富有冒险、创新精神,更需要有大视野、大格局、大胸怀,具有拥抱世界的情怀。企业家是经济学上的概念,它更多地代表着一种素质和能力,而不是职务。

对中国互联网企业来说,企业家的个人特质深刻影响着企业的文化特质,鉴于企业家在企业中的核心地位,企业家承担着引领和倡导企业文化变革和创新的责任,对企业文化建设发挥着不可忽视的重要作用。

1.企业家个人特质深刻影响企业文化特质

互联网企业在企业文化上都有着鲜明的企业创始人的特征,就像马克·扎克伯格之于脸书,马云之于阿里巴巴,马化腾之于腾讯,刘强东之于京东,李彦宏之于百度。扎克伯格曾经在创业初期借鉴了微软、苹果公司在企业文化建设上的经验,写下一张关于成为脸书一员所需要具备的素质:高智商,目的性强,对成功的持续专注,侵略性和竞争性,高标准,高要求,完美主义,热爱改变和革新,有让东西变得更好的新点子,正直,与优秀的人相处,做真正有价值的事而不是自以为是。这份清单不仅是脸书早期企业文化的体现,也是扎克伯格个人风格的写照。

同样,阿里巴巴、腾讯、京东、百度等这些公司也是如此。阿里巴巴之所以有今天的巨大成就,与马云的战略眼光、胸怀、视野和个人境界有着密切的关系。马云曾经说过这样一段话:

> 我当老师学到了两样东西。第一,老师永远希望学生超过自己,这个素质也是当 CEO 一定要有的一个素质。老师最佳的产品就是学生,学生越好,老师才会越好。这是我当老师学到的第一样东西。当老师是我永远的一种职业病,我希望加入阿里巴巴的员工每个人都超越我,每个人都超越自己,这是骨子里的东西。第二,老师很重要的职责就是经验分享,不管别人要不要听,你自己知道的要跟大家分享。即使我不懂,很专业的事情,我也学会之后再分享。①

从这段话中,我们就可以看到马云个人的胸怀和境界,这种利他和分享的精神,也体现在阿里巴巴的企业文化中。例如阿里巴巴的企业使命是"让天底下没有难做的生意",企业发展愿景之一是成为"分享数据的第一平台"。同时马云性格中的"乐观、执着、永不言败、敬业、诚信、勇于创新"等精神特质也在阿里巴巴的核心价值观即"客户第一、团队合作、拥抱变化、诚信、激情、敬业"中得到了充分的体现。而马云喜欢金庸武侠的特质也在阿里巴巴的企业文化中得到了深刻的体现。从把会议室命名为"桃花岛""黑木崖"等武侠地名,到淘宝员工自称店小二,以武侠小说人物的名字作为自己的花名,等等,都是马云武侠情结在企业文化建设中的推广和创新。

京东董事局主席兼 CEO 刘强东曾强调"我的文化就是企业的文化,不可改变"。刘强东多次谈到"人要有一颗感恩的心",这也是京东多年来一直积极践行企业社会责任的初衷。随着京东这家企业做得越来越大、发展得越来越好,从江苏宿迁走出来的刘强东,不忘回馈家乡和父老乡亲,总是找机会给

---

① 《马云:成功靠情商,不败靠智商,当企业家还要有爱商》,中国企业家网,2016 年 10 月 21 日,http://www.iceo.com.cn/com2013/2016/1021/301993.shtml。

家乡捐钱、捐物、拉投资。例如 2013 年,刘强东给小时候读书的母校捐赠校车,还曾连续多年在家乡设立助学基金和特困救助基金。2015 年春节,他为老家 60 岁以上的村民每人发放 1 万元的红包。除了捐款,刘强东在宿迁投入 45 亿元,打造京东商城信息科技产业园,并尽可能解决当地村民的就业。就像他自己说的,把宿迁会用电脑的,会说普通话的,基本上全招完了。除了自己出钱投资,刘强东还积极为家乡招商引资。例如当当网的 CEO 李国庆就表示,当当网最终决定把呼叫中心放到宿迁,就是因为刘强东的推荐。同时,刘强东也把这种对家乡人民的感恩之心推广到全社会,这也成为京东自觉履行社会责任的重要动力。京东内部制订了一个规则:任何地方发生灾难,京东临近库房的管理人员无须向任何人汇报,有权且必须捐出库房里面所有灾区需要的物资,并动员所有力量第一时间运到灾区。对此,刘强东表示,这项制度实施以来,每次京东的物资都是在第一时间送达的。京东通过发挥自身在物流体系上的优势,成为一支救助灾区的重要社会力量。

在京东企业文化中,激情是核心价值观之一。富有创业激情在刘强东身上也得到了充分的体现。他在央视财经频道《遇见大咖》的节目专访中谈道:如果每天不去想公司怎么发展,而是享受生活,我肯定不会幸福。他把这个归结为企业家身上的一种自虐精神。刘强东强调的"自虐精神"实际上就是企业家身上一种勤奋、执着、永不满足的奋斗激情,这也是推动企业不断向前发展的动力。此外,刘强东还多次强调专注。他表示,自己在学校听课的时候可以做到每堂课 45 分钟全神贯注,绝对不走神。这种专注的能力也成为他后来能够引领京东走向成功的重要因素。阿里巴巴董事局主席马云说,经济不好也能做好,才是优秀的企业家。因此善于在困境中抓住机遇,实现企业发展也是优秀的企业家必备的素质。2003 年北京遭遇"非典",人们都不敢上街购物,刘强东创办的京东多媒体被迫关门停业。巨大的库存压力让京东多媒体开始在网上推广产品,这是京东和互联网的首次牵手。但是产品依然没有销路,直到深受 CD 用户信任的论坛 cdbest 的总版主说了一句话:京东多媒体是我在中关村五年来没见过卖假碟片的公司。这才开始让京东多媒体有了产品的线上交易,也由此迎来了京东事业发展的新天地。2003 年京东多媒体开始从线下转向线上,打造知名的电商品牌京东商城。可见永不放弃的"奋斗激情"和以客户为先的"诚信精神"是京东能在困境中崛起,并成长为中国互联网电商巨头的核心和关键,这也成为京东企业文化中最重要的核心价值观。

我们从京东的企业文化中可以看到,企业家精神和企业文化的合二为一、一脉相承的紧密关系。企业家的精神特质对企业文化具有重要的渗透力和影响力。企业文化通过企业家的引领和带动,更容易形成企业全体员工共同的价值观和责任担当。因此,要实现企业文化的变革和创新,需要充分重视和发挥企业家的作用,让企业家引领企业文化的变革和创新。

2.企业家是企业文化变革与创新的引领者和实践者

企业家在企业中的独特地位,决定了企业的核心价值观必然受其影响,由此也决定了企业的组织创新、管理创新、价值创新等冒险活动只能由企业家自身承担。可以说,企业家对企业核心竞争力起着关键性的保障作用。以阿里巴巴董事局主席马云为例:

马云可以说是阿里巴巴企业文化变革和创新的决策者和引领者。2013年,随着阿里巴巴的成长壮大,阿里巴巴进行了战略调整,希望建设阿里巴巴商业生态系统。为了实现这个战略构想,阿里巴巴需要进行人才、组织和文化上的调整和创新,以适应阿里巴巴发展战略的变化。为此,马云强调:"变革是痛苦的,但要是我们不变革,我们未来会连痛苦的机会都没有!"[①]为此,马云对当时的业务架构和组织进行了相应调整,成立了25个事业部。阿里巴巴希望通过把公司拆成更多的小事业部进行运营的方式,给予更多年轻阿里领导者创新发展的机会,从而建构起"同一个生态,千万家公司"的良好社会商业生态系统,并赋予阿里"更加透明、开放、协同、分享及更加美好"的企业文化特质。对于改革和创新,马云表示,在企业组织创新的过程中,必然要承担一定的风险,但是他表示:"没有一个组织的架构是完善的,可以解决所有的问题。而且任何一个新诞生的组织一定犹如婴儿,长得既难看,问题又不少。但阿里13年的经历证明,阿里人总能以自己的全心投入,使得我们每次的变革都超过预期。"[②]马云通过对企业组织体系的变革和创新,让阿里文化

---

① 《马云邮件:13年来最艰难的一次组织、文化变革》,新浪科技,2013年1月10日,http://tech.sina.com.cn/i/2013-01-10/14367966825.shtml.

② 《马云邮件:13年来最艰难的一次组织、文化变革》,新浪科技,2013年1月10日,http://tech.sina.com.cn/i/2013-01-10/14367966825.shtml.

变得更加透明、更加美好,也让阿里企业文化中的热爱与责任、信任与协同的特质显得越来越重要。对于互联网企业来说,企业家是企业文化变革和创新的领导者和推动者,没有企业家的参与,企业文化的变革与创新就无从谈起。

中国的另一家互联网企业——腾讯公司也是如此。腾讯创始人马化腾也是推动腾讯企业文化变革和创新的重要力量。腾讯在创业初期提炼出"务实专注,守信尽责"的企业文化理念,这对于创业初期的腾讯起到了重要的精神引领作用。马化腾本人就是这个企业文化理念的积极践行者。马化腾在腾讯创业初期更多的是作为腾讯产品检验官和构架师的角色,他经常从一个普通网民的角度去试用腾讯的产品和服务,并且凭借着自己技术出身的优势,对产品和服务提出改进的意见和方案。马化腾在与研发团队进行沟通的过程中,始终使用的是腾讯邮箱,而绝不使用腾讯邮箱之外的其他同类型产品。在马化腾这种身体力行的倡导下,腾讯公司的各负责人都亲身体验腾讯研发的各类产品和服务。这种行为方式逐渐成为企业员工的工作习惯和行动自觉,腾讯的产品也因此得到不断的优化和改进,深受用户喜爱。这种务实专注、守信尽责的文化理念让腾讯公司在创业之初就十分注重商品的实用性和商业价值,从而成功地把握住了腾讯发展初期的战略机遇,为腾讯的逐步发展壮大铺平了道路。

随着腾讯企业的迅速发展,员工的团队规模也不断扩大,原来的企业文化开始不适应企业发展的需要。首先,企业经营规模和领域不断扩大,多元化需求增加,原来的专注文化不太适合企业的发展需要;其次,原来各部门之间各自为政的文化氛围也不适应企业快速成长的需要。为了更好地管理发展壮大中的企业,马化腾开始进行企业文化的变革和创新。他开始注重企业文化对员工的精神引导和激励作用,提出腾讯的发展愿景是成为"一家最受尊敬的互联网企业",企业的发展使命是"通过互联网服务提升人类生活品质",进一步明确企业的发展方向是"使产品和服务像水和电一样源源不断融入人们的生活,为人们带来便捷和愉悦",等等。除了在企业内部积极宣传和倡导新的企业文化理念,对员工进行精神上的激励和鼓舞之外,马化腾在员工的管理上也开始有新的变化:加强了对企业的柔性管理,注重"以人为本"的企业管理理念,如增加员工的福利待遇,为员工打造更舒适的办公环境,关心员工成长,重视员工的职业发展诉求,等等;对员工进行培训与教育,提升员工的职业能力和技术水平,帮助员工实现职业发展目标。这些企业文化上的变革和创新,在马化腾的倡导和推行下,在企业内部形成了广泛的影响力,取得了良好的效果,让员工在工作中感受到了企业对个人的尊重与关心,以及对自身工作的认可,从而有效提升了员工的积极性和创造力,为企业创新发展提供了重要动力。

马化腾以企业家的身份对企业文化的变革和创新起到了重要的推动作用,他凭借自身在企业中的影响力和执行力,让新的企业文化得到了很好的推广和运用,也让新的企业文化更有效地推动了企业的创新发展。

可见,对于民营企业性质的互联网企业来说,要充分重视企业领导者,即企业家在企业中的重要地位,充分发挥企业家精神在企业文化中的推动作用,从而使企业文化的变革和创新能够在企业内部得到更好的、更顺畅的、更有效的执行,让变革的企业文化更好地促进企业的发展壮大,实现企业的可持续发展。

四、小结

互联网企业文化的变革和创新不是一个一蹴而就的过程,而是需要勇气、探索和创新的精神,以开放包容的态度兼收并蓄古今中外优秀文化,在此基础上,逐渐发展出符合企业自身发展特点和发展模式的企业文化,并在企业发展过程中进行及时的沉淀、调整及变革,使之能够跟上企业发展的需要,更好地发挥企业文化对企业的精神引领作用,实现企业的可持续发展。

第八章　互联网文化企业的发展现状分析

　　北京大学文化产业研究院副院长陈少峰教授强调："互联网文化产业是走在互联网平台上的文化产业,是以互联网作为平台或者是在这个平台上发生的文化产业的交易。"①简而言之,就是生产、经营和销售文化产品和服务的企业。由此可见,互联网文化企业是指以文化、创意和人力资本等无形资源作为投入要素,利用互联网空间进行生产、经营和销售文化产品和服务而获得商业利润的企业。

　　当前,中国互联网文化企业的发展面临着良好的社会环境和市场环境,我们可以从其产业发展背景、企业的发展现状及动态等方面进行分析与研究,从而对互联网文化企业的发展现状形成比较全面的了解。

一、互联网文化产业的发展背景

(一)党和国家大力扶持

　　当前,互联网文化产业蓬勃发展,迎来了历史发展的高速期。党和国家对文化产业扶持力度空前。习近平总书记在党的十九大报告中提出,要推动文化事业和文化产业发展,健全现代文化产业体系和市场体系,创新生产经营机制,完善文化经济政策,培育新型文化业态。国家近年来也陆续通过了

---

　　① 陈少峰:《互联网＋文化产业＋的 10 个趋势》,今日头条,2015 年 12 月 9 日,http://www.toutiao.com/i6235560749561807362/。

一系列关于文化产业的扶植政策,如《国务院关于推进文化创意和设计服务与相关产业融合发展的若干意见》《关于深入推进文化金融合作的意见》《关于大力支持小微文化企业发展的实施意见》《国务院关于印发"十三五"国家科技创新规划的通知》《文化部"十三五"时期文化产业发展规划》等,从国家层面对中国文化产业发展提供了政策、技术、资金等方面的保障和有力支持。党的十八大以来我国的文化产业取得了巨大的发展成就。国家统计局统计数字显示,我国文化及相关产业增加值从 2012 年的 18071 亿元增加到 2016 年的 30254 亿元,GDP 比重也从 2012 年的 3.48% 上升到 4.07%,截至 2016 年 12 月底,我国文化及相关产业企业数量达到 297 万多家,注册资本达到 14.29 万亿元,全国规模以上文化及相关产业法人单位数从 2012 年的 3.6 万家发展到 2016 年的 5 万家,实现营业收入达 8 万多亿元。良好的产业发展环境为互联网文化企业提供了巨大的市场价值和广阔的发展空间。

(二)市场需求空间广阔

除了政府和国家的大力支持外,广阔的市场需求也让互联网文化产业迎来了巨大的发展契机。在全球经济一体化趋势明显,"互联网+"时代背景显著,互联网科技飞速发展,以及消费者生活方式的改变等因素的影响和作用下,互联网文化产业领域催生了许多新业态、新领域,这些都为互联网文化企业开辟出了新的天地,提供了难得的发展机遇。例如,近年来火爆文化消费市场的 IP 热,催生了许多新业态,受到了文化消费市场的好评。像很多由网络小说改编成的同名影视剧,播出一部火一部,不仅再次带红同名或同类题材的网络文学作品,连周边产品也出现热销现象。例如某网络剧播出之后,同名的手游、与剧中男女主角的同款服装,甚至连剧中的道具等也成了市场的热销产品。可见,打造明星 IP 粉丝经济的泛娱乐领域,正成为互联网文化企业关注的风口。对此,腾讯首席运营官任宇昕曾表示:过去我们发现文化创意产业中的各个领域,游戏、文学、动漫、影视等,都各自获得了蓬勃的发展,但是这些领域跨界融合和这些领域有机互动在过去做的比较少。那么经过过去几年的实践和摸索,其实我们可以从这些文化创意产业各个领域中找到一些共同点和共同的联系纽带,从而使得这些领域更加紧密、互动连接在一起。这个纽带我们认为是明星 IP,虽然游戏、文学、动漫、影视这些文化创意内容的表现形式不同,但是它们都可共同围绕明星 IP 进行打造,从而发展出一个围绕明星 IP 互相融合、更高形态的文化创意产业内容出来。2012 年腾讯宣布在自己的文化创意产业领域中,开始启动泛娱乐的战略,在过去几年摸索中,我们也逐步形成了在泛娱乐这个战略中的一些业务矩阵的布局。[①]腾讯认为打造明星 IP 跨界互动方面不仅能够获得商业上的成功,还能在社会意义方面做出更大的贡献。例如,腾讯以打造正版内容为核心宗旨来打造自己的动漫平台,不仅受到广大用户的欢迎,同时也是对整个行业经营正版内容产品的有力倡导。在文学业务方面,腾讯经过多年发展,已经从产值为零发展到一个产值超过 40 亿的产业,并且通过拓展文学业务,对近年来国家倡导的全民读书活动也起到了支持作用。在"腾讯电影+"业务方面,腾讯通过把企业泛娱乐矩阵中的游戏、文学、动漫等业务板块所孵化和培养出来的作品改造成电影电视剧,希望以此推动中国电影行业的发展。《中共中央关于制定国民经济和社会发展第十三个五年规划的建议》提出,要加快发展网络视听、移动多媒体、数字出版、动漫游戏等新兴产业,推动出版发行、影视制作、工艺美术等传统产业转型升级;推进文化业态创新,大力发展创意文化产业,促进文化与科技、信息、旅游、体育、金融等产业融合发展;推动文化企业兼并重组,扶持中小微文化企业发展。加快全国有线电视网络整合和智能化建设;扩大和引导文化消费。可见,互联网新业态、新领域为互联网文化企业提供了巨大的市场空间。因此,互联网文化企业要抓住机遇,积极作为,以实现企业经济效益和社会效益的双赢。

(三)生活方式和消费观念发生变化

如今,随着社会经济的发展和科技的进步,人们的生活方式和消费观念都在发生变化,这些变化为互联网企业带来了巨大的商机。特别是随着智能手机和移动互联网的发展,"一部手机走天下"已经是大多数网民的生活常态。现在许多城市的年轻人经常是出门只需要携带一部智能手机,就能满足

---

① 任宇昕:《"互联网+"助推文化创意产业发展》,腾讯科技,2015 年 7 月 29 日,http://tech.qq.com/a/20150729/041950.htm。

日常生活所需。用户只要在手机上下载相应的 APP 应用程序,一切生活都可以通过手机搞定。例如,出门可以通过滴滴打车软件进行约车;坐公交车或地铁可以用手机进行刷卡;想要骑行,可以通过共享单车软件,轻松完成开锁和支付功能;点餐可以通过大众点评、百度外卖等软件完成;购买日常用品可以上京东、淘宝等电商平台,交水电煤气费等也可以通过支付宝、微信等轻松搞定。在中国,"80 后"和"90 后"的年轻人已经习惯依靠手机来安排日常生活,他们用手机来购物、订餐、看房子、安排旅行,甚至连寻找另一半、计划生孩子都通过手机应用软件来协助完成。他们需要的商品或服务大部分通过手机实现,同时他们也愿意和习惯把自己所做的一切都发在微信、微博等社交网络上。现在我们大部分人只要点开微信朋友圈,通过朋友发布的信息就可以了解朋友的日常生活状态,哪怕这个朋友远在天边,也仿佛近在眼前。中国互联网络信息中心(CNNIC)发布的第 40 次《中国互联网络发展状况统计报告》显示,截至 2017 年 6 月,我国手机网民规模达 7.24 亿,较 2016 年年底增加 2830 万人。网民中使用手机上网的比例由 2016 年年底的 95.1% 提升至 96.3%。上半年,各类软件的用户规模不断上升,内容更加丰富。其中,手机外卖软件用户增长最为迅速,用户规模达到 2.74 亿人,较 2016 年年底增长 41.4%;移动支付用户规模达 5.02 亿人,线下场景使用特点突出,4.63 亿网民在线下消费时使用手机进行支付。[①] 可以说,人们日常生活对移动互联网的依赖程度越来越大,为互联网文化企业开启了巨大的市场空间。

如今的网民更习惯在网上特别是移动互联网上进行文化产品的消费活动,因此,互联网文化企业要抓住文化消费市场的新趋势和新需要,善于挖掘新商机,满足人们的文化需求和文化消费,以此实现企业的发展。例如,人们现在更习惯通过移动互联网了解新闻、阅读资讯、看书、听音乐、追剧等,并且新一代的年轻人更愿意为这些服务付费。互联网迎来了消费者愿意为优质内容买单的风潮,付费音乐、付费电视和电影、付费电子书、在线课程等知识付费悄然兴起,体现了消费者思想观念的变化。他们对于知识、信息及娱乐的获取已经开始从泛泛的"大而全"转而追求个性化、订制化的内容服务。例如,大多数视频网站像搜狐视频、腾讯视频、爱奇艺、芒果 TV 等都推出了会员

---

① 《第 40 次〈中国互联网络发展状况统计报告〉》中国互联网络信息中心,2017 年 8 月 3 日,ht-tp://www.cnnic.cn/hlwfzyj/hlwxzbg/hlwtjbg/201708/t20170803_69444.htm。

制,用户可以通过付费购买会员,享受到比普通用户更为优质和畅快的视听体验。以搜狐视频为例,网站除了给所有用户提供免费视频服务之外,还专门提供一部分付费视频内容给付费会员用户。付费会员可以在网站中享有更多的视频资源以及优先看剧等特权。这种服务更符合新一代年轻互联网用户追求个性化服务的需求,他们也更愿意为这种定制化服务买单。2017 年 7 月中国新闻出版研究院发布的《2016—2017 中国数字出版产业年度报告》显示,在各种收入数额中,互联网期刊收入达 17.5 亿元,电子书达 52 亿元,数字报纸(不含手机报)达 9 亿元,博客类应用达 45.3 亿元,在线音乐达 61 亿元,网络动漫达 155 亿元,移动出版达 1399.5 亿元,网络游戏达 827.85 亿元,在线教育达 251 亿元,互联网广告达 2902.7 亿元。其中,在线教育、翻转课堂、数字教材、电子书包、微课等教育教学服务模式与产品不断涌现。网民生活方式和消费观念的变化为互联网文化企业发展创造了无限商机。互联网文化企业可以运用互联网技术手段开发、传播和销售文化产品或服务,让文化产品实现社会效益和经济效益的双赢。互联网文化企业提供的文化产品和服务需要兼顾文化产品的双重属性,即经济属性和文化属性,坚持《中共中央关于制定国民经济和社会发展第十三个五年规划的建议》提出的"把社会效益放在首位、社会效益和经济效益相统一",让文化产品既能实现经济效益,又能传播社会正能量,倡导积极向上的人生观、价值观和世界观。

可见,中国互联网企业面临着良好的时代背景和发展机遇,在这样良好的发展环境中,中国互联网文化企业发展十分迅速,在信息资讯、社交沟通、娱乐教育等各个领域都获得发展,并取得一定的规模,随着互联网新技术、新业态、新趋势的不断涌现,互联网文化企业也将迎来发展的繁荣与兴盛期。

二、互联网文化企业的发展动态

2017 年第九届"全国文化企业 30 强"名单出炉,除了传统的文化企业如江苏凤凰出版传媒集团有限公司、中国出版集团公司、中国教育出版传媒集团有限公司、中国国际电视总公司等表现抢眼之外,互联网文化企业也呈现出强劲的发展态势。像完美世界股份有限公司、江苏省广电有线信息网络股份有限公司、山东广电网络有限公司、北京歌华有线电视网络股份公司等也跻身全国文化企业 30 强,彰显了互联网文化企业的实力与水平。近年来,随着互联网技术的飞速发展及互联网对人们日常生活的不断渗透,中国互联网文化企业得到了蓬勃发展,在商务交易、信息资讯、社交通讯、娱乐活动、教育资源、金融产品等领域都实现了良好的经济和社会效益。

(一)商务交易领域

活跃在电子商务领域的互联网文化企业,一般都是小微企业,他们大多数都在各大电商平台例如淘宝、天猫、京东、亚马逊、当当、唯品会、苏宁易购等经营和销售文化产品或提供文化服务。以文化艺术电商为例,截至 2015 年,国内艺术品电商的数量就已达 2000 余家。中国的当代艺术品市场规模达 700 亿元。但在线交易仅仅处在萌芽阶段,未来增长潜力不可小觑。假设其中 10% 由电商完成,也是个 70 亿元规模的市场。[1] 随着中国消费升级大潮的来临,用户对消费品的品质要求提升,更加关注并愿意为有文化内涵的商品埋单,从而为文化艺术电商带来发展的契机。目前,以收藏、文玩、传统审美为核心的文化艺术产品及作品,包括原材、匠人制品、老物件等也开始有越来越多消费者青睐。中国文化艺术电商主要采取拍卖模式、众筹模式或直采销售等多种方式,针对不同类型、不同价格层次及不同消费群体的文化艺术商品进行在线交易。在当前电商与内容结合越来越紧密的大趋势下,"匠人"IP化成为众多电商平台的选择。阿里巴巴"匠仓"总监汤启鹏表示:"只有帮助匠人变现,才能真正实现'工匠精神'的传承和创新。"[2]以中国传统商品茶叶为例,现在有不少的电商都从茶文化入手,通过互联网空间销售与茶有关的商品,在销售商品的同时,传播中国源远流长的茶文化。以一家名为茶语网的电商平台为例,该电商平台主要通过与国内主要的制茶、品茶大师签约,通过互联网直播、图文展现等多种形式推广和传播与中国茶文化有关的优质内

---

① 广东省网商协会:《消费升级大风口下,文化艺术电商迎来春天?》,广东省网商协会,2017 年 2 月 27 日,http://www.gdeba.org.cn/article/view/id/19473。

② 《把匠心做成生意,让匠人成为网红 文化艺术电商走上消费升级大风口》,广州视窗,2017 年 3 月 30 日,http://www.gznet.com/news/caijing/cjxwhz/201703/t20170330_1690851.html。

容,在向消费者宣传普及茶文化的同时也带动茶叶商品的销售,从而实现自己的经济效益和社会效益。目前,契合人们消费需求和品位的升级,像茶语网这样的文化电商正在崛起。他们依托互联网载体,将传统文化与现代互联网技术结合,运用互联网思维方式销售富含传统文化内涵的商品,既传播了中国传统文化,提升了商品的文化价值,也实现了销售商品的文化增值与变现。

当前众多互联网企业所倡导和推崇的企业使命是"我们卖的不是商品,而是推广一种生活方式、一种文化观念"。这也应该成为目前活跃于各电商领域的小微文化企业追求的目标。互联网文化企业应该根据自身的目标客户群,不断挖掘和丰富商品的文化内涵,提高商品的文化品位,生产、销售满足客户需求的产品,凭借独特的文化优势和文化品位吸引目标客户群,从而在激烈的市场竞争中保持竞争优势,占据稳定的市场份额,实现企业社会效益和经济效益的双赢。

(二)信息资讯领域

互联网承载的最基础的功能之一就是为用户提供各种新闻信息、娱乐资讯等服务。老牌的互联网门户网站像新浪网、搜狐网、网易网、腾讯网、凤凰网等经历了近20年的发展,形成了自身的特色和优势,拥有自己的商业模式和固定的用户群,在中国互联网门户网站中依然具有举足轻重的地位。同时,我们也看到一些新的信息资讯网站迅速崛起,像今日头条、天天快报、百度新闻、趣阅读、36氪等逐渐形成了自己的竞争优势,对老牌门户网站造成了一定的冲击和挑战。

在当前移动互联网发展的大背景下,新闻客户端市场已然成为移动媒体竞争的焦点。新浪、腾讯、网易、搜狐四大门户网站纷纷聚焦新闻客户端,尽可能多地占领手机新闻客户端的市场份额。随着用户需求的提升和互联网技术的发展,各大新闻客户端也不断提升信息发布速度,提高新闻资讯内容质量,拓展新闻推送和传播的方式,增强新闻客户端的"精准推送"和"个性化服务",从而提升用户体验,增强应用程序的流量和服务黏性。例如,百度新闻、Flipboard(飞丽博)中国版、今日头条、一点资讯等新兴的新闻移动客户端也根据大数据技术,对用户的上网痕迹进行分析,推断用户喜好,进行相应的选择和匹配,并根据用户浏览行为进行进一步调整,进而增强信息推送的精准性,使其更符合用户口味。因此,这些新兴的手机新闻客户端也凭借着自身的个性化、精准化服务,在移动新闻资讯市场占据一席之地。

2017年5月,全球领先的移动互联网第三方数据挖掘和整合营销机构——艾媒咨询(iiMedia Research)发布的《2017Q1手机新闻客户端市场研究报告》显示,中国手机新闻客户市场用户规模已经实现了从2015年第四季度的5.31亿人到2017年第一季度的6.05亿人的增长,腾讯新闻以41.6%的活跃用户占比领跑中国手机新闻客户端市场,而今日头条则以36.1%紧随其后。[①] 根据艾媒咨询数据,2017年第一季度黏性指数,今日头条以8.8居于榜首,凤凰新闻客户端以8.1的指数位列第二。移动新闻客户端要保持用户黏性是一个持续长久的工作,如果没有独具特色的内容和吸引力,很难维持规模用户数量。以今日头条为例:

今日头条是一款基于数据挖掘的推荐引擎产品,它为用户推荐有价值的、个性化的信息,提供连接人与信息的新型服务,目前已经成为国内移动互联网领域成长最快的服务产品之一。它由国内互联网创业者张一鸣于2012年3月创建,于2012年8月发布第一个版本。截至2016年10月底,今日头条激活用户数已经超过6亿人,月活跃用户数超过1.4亿人,日活跃用户数超过6600万人,单用户日均使用时长超过76分钟,日均启动次数约9次。另外,截至2016年11月底,已有超过39万个个人、组织开设头条号。可见,今日头条已经成为时下势头最猛的互联网文化企业独角兽。今日头条的竞争优势就在于以大数据及个性化推荐引擎技术等互联网技术为基础。当用户使用微博、QQ、微信等社交账号登录今日头条时,它能在5秒钟内通过算法解读使用者的兴趣DNA;根据用户的每次活动,10秒钟内更新用户模型,做到越使用越懂用户需求,精准地为用户进行阅读内容推荐,满足用户个性化、精准化的服务需求。

从目前信息资讯领域来看,各种类型的手机新闻客户端纷纷打造个性化的需求服务,发挥各自的竞争优势,布局移动互联网市场终端。随着移动互

① 《艾媒报告 | 2017Q1手机新闻客户端市场研究报告》,今日头条,2015年5月19日,http://www.toutiao.com/i6417948860550742530/。

联网网民红利的饱和,目前各大平台的用户数量已经趋于稳定,未来不会出现较大增长。合作是信息资讯领域未来的发展趋势。各信息网站可以通过合作共享的方式,进行相互之间的资源优势互补,打通信息资讯平台之间内容和技术的壁垒,从而打造"文字+图片+短视频+直播"的移动内容生态新矩阵,实现用户视觉体验的升级。例如,2017 年 2 月,凤凰新闻客户端、一点资讯宣布与视觉中国、秒拍、小咖秀、一直播及美摄等五大平台达成战略合作,实现产品后台的全面打通。随着用户对阅读内容、搜索需求的要求提高,丰富优质内容资源将成为目前各大信息资讯平台优化用户体验,增加用户黏性,提升市场规模和增长率的重要方向。

可见,在移动信息资讯市场终端,优质内容依然是各大平台赖以生存和发展的根基,对于活跃于信息资讯市场的互联网文化企业来说,依然需要以内容为重点,在此基础上通过运用各种技术手段提升用户的视觉体验,从而加强用户黏性,增强平台的活跃度,从而占据移动互联网市场的优势地位,实现企业发展。

(三)社交通讯领域

在移动互联网时代,移动社交通讯 APP 已经是手机用户必备的应用程序,每个手机用户都至少有一款社交通讯 APP。微信、QQ、新浪微博、陌陌等近年来更是占据中国手机用户社交通讯 APP 的热销排行榜前几位。微信则成为大多数中国手机用户的装机必备,聊微信、刷朋友圈、看公众号是手机用户日常生活的重要组成部分。可以说,微信已经成为中国移动社交通讯领域的现象级产品。一些互联网企业也逐渐将目光聚焦于移动互联网社交通讯领域,并产生了如陌陌、唱吧、脉脉等关注多种细分社交需求的移动应用产品。艾瑞咨询整理的资料显示,2016 年全球社交网民规模为 23.4 亿,其中移动端用户为 18.8 亿人,占比超过 80%。预计到 2020 年,移动端社交网民将占社交网民规模的 85.9%,同比增长率为 6.3%,中国移动社交网民将占总体移动网民的接近 90%,同比增长率高于全球平均水平。[1] 可见,互联网文化企

---

[1] 《2016 年中国移动社交系列研究报告—产品篇》,艾瑞咨询,2016 年 9 月 30 日, http://www. iresearch. com. cn/report/2652. html。

业在中国移动社交领域依然有广阔的市场空间。

目前以腾讯、QQ、新浪微博为首的平台型应用占据了中国移动社交市场的大部分份额,而陌陌、百度贴吧、脉脉、知乎、唱吧等一批适应不同社交需求产生的明星产品也活跃于移动社交领域的各大垂直细分市场,此外,艾瑞咨询的数据显示,中国移动社交应用中还存在着近 500 个 APP 的长尾应用,很多产品都经历了从异常火爆到快速冷却的过程。目前中国移动社交市场呈现出暂时稳定格局,像微信、QQ 等平台型应用的用户活跃度高、黏性强,呈现出良好的发展态势。同时,中国移动社交 APP 本土化程度高,适应中国市场的需求,如果要开拓海外市场,将面临巨大挑战,比如国外的脸书公司目前在国际市场上占据绝对的市场优势和份额。因此,中国社交移动应用要进军海外市场还需要不断提升自身优势,增强核心竞争力。

近年来,移动社交与泛娱乐产业相结合的趋势明显。例如,活跃于各大社交网络平台 QQ、微信、新浪微博中的表情包明星产品,像"长草颜团子""傻白甜软萌糯的小龙猫""小白""兔斯基""呵呵君"等,其中"长草颜团子"表情包截至 2017 年 7 月,已经发布到第 5 季,十分受欢迎。该表情包自从授权微信表情商城之后,在 2015 年下载量已超过 7 亿次,发送量超过 180 亿次。表情包属于文化创意产品,通过打造 IP 助推多种盈利模式,实现产品的商业价值。其中,国内一家名为"十二栋文化"的中国互联网原创动漫文创公司,虽然成立的时间不长,但是旗下拥有"长草颜团子""小僵尸""制冷少女""破耳兔""正经人"等多款原创爆款 IP,以及超强长线优质内容输入端,因此,该公司成长迅速。"十二栋文化"公司的广州团队负责人表示,目前"十二栋文化"表情总下载量超过 8 亿次,发送量超过 220 亿次,相当于全球每人发送 3 次,自媒体粉丝量超过 500 万人。通过移动社交网络的广泛传播,可以很好地提升表情包 IP 的知名度,积累口碑,从而形成粉丝效应,附加的衍生品产品就具有了巨大的市场空间。像"长草颜团子"系列表情包在微信的转发量目前已经有 180 多亿次,借助其在网络社交平台的火爆,其所属公司的市场价值被广泛看好。在 2017 年 3 月,"十二栋文化"已经完成 2500 万元 A 轮融资,从成立到现在短短两年,市场估值已经达到两亿元。在市场前景被普遍看好的情况下,"十二栋文化"也一直在探索如何打造品牌和超级 IP,继而完善衍生产业链,实现表情包的商业价值。比如通过产品形象授权为企业带来丰厚利润,就像活跃于国外的 LINE 社交软件平台的轻松熊、小白兔和小黄鸭等形象 IP,不仅深受广大用户喜爱,也为企业带来了巨大的商业价值。据了解,棕色小熊的"东家"已经在纽约和东京上市,分别发行 2200 万股和 1300 万股,市值约 6930 亿日元(约 65.73 亿美元),是 2017 年以来全球最大规模的科技公司 IPO(首次公开募股)。①此外,"十二栋文化"也通过提升表情包 IP 品牌知名度来打开衍生品市场,目前该公司已经和旺旺集团、阿里巴巴集团、腾讯游戏、网易游戏等几十家企业进行了形象授权方面的合作,这是一种有效的盈利方法。同时,像"十二栋文化"这样的互联网文化企业也需要进行全产业链布局,把控好内容创作、市场推广、衍生品电商营销、形象 IP 授权、产品生产等各个产业链环节,让每一个环节都创造和产生经济价值,从而实现品牌的提升和变现。可见,在移动社交领域,依然有很多互联网文化企业可以探索和拓展的经济领域和发展空间。移动社交与泛娱乐产业相结合的趋势在未来会进一步增强,互联网文化企业在这一领域大有可为。

目前移动社交领域的用户,依然以年轻人为主体,因此,需要关注年轻人的社交需求,增强移动社交平台的年轻化、个性化服务。例如,由北京好赞移动科技有限公司推出的图片社交软件 nice,以视觉社交为每日话题,以图片处理与美化为基础工具,深入用户的生活。用户上传的照片不仅可以替用户讲述故事,还可以让用户结交志同道合的朋友。这款软件满足了年轻人对时尚、个性及积极生活态度的表达。除了基本的图片滤镜、贴纸、标签功能外,nice 还推出了短视频、直播分享等新功能,将视觉社交概念进行扩展。这也是移动社交平台未来的发展趋势,针对特定的人群提供需求化服务。

中国移动社交应用当前可以细分为即时通讯、综合社交、兴趣社交、同性交友、婚恋交友、母婴社区、校园社交、图片社交、陌生人社交、商务社交等主要类型。随着移动应用技术的发展和用户需求的延伸,即时通讯与综合社交之间在功能上将出现融合趋势,围绕各自产品展开的移动社交生态布局越来越成熟,社交媒体的属性也在平台型应用功能中体现得更加明显。在细分市

---

① 《文化产业评论:表情包风靡的背后是表情衍生商业开发的蓝图》,搜狐网,2017 年 7 月 17 日,http://www.sohu.com/a/157911481_152615。

场,新的用户需求不断被挖掘,更加精准的服务使长尾市场多点开花。[①] 根据
2016年第三届世界互联网大会发布的《2016年世界互联网发展乌镇报告》,
移动社交平台对文化多样性的促进作用日益显现,2016年移动社交用户达
24.4亿人,成为网络社交应用的主流。得益于人工智能技术,语音识别、翻译
软件等应用取得显著发展,不同语言间的文化交流更为便利。这也为提供内
容生产和服务的互联网文化企业提供了巨大市场和商机。

(四)娱乐活动领域

近年来,随着移动互联网技术和智能手机设备的不断升级,手机娱乐化
已经成为我国移动互联网的主要特点。根据中国互联网络信息中心第39次
调查报告,我国移动网络游戏、移动网络文学、移动网络视频、移动网络音乐
及移动网络直播等移动网络娱乐类应用发展迅速。

一是移动游戏成为网络游戏行业的营收支柱。据统计,截至2016年12
月,手机游戏用户规模达到3.52亿人,占手机网民的50.6%。移动游戏的用
户规模和使用率显著增长,而且行业营业收入也全面超越电脑客户端游戏。
目前移动游戏已经成为网络游戏行业营收的支柱,政策推动行业进入健康发
展状态,但行业马太效应也逐渐明显。在国内资本市场转冷的大背景下,流
量红利消失、营销成本增长、行业门槛提升,小型厂商在行业内的竞争力将逐
渐丧失,而拥有强劲资金储备与研发能力的大型网络游戏厂商将在竞争中占
据更多优势。腾讯、网易、盛大游戏、巨人网络、掌趣科技、完美世界、三七互
娱、游久游戏、天神娱乐、恺英网络等网游上市公司,更有资金和实力研发和
制作精品网游,从而为网民提供更多优质产品。其中连续多年被评为"全国
文化企业前30强"的完美世界,在2016年投入的研发资金更是超过13亿元,
远高于其他公司。在研发人员数量上,完美世界也是领先于同行业,在2016
年达到2400多人。上海巨人网络科技有限公司2016年在官网上宣布推出
"赢在巨人2017"计划,每年投入2亿元资金建设研发平台,招募、扶持游戏开
发团队。可见,在竞争激烈的互联网游戏市场,互联网文化企业需要不断创

---

① 《2016年中国移动社交系列研究报告—产品篇》,艾瑞咨询,2016年9月30日,http://www.
iresearch.com.cn/report/2652.html。

新,才能创造优质内容和保持技术优势,从而在网游市场中站稳脚跟,获得生存和发展。

随着人们生活节奏的加快、碎片化时间的增多及智能手机快速发展,移动游戏作为网络游戏市场的最大细分市场已经显示出良好的市场业绩。据统计,2017年上半年,我国游戏用户规模达5.07亿人,同比增长3.6%;游戏市场实际销售收入达997.8亿元,同比增长26.7%。随着游戏全民化和重度化的发展,2018年移动游戏市场份额或将达到70%。目前,中国移动游戏市场呈现爆发式增长,用户规模不断攀升,随着用户规模的持续增长,人口红利逐渐消失,用户游戏习惯开始成熟,重度游戏占比不断上升,移动网络的增长趋势开始出现下滑,移动游戏市场将从以量取胜过渡到以质取胜,市场将进入稳定发展期。因此,互联网文化企业要把握趋势,以技术创新和内容优质化为手段,在网络游戏领域占领一席之地。

二是网络文学进入良性发展轨道。2016年IP成为泛娱乐产业最热门的词语,围绕一些热门IP进行影视、游戏、衍生品开发已经成为许多文化企业占据市场优势的标准配置。虽然IP的源头很多元,但网络文学目前已经成为IP最主要源头。2016年网络文学行业进一步规范化、有序化,呈现良性发展态势。一方面主要得益于个人、企业和社会版权意识的提高。近年来,网络文学的价值被逐渐重视,一些著名的网络文学作品被改编成电视剧、电影及网络游戏等。从文学作品到影视作品再到网络游戏,以及衍生品的开发,网络文学IP创造出了巨大的市场价值。IP产业链的各个环节获得了巨大的商业利润。目前,网络文学的版权价格成倍增长,一些网文写手年收入已经破亿。对此,国内最大网络文学公司阅文集团CEO吴文辉表示,过去作者收入方式是出版社稿费版税,现在已经非常多元化了,包括网上电子阅读付费、在QQ阅读上的付费和打赏的收入,改编影视剧、动漫产品、电影产品、代言等的收入。根据网络文学改编的影视剧、手游等也获得巨额利润,例如《甄嬛传》的总导演郑晓龙表示,该电视剧收入已经超过2亿元。正是意识到IP巨大的市场价值,企业和创作者个人知识产权保护意识逐渐提升,各文化企业或创造者纷纷通过法律手段打击盗版行为,维护作品版权。例如,2016年1月,阅文集团成立"正版联盟",同时宣布已经遏制侵权违法行为的非法传播作品4万部,通过法院起诉并成功维权193起。同年5月,百度贴吧大规模整顿网络文学侵权问题,大量涉及网络文学作品的贴吧被关停,涉嫌侵权的内容被删除。此外,政府部门也加强相关方面的监管力度。同年 7 月,网信办、公安部等相关部门联合启动"剑网 2016"专项行动,集中整治网络文学盗版侵权行为,并建立黑白名单制度。另一方面,网络文学商业模式逐渐由一次性售卖转向对内容的深度、长线开发,并引进越来越多的跨界合作。一些大型网络文学集团例如阅文集团、中文在线数字出版集团、掌阅、百度文学及阿里巴巴文学等的形成,让业界对网络文学内容版权的深度挖掘成为可能。当前,大型互联网文化企业可以将网络文学作品与集团内部其他娱乐业务跨界打通,不但扩展网络文学企业的营收来源,使得企业能够更为深度、长线地挖掘版权资源经济价值,同时还能够令作者资源长期留驻网络文学平台,促进了版权内容生产的良性发展。

三是网络视频行业整体朝着健康、有序的方向发展。截至 2016 年 12 月,中国手机视频用户规模接近 5 亿,手机网络视频使用率为 71.9%,随着 4G 网络的进一步完善及手机资费的下调,手机网民在腾讯视频、搜狐视频、爱奇艺视频、芒果 TV 等视频 APP 上观看节目的行为变得更加普遍。在内容层面上,各大视频网站纷纷推出自制剧精品化战略,在自制剧的专业性、观赏性、艺术性上下功夫,为用户提供优质内容资源,以提高用户的黏性和活跃度。在商业模式上,这些网络平台通过为付费会员提供更多的内容资源和观看视频内容的优先权等,吸引用户成为视频网站会员,实现视频内容的增值和变现,同时积极建构以网络视频为核心,辐射直播、商城、游戏、文学、社交、电影票务等多种服务的视频生态圈,为消费者提供一站式的体验和服务,促进了整个数字娱乐市场上下游产业的繁荣。

四是网络音乐领域营收进入高速增长期。截至 2016 年 12 月,网络音乐用户规模达 5.03 亿人,占网民总体的 68.8%。其中手机网络音乐用户规模达到 4.68 亿人,占手机网民的 67.3%。随着网络音乐领域版权意识和用户付费意愿的提升,网络音乐的营收进入高速增长期。一方面,网络音乐市场的版权逐渐走向规范化。例如我国 2015 年出台了《关于大力推进我国音乐产业发展的若干意见》,强调要"严厉打击未经许可传播音乐作品的侵权盗版行为",从法律法规的层面有效打击和遏制了盗版行为,为网络音乐版权实现商业价值提供了法律保障。其次是各大互联网企业纷纷看好网络音乐巨大的市场空间，一些实力雄厚的互联网企业纷纷以投资、并购或直接付费购买网络音乐版权的方式进入网络音乐市场，其中腾讯、阿里巴巴、百度和网易云音乐等四家网络音乐集团凭借各自在网络音乐的布局形成的竞争割据。同时，用户为网络音乐付费的能力和意愿显著提升。越来越多的用户愿意通过付费的方式得到优质的服务品质和内容资源，通过为付费用户提供多种增值服务，互联网文化企业扩充了在网络音乐领域的营收方式。

五是网络视频直播领域进入产业调整期。截至2016年12月，网络直播用户规模达到3.44亿人，占网民总体的47.1%，其中，游戏直播的用户使用率增加，目前光是各种手机直播的APP就有大约300款，而具有即时、鲜活、亲和等优势的直播平台已经超过500家。其中既有像YY这样的传统秀场，同时也有像花椒、火山等这样的泛娱乐直播，还有像斗鱼、熊猫等游戏直播，此外也存在各种关于健康、生活、旅游等细分垂直市场及行业领域的垂直类直播。尽管整个行业看上去红红火火，但是随着视频直播平台同质化现象的日趋严重，以及行业秩序亟待规范，网络视频直播行业面临洗牌。一方面，政府对行业监管更加严格，行业竞争也更加激烈。2016年国家相继出台了《文化部关于加强网络表演管理工作的通知》《信息网络传播视听节目许可证》《互联网直播服务管理规定》等文件，对网络视频直播领域加强规范管理。在2017年年初，爱闹直播、网聚直播、趣直播、微播、ULOOK要看直播、美瓜直播、猫耳直播等十几个平台无法登录或宣布关闭。2017年2月，曾经估值5亿元的光圈直播意外倒闭，映客直播也两次被苹果手机的APP Store下架。目前除了花椒、YY、一直播等几个大平台，其他平台的流量和收入都在严重萎缩。2016年以来，网络视频平台除了打赏之外，也积极探索新的盈利模式。除了品牌展示广告、会员售卖之外，平台也开始为主播对接广告方，积极打造直播社群的其他形式和内容，包括网络综艺、网络电视剧等，建构自有IP。目前的直播平台竞争已经进入下半场，内容对直播平台的用户体验起到了决定性作用。优质的直播内容有利于提高用户的体验，从而实现网络视频直播的粉丝经济。可见，对于互联网文化企业来说，要进入视频直播市场，需要坚守内容为王的原则，通过为用户提供优质的内容资源以提升用户的服务体验，并以此增强用户的黏性，实现内容资源的变现和增值。

（五）教育资源领域

随着云计算、大数据挖掘、多媒体等信息技术的迅速发展，以互联网为载体的互联网教育也发展迅猛，涌现出一大批优秀的互联网教育公司和产品，深刻地变革了传统的教育模式，为中国教育事业的未来发展方向探索出多种可实现的路径，中国正在掀起一股互联网教育热潮。相较于传统教育，在线教育有着不受时间和空间限制、成本较小、覆盖面广等优势，而且随着用户观念的改变，越来越多的用户开始尝试通过在线学习来获取知识和技能。巨大的市场空间吸引着众多互联网企业，他们与传统的教育机构一起，凭借各自优势，加紧布局在线教育，打造自身品牌，探索盈利模式。根据中国互联网络信息中心发布的第40次《中国互联网络发展状况统计报告》，截至2017年6月，中国在线教育用户规模达1.44亿人，较2016年底增加了662万人，半年增长率为4.8%。其中，手机在线教育用户规模为1.20亿人，与2016年底相比增长2192万人，增长率为22.4%；手机在线教育用户使用率为16.6%，相比2016年底增长2.5%。与此同时，AI（人工智能）技术也在驱动着在线教育产业升级。从"Uni智能学习系统"到"高考机器人"，再到"AI英语老师"，2017年开始，AI对在线教育的影响也在逐渐加深。而移动教育也正逐步成为在线教育的主流。与传统的PC端相比，移动教育能提供个性化的学习场景，借助移动设备的触感、语音输出等方式，构建更加个性化的人机交互场景，提升学习本身的趣味性，尤其对于题库类、数字阅读类、音频类在线教育产品，更适合从移动端切入。从长远来看，基于移动终端、拥有优质教学内容、能寓教于乐的教育产品在市场上更有优势。同时，数据技术的发展也让在线教育体验得到不断提升。在线教育平台通过大数据挖掘技术，掌握用户个人属性、教育水平、收入、消费等情况，帮助了解用户需求和学习动机，针对具体人群进行精准定位，推荐定制化的学习内容，同时也增加了平台的商业变现能力。此外，随着VR、AR技术的发展和相关硬件设备的开发，"沉浸式教学模式"成为可能——尤其是建筑、物理、医学、生物、健身等专业课程——为在线教育提供真实场景的教学体验，增强了互动性，提高了学习效率。根据艾瑞咨询的数据，2016年中国在线教育市场规模达到1560.2亿元，同比增长幅度为 27.3％；预计之后几年将继续保持 20％左右的增长幅度，到 2019 年或可达到 2692.6 亿元。

随着中国老百姓的收入不断提升和思想观念不断转变，中国正在迎来一轮消费升级大潮。越来越多的用户愿意为优质内容资源进行付费，这在无形之中也推动了国内在线付费教育的发展，也为进入在线教育领域的互联网企业创造了无限商机。当下，分答、喜马拉雅 FM、得到 APP、知乎等知识付费平台纷纷兴起，问答付费及内容付费正逐渐取代以往的互联网免费传统，成为许多用户的新选择，中国互联网教育资源市场领域正掀起一股知识付费热潮。例如，致力于"为每个人提供专家服务"的付费语音咨询平台分答在 2016 年 5 月 15 日上线，仅 42 天便吸收超过 1000 万收听用户，100 万付费用户，交易额超过 1800 万元，复购率达到 43％；马东携"奇葩天团"推出的知识音频《好好说话》在喜马拉雅 FM 上线首日，销售额便突破 500 万元，10 天突破 1000 万元，而平台打造的"123 知识狂欢节"24 小时成交额破 5000 万元；提供《李翔商业内参》等付费订阅专栏的逻辑思维旗下产品得到 APP，目前总用户数已突破 600 万元，日均活跃用户近 60 万人，专栏累积销售额早已破亿；主打"知识分享会"的知乎 Live 已经举办超过 2900 场 Live，主讲人的平均时薪超过 1.1 万元。可见，在线教育领域蕴含着巨大的蛋糕，市场前景很好。但是，对于进入在线教育领域的互联网企业来说，要清醒地认识这个领域也存在着激烈的市场竞争。虽然有 51Talk 赴美上市、新东方网获准挂牌新三板、VIPABC 融资近 2 亿美元、哒哒英语 B＋轮融资 3 亿元、能力天空完成 C 轮亿级融资、有教未来获中文在线千万级融资等好消息，但是在大好环境形势下也有不少互联网企业创业失败。例如，91 外教宣布失败，为在线教育创业者敲响了警钟；家教 O2O 平台"老师来了"因为 B 轮融资失败，黯然离场；更有小马过河无奈承认破产；等等。据央视财经在线教育企业的市场调查，截至 2016 年年底，400 家主流在线教育企业中，70％的公司处于亏损状态，此外还有 15％的公司濒临倒闭。一方面是在线教育领域巨大的市场需求，另一方面是在线教育行业面临的重重考验，例如，如何拥有优质的师资资源，贴合实际的教材，以及达到良好的在线授课效果，等等。总之，就是要为用户提供优质的内容产品，因为黏性用户的产生更多是依赖名师与优质内容。随着在线教育行业竞争的日益激烈，用户需求也将回归本真，回归更优质、独家的课程。

因此,对于已经进入或即将进入在线教育领域的互联网企业来说,最重要的一点就是内容为王、用户至上,只有紧扣用户的实际需求打造优质的内容产品,以此赢得口碑、获得市场,才是在竞争激烈的在线教育领域占据一席之地的不二法则。

(六)金融产品领域

近年来,互联网金融因为其便利性、门槛低等特点,受到越来越多互联网用户的欢迎,同时也得到国家的大力支持,因此发展迅速,有可能成为互联网未来发展的下一个万亿级风口。根据中国电子商务研究中心发布的《2016年(上)中国互联网金融市场数据监测报告》,国内在线供应链金融主要分为四大类别,一是B2B大宗品电商平台,例如,生意宝、医药在线、金银岛、慧聪网、阿里巴巴、上海钢联、找钢网等;二是B2C零售电商平台,例如京东、苏宁、国美在线、唯品会、腾讯电商等;三是O2O生活服务电商,例如滴滴出行、携程网、去哪儿网等;四是银行,例如中国农业银行、平安银行、中国建设银行、交通银行、中国工商银行等。国内知名的移动大数据服务商QuestMobile发布的《中国移动互联网2017春季全景报告TOP1000》显示,在移动金融APP中,像中国建设银行、农业掌上银行、中国工商银行、交通银行等手机银行类APP在用户规模上也具有明显优势。

淘宝、京东、百度等这些大型的互联网企业利用自身的资源优势,纷纷推出移动金融理财APP。例如,支付宝凭借月活数3亿成为当之无愧的人气王。此外,微信红包、腾讯理财通、支付宝、阿里娱乐宝、百度百发有戏、凤凰领客等一经推出,便受到了市场的广泛欢迎。像微信红包,具有收发红包和提现等功能,根据微信发布《2017微信春节数据报告》,2017年除夕至正月初五,微信红包收发总量达到460亿个,同比2016年增长43.3%。微信支付与支付宝最大的差别在于微信支付将一切做到最简单。微信支付只是在微信中的一个功能,而支付宝钱包的功能则十分繁多。这种功能差异与产品定位有关,微信首先还是一个社交产品,用户的需求只是简单的收支和延伸功能。用户通过微信红包得到的收益,可以直接提现也可以用来网购,极大地方便了微信用户的网购行为及提升微信社交功能的拓展体验。此外,像阿里娱乐宝和百度的百发有戏等,则类似于文化产品领域的众筹平台,用户通过小额投资就可分享收益。以娱乐宝为例,网民出资 100 元即可投资影视剧作品,在平台上定期推出电影产品,例如 2017 年 7 月平台推出了一系列电影产品,如《咕噜咕噜美人鱼 2》《明月几时有》《最好的安排》《完美有多美》等,其中很多电影项目已经筹款结束,投资的用户只需等待权益发放。以蒋勤勤、姜武主演的《完美有多美》为例,平台上显示,目前用户的筹款共计 500 万元,共有 6509 人参与了该电影项目的投资,最高可享有 20％预期收益。而百度公司则与中影股份、中信信托和北京德恒律师事务所联合发布的"百发有戏"是国内首个电影大众消费平台,一期产品选定由汤唯、冯绍峰主演的影片《黄金时代》,最低起购门槛仅为 10 元,半年期,预期年化收益率为 8％至 16％。该产品推出后,仅两分钟就销售一空,可见网民对这类理财产品十分看好。这些文化领域理财平台的推出为许多小微文化企业提供了很好的资金来源。娱乐宝、百发有戏等这一类金融理财平台,既可以让互联网用户参与到文化产品项目中,也能对文化市场起到很好的推动作用。同时对于互联网文化企业来说,这既是一个很好的融资渠道,又是可以积极拓展的业务方向。腾讯就充分利用微信和 QQ 平台,推销公司的理财产品如理财通等,基于 QQ 和微信庞大的用户群体及这两大平台的活跃度,微信推出的理财产品也因此具有规模庞大的潜在客户群及巨大的市场潜力。

根据腾讯科技旗下专门研究互联网产业趋势研究、案例与数据分析的专业机构——企鹅智酷发布的《分水岭大时代——2017 中国科技 & 互联网创新趋势白皮书》,可以看到,2017 年整个互联网金融将比预期更快地进入分化期。头部大平台依托资本、用户规模和数据、技术优势,以及监管门槛的抬高,将更快形成雪球效应,并迎来上市潮。中小创业型公司机会窗口越来越小。和其他行业相比,互联网金融在未来一段时间,还将接受更丰富的新技术革命洗礼,技术创新将成为该行业的变革驱动力,互联网金融回归风控,国家对互联网金融的专项整治将淘汰不合格的企业,互联网金融企业在 2017 年经历了新一轮的洗牌。可以预见,随着互联网技术的升级,网民投资理财需求的理性化和个性化趋势的增强,以及国家针对该行业出台的各项监管制度和办法,都促进了互联网金融行业进一步向规范化、信用化、智能化和个性化的方向发展,这也为已经进入或即将进入该领域的互联网文化企业指明了方向和路径。对于互联网企业来说,一方面,要看到互联网金融依然是社会发展创新创业需求的大趋势,具有广阔的市场和利润空间。另一方面,也要清楚地认识到这一行业竞争的激烈程度有增无减,但想要在这一领域占据一席之地,最重要的是让企业按照法律法规有序经营,以诚信获得用户的信赖,积累客户资源,并且在产品、运营、风控、服务等方面修炼内功,提升专业水平,为用户提供更好的产品和服务,这才是行业良性竞争的正确方向。

三、小结

2017年8月,中国互联网络信息中心发布的第40次《中国互联网络发展状况统计报告》显示,截至2017年6月,中国网民规模达到7.51亿人,占全球网民总数的五分之一。互联网普及率为54.3%,超过全球平均水平4.6%。截至2017年6月,我国网民规模达到7.51亿人,半年共计新增网民1992万人,半年增长率为2.7%,互联网普及率为54.3%。其中,我国手机上网比例持续提升,网民中使用手机上网的比例由2016年底的95.1%提升至96.3%,我国手机网民规模达7.24亿人。在2017年上半年,各类手机应用的用户规模不断上升,场景更加广阔。这一切都充分彰显了互联网文化企业拥有巨大潜在的用户群体和广阔的市场空间。随着我国移动互联网进入平稳发展期,行业整体向内容品质化、平台一体化和模式创新化方向发展。一方面,各移动应用平台更注重提升内容品质,专注细分领域,寻求差异化竞争优势。另一方面,各类综合应用不断融合社交、信息服务、交通出行及民生服务等功能,打造一体化服务平台,增强平台的影响力和辐射力。此外,移动互联网的海量数据、大数据技术及人工智能的应用,让移动互联网行业能够创新商业模式,参与和影响智能社会的发展,从智能制造到共享经济,为社会生产优化提供更多可能。

2017年8月,中国互联网协会、工业和信息化部信息中心联合发布了2017年"中国互联网企业100强"榜单。位列百强榜单前十名的企业是:腾讯、阿里巴巴、百度、京东、网易、新浪、搜狐、美团点评、携程、360。其中,腾讯、阿里巴巴、百度连续五年位居前三。(附表)

2017 年中国互联网企业 100 强

排名	中文名称	企业简称	主要品牌
1	深圳市腾讯计算机系统有限公司	腾讯	微信、QQ、腾讯网、腾讯游戏
2	阿里巴巴集团	阿里巴巴	淘宝网、天猫商城、优酷网、土豆网
3	百度公司	百度	百度搜索、爱奇艺
4	京东集团	京东	京东商城、京东金融
5	网易集团	网易	网易、有道
6	新浪公司	新浪	新浪网、新浪微博
7	搜狐集团	搜狐	搜狐视频、搜狗、畅游
8	北京三快科技有限公司	美团点评	美团网、大众点评
9	携程计算机技术(上海)有限公司	携程旅行网	携程旅行网、途风旅行网
10	360 科技股份有限公司	360	360 安全卫士
11	小米通讯技术有限公司	小米	小米手机、MIUI 系统、小米商城、米家
12	苏宁控股集团	苏宁控股	苏宁易购、苏宁金融、苏宁文创
13	鹏博士电信传媒集团股份有限公司	鹏博士	长城宽带、大麦影视
14	网宿科技股份有限公司	网宿科技	网宿
15	用友网络科技股份有限公司	用友	用友
16	上海东方明珠新媒体股份有限公司	东方明珠新媒体	BesTV 百视通、SiTV、五岸传播
17	新华网股份有限公司	新华网	新华网
18	三七互娱(上海)科技有限公司	三七互娱	37 游戏、37 手游
19	拉扎斯网络科技(上海)有限公司	饿了么	饿了么、蜂鸟即时配送
20	东软集团股份有限公司	东软集团	东软、熙康云医院
21	上海二三四五网络控股集团股份有限公司	二三四五	2345 网址导航
22	北京天盈九州网络技术有限公司	凤凰网	凤凰新媒体、凤凰网
23	上海钢银电子商务股份有限公司	钢银电商	我的钢铁网

续　表

排名	中文名称	企业简称	主要品牌
24	杭州顺网科技股份有限公司	顺网科技	网吧管家、顺网星传媒
25	广州多益网络股份有限公司	多益网络	神武、梦想世界
26	同程旅游集团	同程集团	同程国旅、同程金服
27	宜人贷公司	宜人贷	宜人财富、宜人贷借款
28	北京昆仑万维科技股份有限公司	昆仑万维	昆仑万维
29	南京途牛科技有限公司	途牛旅游	途牛旅游
30	游族网络股份有限公司	游族网络	少年三国志、大皇帝女神
31	联动优势科技有限公司	联动优势	联动信息、联动支付、联动国际
32	杭州边锋网络技术有限公司	边锋网络	边锋游戏、游戏茶苑
33	北京车之家信息技术有限公司	汽车之家	汽车之家
34	北京搜房网络技术有限公司	房天下	房天下
35	上海找钢网信息科技股份有限公司	找钢网	找钢商城、胖猫物流
36	东方财富信息股份有限公司	东方财富	东方财富网
37	四三九九网络股份有限公司	4399	4399小游戏
38	北京怡生乐居信息服务有限公司	乐居	乐居
39	美图公司	美图	美图秀秀、美颜相机、美拍
40	竞技世界（北京）网络技术有限公司	竞技世界	JJ比赛
41	北京字节跳动科技有限公司	今日头条	今日头条、内涵段子
42	深圳市迅雷网络技术有限公司	迅雷网络	迅雷
43	上海东方网股份有限公司	东方网	东方网
44	上海连尚网络科技有限公司	连尚网络	Wi-Fi万能钥匙
45	咪咕文化科技有限公司	咪咕公司	咪咕音乐、咪咕视讯、咪咕数媒
46	北京中钢网信息	中钢网	中钢网
47	福建网龙计算机网络信息技术有限公司	网龙	魔域、征服、英魂之刃
48	苏州蜗牛数字科技股份有限公司	蜗牛数字	蜗牛网、免商店

排名	中文名称	企业简称	主要品牌
49	黑龙江龙采科技集团有限责任公司	龙采	龙采
50	贵阳朗玛信息技术股份有限公司	朗玛信息	39健康网、贵阳互联网医院、蜂加
51	厦门吉比特网络技术股份有限公司	吉比特	问道
52	杭州泰一指尚科技有限公司	泰一指尚	DATAMUST、T-DATA、AdMatrix
53	央视国际网络有限公司	央视网	央视网、央视影音、中国IPTV
54	人民网股份有限公司	人民网	人民网、人民视讯、环球网
55	深圳市梦网科技发展有限公司	梦网科技	码信通
56	湖南快乐阳光互动娱乐传媒有限公司	快乐阳光	芒果TV
57	上海波克城市网络科技股份有限公司	波克城市	波克平台、波克捕鱼
58	拓维信息系统股份有限公司	拓维信息	云课云宝贝智慧幼教平台
59	二六三网络通信股份有限公司	二六三	263云通信及企业邮箱、263互动直播
60	北京世纪互联宽带数据中心有限公司	世纪互联	世纪互联、蓝云、快网
61	微贷(杭州)金融信息服务有限公司	微贷网	微贷网
62	北京六间房科技有限公司	六间房	六间房、石榴直播
63	上海米哈游网络科技股份有限公司	米哈游	崩坏学园
64	暴风集团股份有限公司	暴风集团	暴风影音、暴风商城、暴风金融
65	北京光环新网科技股份有限公司	光环新网	光环云
66	海南易建科技股份有限公司	易建科技	海航云平台、智慧机场云平台
67	山东开创集团股份有限公司	开创集团	开创
68	佳缘国际有限公司	世纪佳缘	世纪佳缘网、佳缘金融

排名	中文名称	企业简称	主要品牌
69	重庆猪八戒网络有限公司	猪八戒网	猪八戒网
70	有米科技股份有限公司	有米科技	有米广告、ADMIX、米汇
71	上海塑米信息科技有限公司	塑米信息	塑米城
72	武汉斗鱼网络科技有限公司	斗鱼直播	斗鱼直播
73	科大讯飞股份有限公司	科大讯飞	讯飞输入法、讯飞听见、晓译翻译机
74	杭州卷瓜网络有限公司	蘑菇街	蘑菇街
75	深圳市思贝克集团有限公司	思贝克	思贝克商城
76	福建利嘉电子商务有限公司	利嘉电商	你他购
77	上海晨之科信息技术有限公司	晨之科	咕噜游戏
78	河南锐之旗网络科技有限公司	锐之旗	锐之旗、企汇网
79	江苏满运软件科技有限公司	运满满	运满满
80	湖南竞网智赢网络技术有限公司	竞网	竞网营销
81	中至数据集团股份有限公司	中至集团	中至长尾广告、2217 游戏
82	浙江省公众信息产业有限公司	信产	店完美联盟、数字教育云、翼眼
83	广州酷狗计算机科技有限公司	酷狗音乐	酷狗音乐
84	广州游爱网络技术有限公司	游爱网络	风云天下 OL、比武招亲、塔王之王
85	湖北盛天网络技术股份有限公司	盛天网络	易乐游、战吧、58 游戏网
86	首都信息发展股份有限公司	首都信息	首都之窗
87	沪江教育科技（上海）股份有限公司	沪江	沪江网校、CCtalk、开心词场
88	心动网络股份有限公司	心动网络	横扫千军、神仙道、天天打波利
89	江苏三六五网络股份有限公司	三六五网	三六五淘房、租售宝、安家贷
90	换车网（武汉）网络技术有限公司	换车网	换车网、帮帮卖车、卡班金融
91	北京亿玛在线科技股份有限公司	亿玛在线	易博 DSP、亿起发、易购网
92	上海誉点信息技术有限公司	上海誉点	雷霆之怒、赤月传说、皇图
93	北京洋浦伟业科技发展有限公司	梆梆安全	梆梆安全

排名	中文名称	企业简称	主要品牌
94	北京飞利信科技股份有限公司	飞利信	飞利信
95	北京亿起联科技有限公司	亿起联科技	点入魔方、PandaMobo
96	厦门美柚信息科技有限公司	美柚	美柚、柚宝宝、柚子街
97	金华比奇网络技术有限公司	金华比奇	5173 中国网络游戏服务网
98	广州趣丸网络科技有限公司	趣丸网络	TT 游戏、TT 直播
99	山东广电新媒体有限责任公司		山东 IPTV、齐鲁网
100	厦门鑫点击网络科技股份有限公司	点击网络	点击网络

注:资料来源于中国互联网协会官网。

从上表中,我们可以看出,互联网文化企业已经开始对平台内容进行精耕细作,并把平台内容化、内容优质化作为自身在激烈的互联网市场经济中寻求差异化竞争的核心优势。在位列榜单前十的企业中,有半数以上是涉及内容产品的经营。例如,腾讯主打品牌是微信、QQ、腾讯网和腾讯游戏;阿里巴巴主打品牌中包含优酷网、土豆网;百度主打品牌是百度搜索和爱奇艺;网易的主打品牌是网易和有道;新浪主打品牌是新浪网和新浪微博;搜狐主打品牌是搜狐、搜狗、畅游等。此外,在这个榜单中,苏宁控股集团旗下经营着苏宁文创,鹏博士电信传媒集团股份有限公司旗下经营着大麦影视,东方明珠新媒体旗下经营着 BesTV 百视通、SiTV、五岸传播,新华网股份有限公司旗下经营着新华网,三七互娱(上海)科技有限公司旗下经营着 37 游戏、37 手游,游族网络股份有限公司旗下经营着少年三国志、大皇帝女神联盟等游戏,北京字节跳动科技有限公司旗下经营着今日头条、内涵段子等,咪咕文化科技有限公司旗下经营着咪咕音乐、咪咕视讯、咪咕数媒等,福建网龙计算机网络信息技术有限公司旗下经营着魔域、征服、英魂之刃等游戏,央视国际网络有限公司旗下经营着央视网、央视影音、中国 IPTV 等影音媒体,人民网股份有限公司旗下经营着人民网、人民视讯、环球网等,北京六间房科技有限公司旗下经营着六间房、石榴直播等视频直播平台等,拓维信息系统股份有限公司旗下经营着云课云宝贝智慧幼教平台等,这些互联网企业经营的文化产品涉及商务交易、信息资讯、社交通讯、娱乐活动、教育资源等各大领域。互联网协会统计的数据显示,2016 年,互联网百强企业的互联网业务收入总规模达到 1.07 万亿元,首次突破万亿大关,同比增长 46.8%,带动信息消费增长 8.73%,呈现出强劲的增长势头。其中,腾讯和阿里巴巴的互联网业务收入达 2958 亿元,利润达到 997.52 亿元,分别占百强互联网业务总收入的 28% 和营业利润的 73.2%;前五名的互联网业务收入占百强互联网业务总收入的一半以上,前五十名占到 95%。

各大互联网企业纷纷意识到创新才是实现企业成长的核心动力,因此,更加注重对企业研发方面的投入。根据互联网协会统计的数据,2016 年互联网百强企业研发投入达到 749.6 亿元,平均研发投入占比达到 11.76%;研发人员达到 15.6 万人,研发人员占比达到 19.5%。互联网百强企业对人工智能、大数据、云计算、物联网、工业互联网等领域的大幅创新投入,加速了前沿技术产业化。互联网百强企业中,大数据领域相关企业占近一半,人工智能相关企业近 20 家,区块链相关企业不到 5 家;人工智能、大数据和云计算的技术较为成熟,用户量大,产业化程度高,物联网和区块链领域还有待企业加强研发投入、战略布局和市场拓展。此外,互联网百强企业在应用场景方面覆盖得更加丰富广泛。这些企业覆盖了综合门户、垂直门户、综合电商、垂直电商、产业服务、网络营销、B2B 电商、IDC 和 CDN3、网络游戏、网络视频、个人工具、在线旅游等互联网主要业务领域。从收入结构上看,综合电商类企业收入最高,综合门户位居第二,互联网百强企业的社会影响力进一步增加,覆盖人群面进一步扩展,服务的日均活跃用户数不断攀升,新闻、网游、视频直播、互联网金融等垂直行业注册用户数量不断增长。

可见,当前互联网文化企业面临着良好的市场前景和巨大的发展空间,因此,互联网文化企业应该更加自觉地履行文化企业的双重责任,正确处理社会效益和经济效益的关系,坚持把社会效益放在首位,坚守社会效益和经济效益相统一的企业发展方向,进一步维护互联网市场的健康发展,以及实现企业自身的长远发展。

第九章 互联网文化企业的企业文化特色及建构

当前,我国互联网文化企业在"大众创业、万众创新"的大时代背景下,依托日新月异的互联网技术,努力实现文化产业服务平台的转型和升级,不断提升用户的参与度,提高文化服务的精准度,拓展文化消费市场的广度和深度,以此激发企业创造更大的商业价值。相较于传统的文化企业,互联网企业依托互联网开放的平台系统、大数据、云计算及人工智能等先进的互联网技术,能够及时有效地获得用户的反馈信息,并通过大数据和云计算等分析用户深层次的文化心理和行为习惯,以此获得更加精准的市场定位,锁定目标用户。同时根据用户的反馈信息及时改进和提升文化产品和服务的品质,实现对用户的精准化和个性化服务,从而能够进一步提升用户对产品和服务的满意度和忠诚度。拥护数量庞大的、稳定的规模用户是互联网文化企业实现商业利润的前提条件。

虽然互联网文化企业具有不同于传统文化企业的特点和商业模式,但是,互联网文化企业提供的文化产品和服务同样具有双重属性,那就是文化产品所具有的经济特性和文化特性。因此,互联网文化企业在企业文化上既要充分考虑自身作为互联网企业的特色,又要积极探索如何在企业文化上体现文化企业的特性,让文化产品和服务能够坚持和体现社会效益优先、经济效益和社会效益相统一的企业发展目标,彰显企业文化特色。

一、互联网文化企业的企业文化特色

（一）坚持内容为王

互联网文化企业只有致力于为用户提供高质量的文化产品和服务，才能够获得互联网用户的认可和支持，才能够实现企业所生产和经营的文化产品及其所提供的服务的经济效益和社会价值。

近年来，互联网企业巨头如阿里巴巴、腾讯、百度等都纷纷通过自己的资金优势和技术优势布局文化产业。例如，从 2014 年开始，阿里巴巴就开始陆续投资文化产业领域。2014 年 6 月，阿里巴巴集团完成收购移动浏览器公司 UC 优视并整合双方业务。同月，阿里巴巴集团完成收购电影及电视节目制作商文化中国传播（现称"阿里巴巴影业集团"）约 60％的股权。2015 年 7 月，阿里巴巴集团宣布成立阿里音乐集团。同年 11 月，阿里巴巴宣布将以美国存托股票每股 27.60 美元的价格收购优酷土豆。同年 12 月，阿里巴巴在香港宣布，集团与南华早报集团达成协议，收购《南华早报》以及南华早报集团旗下的其他媒体资产。2017 年 3 月，阿里巴巴宣布全资收购大麦网，阿里表示未来将整合大文娱资源，阿里音乐将与大麦网实现业务打通。同年 8 月，阿里影业集团宣布将旗下整合开发业务板块升级为新品牌"授权宝"，探索内容商业化，为 IP 版权方和品牌商家提供 IP 运营的全产业链服务。这些在文化产业领域方面的布局体现了阿里巴巴致力于打造涵盖电影、连续剧、综艺、游戏、音乐、教育、电商的数字娱乐内容的生态企业。

作为中国互联网企业三大巨头之一的腾讯，也在文化产业领域收获颇丰。腾讯在 2017 年公布的 2016 年未经审核的第四季度综合业绩及经审核的全年综合业绩显示，2016 年腾讯总收入为人民币 1519.38 亿元（约 219.03 亿美元），比上一年同期增长 48％。其中，腾讯网络游戏全年收入为 708.44 亿元，其中手游收入 377 亿元，腾讯从 2009 年至 2016 年一直保持游戏市场的领先地位。效果广告全年整体收入高达 157.65 亿元。在音乐领域，2016 年 7

月,腾讯宣布将与中国音乐集团合并音乐业务,QQ 音乐、酷狗音乐和酷我音乐三家平台的付费会员总和已经超过 1500 万人;其中 QQ 音乐首次公开宣布实现盈利,成为全球第一家实现盈利的音乐服务平台;全民 K 歌也在日活跃用户超过 3500 万人后,成了中国最大的在线卡拉 OK 社区。2017 年 1 月,腾讯方面宣布,QQ 音乐和中国音乐集团合并成为新的音乐集团,正式更名为腾讯音乐娱乐集团。目前,数字专辑、广告、付费会员已经成了腾讯音乐娱乐主要收入来源。在新闻服务领域,腾讯主推由强大流量带动的产品矩阵:腾讯新闻、天天快报、微信及手机 QQ 里的新闻插件。腾讯表示,按日活跃账户计算,新闻服务一直保持行业领先地位,通过聚焦深度新闻内容,以及有吸引力、高度个性化的休闲阅读内容,成为中国最受欢迎的新闻服务之一。在视频服务领域,腾讯在移动视频观看量方面位居中国第一,其付费用户数已有2000 万人。在网络文学领域,腾讯通过加强与头部作者的合作,通过将更多内容智能推荐给读者以帮助长尾作者扩大粉丝群的方式,吸引了大量付费用户。日付费读者接近 250 万人。腾讯在内容产业的布局体现了腾讯一直以来提倡的泛娱乐发展战略,通过布局文化产业寻求新的经济增长点。

相较于阿里巴巴和腾讯,百度也不甘示弱,凭借其独特优势,不仅牢牢占据国内搜索引擎市场的老大地位,而且在移动互联网大潮下,对移动搜索和内容分发进行战略思考和积极布局。从对海量内容的搜索及不断升级完善推送技术,到充分意识到优质原创内容的重要性,百度不断尝试主导其源头,通过原创性内容的深度加工与创意架构,创造了巨大流量,并借助其逐渐完善的分发体系推送给精确定位的互联网消费群体。百度一直以来都对原创内容高度关注,如百度倾力打造的"百家号"自媒体平台,通过引入百度联盟广告模式,从每天 200 万至 300 万页面浏览量的流量中返给自媒体作者100% 的广告收入。这对自媒体作者产生了强大的吸引力,也有力地促进了平台内容的优质化。可见,从导航到社区,从移动到后台,从软件到站长及开发者服务,百度正在不断构筑具有其技术特色的互联网创意生态之路。

从 BAT 对文化产业领域布局的战略和动作中,我们可以看出文化产业是互联网市场经济领域的朝阳产业,具有广阔的发展前景,是当前乃至今后成为互联网市场新的经济增长点的重要领域。同时,我们也可以清楚地认识到,要想在这一领域占据市场优势,互联网文化企业就必须牢记内容为王的原则,坚持以高品质的内容吸引用户,实现产品的商业价值和社会价值。

(二)坚持正确的价值取向

我们说,互联网文化企业是内容产品的生产者和提供者,因此,要注重内容产品的文化属性对人的精神所产生的巨大影响。好的内容产品能起到激励人、鼓舞人和引导人积极向上的效果,也有利于培养人们健康的精神风貌,引导良好的社会风气,营造和谐的社会环境。因此,互联网文化企业在企业文化建设中,要坚持通过内容产品传播正确的舆论导向,弘扬社会主义核心价值观和社会正能量,让文化产品实现良好的社会效益,体现自身的文化价值。这是互联网文化企业在企业文化建设中必须遵循的重要原则。

移动互联网时代,互联网出现了许多新领域、新业态,视频直播、手机游戏、手机音乐、网络文学、新媒体社交、新闻APP等广受欢迎。例如,微信目前已经成为智能手机用户必备的应用程序。腾讯公司于2017年11月中旬公布的第三季度业绩报告显示,2017年第三季度微信及WeChat合并月活跃账户达到9.8亿人,日发送消息数量约380亿条,公众号月活跃关注用户数为7.97亿人。当前大部分手机用户都已经习惯在微信上聊天、看朋友圈、发布信息和浏览相关资讯、完成线上线下支付等,随着微信功能的不断开发,看微信、玩微信和用微信已经成为大多数人日常生活不可缺少的组成部分。而手机游戏、手机音乐、网络文学、各种新闻APP、各视频直播平台等都是用户日活跃度十分高的互联网文化领域。中国互联网信息中心发布的第40次《中国互联网络发展状况统计报告》显示,2017年上半年,手机网络音乐、视频、游戏、文学用户规模增长率均在4%以上,其中手机网络游戏增长率达到9.6%。网络游戏行业营收规模显著增长,游戏与IP其他环节产业的联动日益加深。逐步推进的生态化和崭露头角的国际化是网络文学行业2017年上半年的两大主要发展特征,版权收入有望成为行业营收增长的核心;网络视频行业,各大视频网站均布局包括文学、漫画、影视、游戏及其衍生产品的泛娱乐内容新生态,生态化平台的整体协同能力正在逐步凸显;以秀场直播和游戏直播为核心的网络直播业务保持了蓬勃发展趋势。可见,这些互联网内容产品对网民生活产生了越来越大的影响,同时也对经营这些产品的互联网文化企业提出挑战。生产和经营这些领域内容产品的互联网企业需要进一步坚守企业自身的道德和责任，坚持正确的价值取向，通过这些深受用户关注和喜爱的内容产品向用户传递正确的价值观、人生观和世界观，引导用户自觉遵守社会道德规范，倡导人们真善美的情感及行为，弘扬社会正能量，为个人和社会的文明进步做出积极的贡献。以网络娱乐领域为例，手机游戏、手机视频、网络文学、视频直播等手机 APP 很好地满足了网络用户在现实社会快节奏的生活中利用碎片化时间进行休闲娱乐的需求，因此，这些内容产品深受手机用户的欢迎和关注。目前中国市场上最火的网络游戏首推腾讯旗下的《王者荣耀》，这款"游戏＋社交"的游戏，为腾讯带来了巨大的商业利润。数据显示，2017 年第一季度，《王者荣耀》日活跃用户突破 8000 万。在《王者荣耀》的带领下，中国手机网络游戏市场销售收入增量创历史新高，环比增长率达19.7％，第一季度销售收入达 275.1 亿元。第一季度超预期的表现，使得市场将手游 2017 全年营收增长的预期从原先的 25％左右提升至 30％—50％。①《王者荣耀》为腾讯带来巨大经济效益的同时，也让腾讯深陷舆论旋涡，《人民日报》和新华社等主流媒体纷纷发声声讨《王者荣耀》，特别是批判其没有尽到企业应有的责任，让未成年人沉迷其中。由此在社会上引发了一场关于互联网企业如何经营内容产品，在经营内容产品上应该如何坚守企业的道德底线和履行企业社会责任的问题讨论，这也是互联网文化企业在企业文化建设中应该思考的问题。在企业的经营中，既要让文化产品满足消费者的实际需求，以此实现文化产品的经济价值，同时也要考虑文化产品对人在精神层面的影响，特别是企业提供的文化产品的影响范围越大，越要自觉履行好企业对产品应有的监管责任及对广大消费者负有的道德责任。我们说影响越大，责任也就越大。互联网文化企业在经营内容产品时，需要从企业文化的角度考虑如何让自己的产品更好地满足市场的消费需求，同时自觉维护消费者的利益，特别是考虑互联网文化产品可能对未成年人所造成的影响。从一开始就抓住源头，防患于未然，坚持正确的价值取向和道德底线，生产和经营内容健康的文化产品，采取相应的措施，保护好年轻一代人的身心健康。

可见，互联网文化企业应该守土有责、守土负责、守土尽责，积极作为，勇

---

① 《"游戏＋社交"——游戏的王者与腾讯的荣耀》，华尔街见闻，2017 年 7 月 6 日，https://wall-streetcn.com/articles/3018627。

于担当,自觉履行企业的社会责任;坚持正确的价值取向和价值导向,致力于提升企业经营的内容产品的文化内涵和文化底蕴,通过优秀的文化产品满足人们的精神需求,营造健康向上的舆论氛围;坚持社会效益优先,实现文化产品社会效益和经济效益的双赢,为互联网文化市场营造公平、有序、健康的市场环境,促进互联网文化企业实现长远发展。

(三)坚持创新发展

习近平总书记在谈到创新精神时强调:"纵观人类发展历史,创新始终是一个国家、一个民族发展的重要力量,也始终是推动人类社会进步的重要力量。不创新不行,创新慢了也不行。如果我们不识变、不应变、不求变,就可能陷入战略被动,错失发展机遇,甚至错过整整一个时代。"①可见,创新精神是推动国家进步、社会发展及企业成长的关键因素。

在互联网经济市场中,创新是企业发展的不竭动力。对于互联网文化企业来说,只有积极打造企业的创新文化,让创新的精神和创新的意识成为企业的文化因子,才有可能让企业在激烈的互联网市场竞争中获得生存和发展的机会。我们经常说,逆水行舟,不进则退。互联网文化企业要想在风起云涌的互联网资本市场中占据一席之地,就必须拥有自己的核心竞争力,而创新精神是企业成长发展的重要动力。企业如果缺乏创新精神,必然无法在观念上领先,在精神上领跑,终究会因为缺乏创新这一核心竞争力而被淘汰出局。

互联网文化企业的创新文化体现在企业经营和发展的方方面面,例如思想观念的创新、管理方式方法的创新、内容的创新、渠道的创新等等,通过创新激发出企业的活力和创造力,让企业能够不断向前发展。在光明日报社和经济日报社联合发布的 2017 年"第九届中国文化企业 30 强"的名单中,完美世界、北京歌华有线电视网络股份公司、江苏省广电有线信息网络股份有限公司、山东广电网络有限公司等多家互联网文化企业榜上有名,特别是完美世界已经连续六年进入该榜单。这是一家成立于 2004 年,集研发、运营、销

---

① 《习近平:为建设世界科技强国而奋斗》,新华网,2016 年 5 月 31 日,http://news. xinhuanet. com/2016—05/31/c_1118965169. htm。

售、服务于一体的全球化游戏研发及运营企业。完美世界一直不断以游戏领域为核心拓展自己的业务范围,从最初从事网络游戏的研发、运营、销售和服务,发展到涵盖完美世界游戏和完美世界影视两大板块,成为我国当前最大的影游综合体。而对于未来的发展方向,完美世界 CEO 萧泓提出了"完美世界产业集群"的概念,表示完美世界除了游戏和影视两块核心,未来还将逐步完善动画、漫画、文学、媒体、教育等领域的业务,通过泛娱乐式的大文化产业结构,实现其各业务间相互影响、协作、融合。从完美世界的发展战略和发展步伐中,我们可以看到完美世界在发展理念上始终坚持开拓进取、勇于创新的精神,正是这种精神力量推动着完美世界在发展战略上领先他人一步,一步一个脚印地走出属于自己的一片天空,成为业界的标杆。

综观中国在内容行业上发展得比较好的互联网企业,例如腾讯、阿里巴巴、网易、新浪、搜狐等,创新是他们能在互联网文化领域奋勇前进的关键。搜狐董事局主席兼 CEO 张朝阳曾经谈到自己对于创新的理解,他表示,创新来自于日日夜夜、一点一滴的耕耘和积累,积累源自整个组织的效率,而这种效率又取决于激励、用人和价值观,这是创新的本质。可见,张朝阳认为企业实现创新的关键在于对企业管理方式方法的创新,用符合企业发展的价值观来用人、做事,就能对企业员工起到很好的激励作用,提升他们对企业的认同感,以及创业的责任心、成就感,有效激发出企业员工的创造力,从而提升员工的工作效率,促进企业的发展。正是在创新文化的影响下,搜狐不断探索促进企业发展壮大的路径,扩大自身的业务矩阵,从做大型分类查询搜索引擎开始,逐渐推出新闻及内容频道,发展成现在拥有媒体、视频、搜索、游戏四大业务平台的综合门户网站,拥有搜狐网、搜狐新闻客户端、搜狐视频、搜狐视频客户端、搜狐娱乐、搜狗等知名互联网品牌,在激烈的互联网市场竞争中历经 20 余年的发展,搜狐依然是中国互联网主流人群获取资讯和交流的最大网络平台。可见,不断进取和创新的精神是搜狐不断超越自我,实现自身发展的重要原因。

当前,互联网文化企业处于"大众创业、万众创新"的时代背景下,创新已经成为互联网文化企业实现生存发展的核心要素,时代的发展呼唤互联网文化企业要具有创新意识、创新精神,日新月异的互联网发展环境也要求互联网文化企业增强创新意识,同时互联网文化企业自身发展也需要创新精神。

互联网企业只有在内容生产、商业模式、思维理念、发展战略等方面勇于实践、大胆创新、寻求突破，才能有效激发企业的活力和创造力，以创新驱动企业的发展。因此，创新文化是互联网文化企业实现生存发展的动力和源泉。

（四）履行文化责任

我们说，互联网文化企业具有双重责任，一方面，通过文化产品或文化服务创造经济效益，以此获得企业生存发展的物质基础；另一方面，就是通过文化产品或文化服务对人的精神层面起到思想引领的作用。好的文化产品传递社会的正能量，弘扬优秀传统文化，为发展社会生产力和改善人民的文化生活做出积极贡献。正是互联网文化企业具有这样的文化责任，因此，互联网文化企业要树立高度的文化自觉意识。从某种程度上说，文化自觉的程度决定着一个文化企业的生命长度。文化企业只有自觉树立文化立企、文化兴企的理念，对文化繁荣发展具有高度的责任意识和主动担当意识，把文化自觉贯穿企业使命、企业目标、企业战略制订、组织结构及人力资源配置等全过程，确实承担起文化企业应有的文化责任，在任何时候都要坚持社会效益第一的原则，把履行企业文化责任的意识渗透企业经营管理的各个环节，从而生产出更符合文化市场需求的产品，才能让企业走得更远、发展得更好。

互联网文化企业可以通过以下几个层面履行好文化责任。一是通过精神产品进行主导性供给。我们说，对物质的需求是人类最基本的需求，而文化需求则是人类较高层次的需求，因此，文化需求是可以培养的。当文化积淀、文化创意转换成可听、可视、可读、可体验的产品后，人们只有受到文化产品所散发出的文化魅力的吸引，才会追随产品、响应潮流，形成现实的消费需求。因此，互联网文化企业在文化供给上不能仅仅满足被动地适应需求，而应该主动引导需求，引领文化消费市场的潮流导向。互联网文化企业有责任培养人们健康的生活情趣，自觉把追求真善美、抵制假恶丑的价值观注入文化产品的生产中，通过文化引导让人们确立正确的价值观、人生观、世界观。二是注重精神产品的价值溢出性。我们说，文化产品是一种特殊的社会商品，是包含文化意义、社会意义及政治意义在内的"意义综合体"，具有典型的"价值溢出效应"。文化企业生产的精神产品看起来是产品，实际上传递的是价值观;流通的看起来是文化产品,其实传输的是思想;消费者看起来购买的是文化产品,实际上接受的是文化产品所传导的观念和思想。一个文化产品一旦生产出来,所产生的影响是十分深远的,具有广泛的社会效益。这就需要互联网文化企业在文化产品生产的源头就重视和预判文化产品将产生的影响和效应,从而更好地履行文化企业的文化责任。三是珍惜和保护文化资源。我们说,文化企业也叫内容性企业、创意性企业,其核心生产要素就是文化资源。文化资源往往是人类社会的共同财富,即使是当代文化资源,只要进入公有领域就可以让任何人无偿使用。但是,无偿使用不等于不负责任地使用。众所周知,文化资源大都是稀缺资源,有的还属于濒危资源,一旦过度开发和使用就难以修复甚至永不再生。因此,文化企业有责任树立珍惜和保护文化资源、进行可持续发展的理念,决不能过度开发和消耗文化资源。因此,文化企业必须树立文化责任意识,履行文化责任,让生产的文化产品既能够"叫座又叫好",又能够将积极的人生追求、高尚的情感境界、健康的生活情趣传递给公众,决不能片面追求商业利益而放弃文化立场,否则,最终损害的是企业的长远利益。

当今,越来越多的互联网文化企业纷纷走出国门,积极开拓海外市场。例如完美世界,早已走出国门,将业务拓展到 100 多个国家和地区。早在 2015 年其海外收入就已经约占公司营业总额的四分之一。完美世界 CEO 萧泓表示,完美世界早在 2007 年就已经进入俄罗斯市场,自主研发的《完美世界(国际版)》《赤壁》《口袋西游》《武林外传》等系列网游在传递中华文化精髓的前提下,找到了中俄文化的契合点,得到了当地玩家的青睐,其中《完美世界(国际版)》在俄罗斯拥有 900 万玩家,是俄罗斯最具影响力的在线游戏之一。可见,越来越多的互联网文化企业已经让自己的文化产品成功地打进海外市场,产生了良好的社会效益和经济效益。

互联网文化企业在进入海外市场后还承担着一项重要的企业责任和使命,那就是通过文化产品讲好中国故事,传播中华文化。当前,中国很多文化产品都深受海外市场的欢迎和青睐。一些在中国热播的影视剧也在东南亚市场受到当地年轻人的追捧,海外媒体报道,越南河内的年轻人经常在午夜时分频频刷屏,就为了等待《楚乔传》的剧情更新。与此同时,中国剧的热播也带动了越南人学习汉语的兴趣。例如,在越南河内经营两家汉语学习中心的严翠庄女士表示,她在三所大学附近开设的新中心,一个月可以吸引30名新学生。她说:"20世纪90年代末和21世纪初出生的年轻人来我们这里上课,是因为他们喜欢看中国电视剧和电影。他们希望不用等字幕出炉就能看懂中国剧,并梦想有一天能用汉语与中国影视偶像交谈。"①此外,严翠庄女士不仅利用课本教授汉语,也通过主办中国茶艺分享会、在中心内摆放古筝和张贴中国剪纸,让学生多接触中华文化。她表示:"热爱一种文化形式,例如电影,会激发进一步探索的兴趣。"②可见,文化产品在海外市场具有双重效益,一方面为企业赢得了经济效益,另一方面承载着讲好中国故事、传播中国文化的社会效益。因此,互联网文化企业需要生产和经营好内容文化产品,让自己的产品不仅在国内外具有广阔的市场,还要让自己的产品在海内外市场都具有思想引领、价值导向及文化传播的重要功能,成为联系中国与世界的文化桥梁和纽带,这是互联网文化企业在企业文化建设中需要认真思考并积极实践的文化使命和责任。

互联网文化企业除了具有互联网企业的商业属性,还兼具文化属性。因此,互联网文化企业在企业文化建设中应更注重自身所承载的文化责任和文化功能,在企业的经营和管理中积极倡导企业的文化责任和担当,让文化产品更好地承担反映企业文化内涵、传递社会正能量及倡导社会主义核心价值观等多个层面的文化功能,发挥互联网文化企业对营造互联网绿色发展空间,以及对广大消费者在精神层面上的正确引导作用。这是互联网文化企业在企业文化建设上的重要任务。

二、互联网文化企业的企业文化体系建构

近年来,一批互联网文化企业如阿里巴巴影业集团、猪八戒网、三七互娱(上海)科技有限公司、阅文集团、凤凰网、咪咕文化科技有限公司等在互联网

---

① 《外媒:中国影视剧热播带动越南年轻人学习汉语热》,参考消息网,2017年6月27日,http://www.cankaoxiaoxi.com/world/20170627/2151335.shtml.

② 《外媒:中国影视剧热播带动越南年轻人学习汉语热》,参考消息网,2017年6月27日,http://www.cankaoxiaoxi.com/world/20170627/2151335.shtml.

文化市场领域都获得了良好的发展业绩,市场前景被广泛看好。那么,互联网文化企业在企业文化建构上应该遵循哪些规律和原则,才能让企业得到更好的经营和更有效的管理,使企业运行更加顺畅,企业员工的权益和责任得到最大限度的保障和履行,企业产品获得更广泛的市场空间,为企业赢得经济效益和社会效益呢?这都是互联网文化企业在企业文化建设上要认真思考的问题。

(一)建设原则

我们说,建构企业文化的目的在于通过文化管理企业,构建一套能让企业全体成员都能够认同并自觉遵循的企业价值体系和行为准则,让企业价值观、企业精神、企业经营理念能贯彻落实到企业生产、经营和管理的各个方面,以此达到内聚人心、外树形象的效果,从而提高企业的核心竞争力,促进企业实现经济效益和社会效益双赢。应该说,企业文化建设既是企业在市场经济条件下生存发展的内在需要,又是实现管理现代化的重要方面。因此,互联网文化企业应该从促进企业发展的实际需要出发,培养企业精神,塑造企业形象,优化企业内外环境,建构具有自身特色的企业文化体系,为企业快速发展提供动力和保证。同时,互联网文化企业在企业文化建构上还需要遵循企业发展的特性和客观规律,以实现企业文化对企业发展的引领和促进作用。

1. 遵循"以人为本"原则

人是企业文化生成与承载的主体。企业文化中的人指的是企业的全体职工,包括企业家、企业各层级的管理人员及企业的普通员工等。对于互联网文化企业来说,企业的人员构成以高级知识型人才为主体,更强调个人自我价值的实现,除了金钱和待遇,他们更加强调发挥个人专业特长,营造个人事业成长的空间,期待得到社会认可的意识较强。因此,互联网文化企业在企业文化建设中要更加注重给予员工应有的关心、信任、理解和尊重。让员工能够在这样的企业文化环境中感受到被尊重、被信任和被关怀,从而获得一种来自于企业的安全感和信任感,这对于以创意为核心竞争力的互联网文化企业来说至关重要。创意型知识人才,主观上更强调工作中的自我引导、

自我约束和自我管理，希望能在工作的时间和空间上拥有更多的自主性选择，更适应自由宽松的组织氛围，具有更高层次的精神需求，例如社会的尊重和认可，自我实现的成就感，等等。因此，互联网文化企业在企业文化建设上要充分考虑企业员工在心理上和精神上的需求，创造出更符合企业员工发展需求的企业文化，为员工营造更加人性化的企业环境，让企业全体员工能够更容易接受和认同企业文化，在企业核心价值观的影响和引领下，形成较强的向心力和凝聚力，从而有力提升企业的核心竞争力，为实现企业的长远发展奠定良好的文化基础。

2. 遵循"知行合一"的原则

我们说，企业文化属意识形态的范畴，它要通过企业或员工的行为及企业的外部形态才能得到真正贯彻和落实。否则，企业文化建设容易演变成一纸空谈，对互联网文化企业的发展建设不能起到真正的作用和影响。在这一点上，我们可以看一些互联网企业的做法，比如阿里巴巴，它真正把企业文化贯彻执行到企业经营和管理的方方面面。在阿里巴巴企业的工作环境中处处体现着"阿里味儿"，整个公司没有空白墙，所有墙壁都被员工设计成了各种颜色的"文化墙"。而阿里巴巴办公环境的主色调是橙色，和淘宝网的橙色色调是一致的，这种色调容易让人产生温暖快乐的感受，可以说精彩纷"橙"是阿里人特有的文化符号，也反映了公司一直倡导的"认真工作、快乐生活"的文化理念。此外，阿里巴巴把文化考核也纳入绩效管理中，公司有严格的规定，所有的员工每季度和每年都要参加业绩、价值观的双重考核，各部门主管按"271"原则对员工的工作表现进行评估：20％超出期望，70％符合期望，10％低于期望。在这个过程中，阿里巴巴让员工进行自我评估，同时部门主管负责对员工进行考核，如果考核成绩（共 5 分）在 3 分以上或 0.5 分以下，都要用实际案例来说明为什么会得这个分数。主管完成对员工的评估，同时跟员工进行绩效谈话以后，员工就可以在电脑上看到主管对自己的评价。同时，员工也可以随时找人力资源部，反映考核中存在的问题。通过这种方式，阿里巴巴真正把企业文化落实到企业经营和管理的方方面面，实现了企业文化对企业发展的重要引领作用。

3. 注重打造个性化的企业文化

个性化是企业文化的一个重要特征。我们说，企业文化是在企业组织发展的历史过程中形成的。每一个企业都有自己独特的成长历程、发展的规划及愿景、使命等,因此互联网文化企业在企业文化建设要充分考虑到这一点,建设符合企业成长的独具特色的企业文化,才能让企业具有更强的竞争优势,引导企业走出一条独具特色的发展之路。每一个企业都有着自己独特的成长历程,因此不能简单复制其他企业的文化模式,而要根据企业自身的发展实际,探索、归纳出符合企业气质特征和发展特点的企业文化,让企业文化能够更好地发挥出对企业成长的促进作用。个性鲜明的企业文化,深厚的文化意蕴和独特的个性风格,对内有利于激发员工的工作热情,对外有利于提升企业形象,是实现企业基业长青的重要根基。像苹果公司的"苹果文化"、阿里巴巴的"阿里味儿"、脸书公司的"黑客文化"等等,都是这些优秀的企业在企业成长的过程中摸索和总结出来的,既彰显了企业自身特殊的文化气质,同时也成为这些企业员工共同的价值观和行为准则,为企业的长远发展营造了良好的文化氛围。因此,互联网文化企业在企业文化建设上也应该注重打造个性化的企业文化,从而让企业文化提升文化产品的文化内涵,凸显文化产品的独特个性,让文化产品能够在文化消费领域独树一帜,占据一席之地。

4. 注重用户导向与用户思维

互联网文化企业在企业文化建设上也需要注重用户导向和用户思维,只有文化产品的价值观和内容符合用户的需求,才能对海量用户产生吸附能力,文化产品才因此具有广大的市场需求空间。以掌阅科技股份有限公司为例:

这家成立于 2008 年的互联网文化企业,作为中国数字阅读的领先品牌,一直以来都致力于通过掌阅 APP、iReader 电子书阅读器等品牌产品传播知识,弘扬中华传统文化,其主要是以富含中华优秀文化的优质内容产品吸引大量用户,从而实现在世界范围内传播中华文化的使命。截至 2017 年,掌阅在国内累计用户已经突破了 6 亿人,每天大约有 2000 万用户在掌阅看书。2015 年 7 月,掌阅将目光投向海外,努力通过互联网把中国传统文化传播出去,在国外华语地区掀起了中国文化热潮。数据显示,掌阅海外用户每天下载网络文学内容 200 万章,出版书 5 万册,历史经典作品 5 万册。掌阅之所以能够吸引海量用户,主要原因在于掌阅阅读平台上推送的是优秀的文化内容产品。以海外市场为例,最受用户欢迎的主要是传递中华优秀传统文化的产品和中国原创的网络文学,前者体现了中华传统文化的博大精深,后者体现了中国式的创新思维。尤其是网络文学,传递出了中国作家超乎寻常的想象力和创造力,受到了大量海外读者尤其是年轻读者的喜爱和欢迎。因此,掌阅聚拢了大量的读者群和粉丝群,为实现文化产品的文化价值和商业价值奠定了坚实的基础。前段时间,电视剧《微微一笑很倾城》在海外热播,同时也带动了掌阅同名原版书籍的销售量,实现了文化产品社会效益和经济效益的双赢。

可见,互联网文化企业在企业文化上只有坚持"用户第一"的文化理念,注重用户导向和用户思维,才能生产出符合市场需要和满足用户需求的产品,从而让企业获得更大的发展。

5. 具备文化情怀

互联网文化企业是以互联网为平台实现内容产品的商业价值和社会效益的,它是商业和艺术的复合体。因此,互联网文化企业在企业文化上要具备文化情怀,才能让企业生产的文化产品具有能够打动人心的力量,从而最终实现文化产品的商业价值及所承载的文化影响力。

随着互联网的普及,我们可以看到除了中青年群体,老人和孩子也纷纷加入互联网文化消费者的大军,但是消费者对优质内容产品的需求依然没有改变。符合市场需求的产品依然是以追求真善美为主题的,题材上仍然是以讲究爱情、友情、亲情等这些人类亘古不变的情感需求的文化产品为主,那些彰显文化情怀的、能够打动人心的内容产品在任何时候都能够在文化消费市场上广受青睐。因此,互联网文化企业在企业文化建构之初就需要把文化情怀作为企业文化体系建构的重要内容,特别要注重继承中国传统文化精华,将传统文化中的经营哲学和管理智慧创新性地运用到现代互联网文化企业中,构建互联网文化企业文化情怀的基础和内涵,让文化情怀能够贯彻落实到企业的运营和管理中。不仅让企业、企业全体员工具有文化情怀,而且让企业的文化产品富含文化内涵和文化底蕴,具备打动人心的力量和魅力,从而赢得消费者的喜爱,在互联网文化消费市场中能够占领一席之地,实现文化产品的社会效益和经济效益,推动企业发展壮大,实现基业长青。

（二）建设重点

　　企业文化是企业内部全体成员集体认同并自觉履行的价值观、使命愿景及思维方式。它代表组织中被广泛接受的思维方式、道德观念和行为准则。因此，互联网文化企业的企业文化建设，就是要立足企业的长远发展战略，在企业的发展历程中归纳和建构出一套企业全体成员共同认可并传承发展的价值理念、思维方式和行为准则，以此实现企业的长远发展。因此，互联网文化企业在企业文化建设上最重要的是确立企业文化的核心，即企业价值观体系。

　　企业价值观是企业及其员工共同的价值取向，是企业在追求经营成功过程中所推崇的基本信念和奉行的目标。就像阿里巴巴董事局主席马云说的，阿里巴巴能有今天的发展成就，主要是靠价值观支撑下来的，价值观是企业全体或多数员工一致赞同的关于企业意义的终极判断。简而言之，企业的价值观就是企业决策者对企业性质、目标、经营方式的取向所做出的，并为企业员工所接受的定义。互联网文化企业要建立企业价值观体系，首先要从实际出发，从企业自身所处的环境，行业发展前景、经营状况并结合企业家本身对企业发展愿景和使命的考量，从而确立企业普遍认同的价值体系，这个价值体系既能够体现企业自身个性特征，同时又能够促进企业正常运转及实现长远发展。以福建网龙计算机网络信息技术有限公司为例：

　　成立于1999年的网龙网络公司，是中国网络游戏、移动互联网应用行业的领军者，也是中国在线教育、企业信息化行业的领先力量。网龙公司在企业发展过程中，通过对企业发展的性质、定位、特色、规律的归纳和总结，发展出了一套具有自己特点的网龙文化，归纳出了企业的核心价值观，就是"追求卓越、学习、创新、客户至上、公平、激情、争取"，同时把这些视为企业文化的DNA。在企业长期的发展和实践中，网龙的企业文化也逐渐成了每个网龙人所共有的文化基因。在企业核心价值观的引领下，以网游为业务核心的网龙在"追求卓越和创新"的企业文化引领下一直走在行业前列：创建了中国第一网络游戏门户——17173.com；自主研发著名的旗舰游戏《魔域》及《征服》，广受玩家欢迎；创造了最具影响力及最受欢迎的智能手机服务平台——91无

线。2013 年,网龙将 91 无线出售给百度,成为当时中国互联网史上最大的并购项目。网龙不仅是中国领先的网络游戏开发商、运营商和发行商,而且是首个走出国门并成功运营的民族网游企业,先后自主研发了《魔域》《征服》《英魂之刃》《虎豹骑》等 50 多个网游及手游精品。现在产品已经覆盖了英语、法语、西班牙语、阿拉伯语等 11 种语言区域 180 多个国家的游戏市场,海外注册用户逾 6500 万人,已成为美国、阿拉伯等国家内最大的中国网游运营商。与此同时,网龙始终坚持不断创新的核心价值观,自主研发了 C3、S3 等游戏开发引擎,成为国内少数掌握从 2D、2.5D 到 3D 全系列开发的引擎企业,并因此成为网游公共服务的典范。此外,网龙还将最新 VR 技术成功应用于游戏开发,推出战争类新品网游《VR 虎豹骑》,通过动作竞技与虚拟现实技术结合,真实模拟硝烟弥漫的古战场,为玩家带来身临其境般的游戏体验。多年来,网龙连续获得国家新闻出版广电总局颁发的"中国游戏海外拓展奖""中国十佳游戏开发商""中国十佳游戏运营商""中国十佳营销企业",以及金翎奖等重量级奖项和殊荣,被商务部等国家部委评为"中国文化出口重点企业"。在企业核心价值观的倡导下,网龙通过持续不断地打造优质的内容产品,获得了社会效益和经济效益的双丰收。

在企业核心价值观的引领下,网龙也积极履行自己作为文化企业的社会责任。例如,在文化产品的开发和打造上,积极履行社会主义核心价值观,坚持打造健康绿色的游戏产品,并针对喜爱网游的青少年在玩游戏过程中容易沉迷的问题,从企业责任的角度出发,积极参与网络游戏防沉迷系统的开发与普及,积极参与文化部游戏自审制度的实施,自觉地履行好互联网文化企业的责任和担当,引导消费者树立绿色上网、健康娱乐的理念。此外,网龙还通过研发富含中国传统文化底蕴的内容产品,例如研发国学动漫产品《阿福寻规记》,以及通过现代科幻理念重新诠释《弟子规》等,以不同层次学龄儿童为重点向社会传播传统道德文化,履行互联网文化企业的社会责任。

可见,互联网文化企业在企业文化建设上要把企业核心价值观作为重点,只有确立了符合企业性质、发展目标、经营方式,并且得到企业员工的心理认同、价值认同和文化认同的价值观,才能让企业价值观在企业的经营和管理中发挥出巨大的文化力量,实现核心价值观对企业发展方向及企业员工的精神引领作用,从而促进企业实现长远发展。

（三）建设步骤

1. 对企业文化进行提炼和设计

企业文化是企业家根据自身对企业发展的定位、愿景，以及企业自身的特色和发展规律，与企业员工群策群力共同提炼和设计出来的。例如，苹果、脸书，以及阿里巴巴这些拥有优秀企业文化的公司，都是这样制订出为世人所称道的企业文化。作为发展时间不长的互联网文化企业，也可以积极借鉴这些成功的企业在企业文化建设上的经验，同时结合企业发展的具体实践，制订和建构符合企业发展特性和规律的企业文化，让企业能够获得长足发展。比如阿里巴巴企业文化的重要组成部分愿景、使命和价值观的形成，是由创始人马云根据自己创办阿里巴巴的初心，结合企业的具体发展实践，经过公司管理层的集体讨论总结提炼出来的。在 2001 年 1 月，刚刚就任阿里巴巴首席运营官的关明生问马云，阿里巴巴有很好的文化，有价值观、使命感，为什么没有写下来，形成文字的东西。因此在当天，阿里巴巴的企业管理层就开始集思广益把从创业时期所经历的各种感受、教训、血泪史，都写了出来，写在纸条上，整整贴了一面墙，大家从 100 多条中筛选出了 20 多条，最后精简到不能再精简，形成了 9 条价值观，这就是阿里巴巴的"独孤九剑"：创新、激情、开放、教学相长、群策群力、质量、专注、服务与尊重、简易。这是阿里巴巴价值观的第一个正式版本，它不但成为阿里巴巴员工的行为准则，而且一出台就进入了阿里人的绩效考核中，对阿里巴巴后来的运营和管理起到了深远影响和巨大作用。

互联网文化企业在企业文化制订上也可以借鉴这种方法，企业创始人可以从自己成立企业的初衷及自己对创办企业的规划和愿景出发，写下自己在创业过程中认为企业要获得成长最需要哪些方面的精神动力，以及自己最深刻的体验和感悟。接着寻找一些从创业到发展全过程都参加的人，让他们分享两到三个自己在工作经历中体验最深刻的故事，把这些内容和材料进行整合加工，形成初步的记录。然后把专家、企业的领导等集中起来对记录的内容进行分析、研究，从中归纳和提炼出使用频率最高、最能代表企业成长、最具有促进力量的词汇。把这些词汇进行加工，形成最能够体现企业特色和企业精神的文化价值观。不仅形成文字,同时根据企业的发展历程,丰富这些文字背后的故事和文化内涵,让企业价值观更加生动、具体,更容易得到企业员工的接受和认同,形成企业内部共同遵循的价值标准和工作准则。

对此,当前中国数字阅读领军企业的掌阅科技 CEO 成湘均深有体会。他曾在一次关于"创业中被忽略的竞争力"的主题演讲中谈到企业文化对掌阅科技发展的重要性,以及掌阅科技企业文化的诞生过程。他谈道,我们这八年也做了一次总结,掌阅科技核心竞争力到底是什么。八年前我们有很多竞争对手,有的是上市公司,有的融了很多钱,有的是明星企业,品牌知名度很高。但是为什么现在只有掌阅科技活下来了,而且是一支没有钱的团队,是一支没有任何知名度的团队活下来了。我们总结的答案是企业文化。因为在这些企业里面也许只有掌阅一家企业真正地清晰了企业的愿景、方向和使命,而且每天都在践行。这就好像我们在大海里航行,前面始终有一个灯塔,这个灯塔始终会指引着你回到航道上来,在八年以后被淘汰的、消失的企业,恰恰是因为偏离了航道。① 在谈到企业文化的制订过程时,成湘均讲道:"掌阅科技在八年前做的第一件事情就是起草企业文化,我们整个团队花了三个月的时间定稿了第一版的企业文化。当时第一次讨论企业文化的会议是 6 个人,4 个创始人加 2 名员工,当时企业没有会议室,我们就去酒店找了一个会议室,但是一问太贵了,1200 块钱一个小时,后来酒店把放行李的地方腾出来,我们开了四个小时的企业文化会议。企业文化的会议一开就是八年多,现在每周二的下午我都会风雨无阻地去参加关于企业文化建设的会议。"② 可见,企业文化建设对企业发展的重要性,互联网文化企业如果能够在创业之初就认识到企业文化对企业发展的重要性,从而认真对企业文化进行提炼和设计,制订出有利于实现企业长远发展的企业文化,并在具体的企业运营和管理中加以贯彻执行,那么互联网文化企业就有了实现企业长青的文化根基。

2. 对企业文化进行有效运作

互联网文化企业在企业文化提炼出来后,需要运用多种方式和手段,把

---

① 《掌阅 CEO 成湘均:创业者不应忽视企业文化》,网易科技,2016 年 12 月 7 日,http://tech. 163.com/16/1207/22/C7NF90KO00097U7R. html。

② 《掌阅 CEO 成湘均:创业者不应忽视企业文化》,网易科技,2016 年 12 月 7 日,http://tech. 163.com/16/1207/22/C7NF90KO00097U7R. html。

企业价值观落地生根,贯彻落实到企业经营管理的各个方面,以文感人、以文化人、以文管人,通过文化的力量促进企业整体素质、管理水平和经济效益的提高。对企业文化进行有效运作,可以通过发挥企业文化的激励作用、约束作用及凝聚作用来实现。激励作用主要是企业通过目标激励、参与激励、强化激励、领导者言行激励等来调动员工的积极性、主动性和创造性。约束作用,主要是通过明确的规范,将企业理念贯穿到制度、纪律与行为规范中。凝聚作用,主要是借助企业文化的落地生根来推动企业员工凝心聚力、互助合作,共同促进企业实现长远发展。以沪江教育科技(上海)股份有限公司(简称沪江)为例。这家目前用户已经突破1亿人、估值超过10亿美元的"互联网教育独角兽"企业,多年来在企业创始人伏彩瑞的倡导和推动下,致力于通过互联网改变教育资源不均衡格局,推动教育公平化发展的教育理想,并在2015年推出每一位员工都是梦想合伙人的计划,号召员工以"主人翁"精神参与企业建设,做自己事业的主人。相应地,沪江会提供股权激励,让员工成为公司的主人。这种激励机制很好地调动了企业员工的工作积极性,让他们能够更好地把自己融入企业的发展中,与企业共同成长,尽自己的能力为企业发展做贡献。在企业文化的约束机制上,沪江招聘、培训、考核等各个环节都体现出公司的核心价值观。沪江非常重视对新员工进行企业文化的培养,每周二有固定的公司级新员工入职培训,各主管必须在这一天带新员工和团队一起聚餐。同时,在新职工入职的第1个月、第2到3个月、第5到6个月分别进行阶段性的新员工评估和反馈。评估反馈的内容不仅包括工作业绩达成情况,而且包括日常行为态度。这是为了确保新员工得到充分的关注和培养,从加入公司的第一天起,就能全方位地了解公司,了解公司对于工作目标和具体行为的期望,更好地融入工作环境和认同企业文化,从而在工作中贯彻落实企业文化,形成自己的行为规范和工作标准。沪江"用互联网让教育更公平,打造互联网教育的生态系统"的企业愿景和"让教育更简单、更公平、更快乐"的企业使命,以及"求真务实,志存高远;产品为王,用户至上"的企业价值观不仅吸引和造就了一批具有教育使命感的人才,而且不断激发出组织持续的自驱力。新员工和老员工在共同的使命感和价值观的引领下,更容易形成步调一致、和谐统一的团队,从而发挥整体合力,为实现企业的发展而共同努力奋斗。

可见,互联网文化企业可以通过有效的企业文化运作方式,实现企业文化的落地生根,更好地发挥出企业文化对企业发展的引领和促进作用。

3. 对企业文化进行有效传播与强化

互联网文化企业在企业文化建设上,还应该加强企业文化的对外传播,以实现企业文化内聚人心、外塑形象的双重效果。例如,可以通过举办典礼、仪式的方式,来有效推广企业文化。以阿里巴巴在 2017 年 9 月举办的 18 周年年会为例:

在这次阿里巴巴 18 岁的年会上,有全球各地的 48 家子公司共 4 万多名员工奔赴杭州参加。这样的活动不仅对企业员工起到了凝心聚力的作用,同时也是阿里巴巴对外推出的一次很有效、很广泛的企业文化宣传。马云在这次年会上不仅载歌载舞,扮演了一回迈克尔·杰克逊,展现了自己精彩的舞技,同时发表了精彩的演讲,向全球数万名阿里员工、客户分享了阿里巴巴的成功、梦想与喜悦。在年会上,马云再次强调了阿里巴巴的企业精神和责任担当。马云表示,让阿里巴巴坚持 18 年的是阿里的理想主义,也是自己当初和伙伴们创办阿里的初心,那就是为中小企业者服务,让天下没有难做的生意。他最担心的就是员工看到现在拥有的一切,就失去了理想。马云说:"18年以前,我们的理想就是做一家让世界尊重的中国公司。我们未来必须要有'家国情怀'和'世界担当',必须考虑自己的家,考虑每个人的家,考虑这个社会,考虑这个国家,考虑世界的担当,阿里才会赢得尊重。"[①]马云强调,阿里巴巴有了今天的发展基础和发展成就,就需要考虑为社会、为他人、为国家做更多的贡献,能力越大责任也就越大。基于这一发展理念,马云强调了阿里巴巴未来的业务方向就是全力投入全球化,同时利用科技消除贫富差距,积极投入农村发展之中,加入中国的脱贫计划之中,参与到全球的脱贫活动之中,让技术成为一种完全的、彻底的、普惠共享的东西。马云强调:"我相信阿里巴巴骄傲的不是我们的利润,不是我们的收入,不是我们的规模,而是我们担当的责任及巨大的福报。"在这次年会上,马云再次强调了阿里巴巴一直提倡的"快乐工作、认真生活"的企业文化,他强调:"认真生活,快乐工作,保持理

---

① 《阿里年会马云演讲全文:可以失去一切,不能失去理想》,凤凰科技,2017 年 9 月 8 日,ht-tp://tech. ifeng. com/a/20170908/44677449_0. shtml? _share=sina&.tp=1504886400000。

想。我们跟别人的差别，在于我们比谁都要认真对待我们的生活。生活只有一次，它没有排练，所以你不认真对待，生活是不会真正对待你。"①阿里巴巴所倡导的企业精神和企业责任不仅对企业员工是一种精神激励，也让消费者及整个社会看到了阿里巴巴想要成为一家令人尊重的企业的责任感和担当精神，让阿里巴巴的企业文化得到更多人的认可，得到社会的认同。可以说这次年会是阿里巴巴又一次成功的企业形象宣传。互联网文化企业在企业文化对外宣传方面也可以借鉴阿里巴巴的成功经验，通过举办具有仪式感的典礼、年会等方式达到宣传企业文化，树立企业良好外部形象的作用。

在新旧媒体交相辉映的今天，互联网文化企业也可以通过新旧媒体进行企业文化的宣传，例如可以通过网络、杂志、电视，以及微信、微博、论坛等形式对企业文化进行宣传，让消费者和市场加深对企业生产的文化产品所蕴含的企业精神、企业价值观的理解和认同，从而吸引更多消费者认同企业价值观，进而认同企业所打造的、富含企业文化特色的文化产品，为企业文化产品的市场营销锁定目标客户群，吸引潜在用户。以三七互娱（上海）科技有限公司（简称三七互娱）为例：

成立于 2011 年的三七互娱，在 2015 年完成整体上市，是国内优秀的互动娱乐公司，是 2017 年中国互联网企业 20 强之一。三七互娱以"传承中华文化精髓"为理念，积极推动国产游戏的全球化发展，同时投入大量资金布局影视、音乐、动漫、VR 及直播等领域的泛娱乐业务，致力于成为全球领先的互动娱乐综合型企业。旗下拥有国内 37 游戏、37 手游，海外 37GAMES 等全球知名的专业游戏运营平台，以及极光网络、火山湖工作室等全球顶尖的游戏研发团队。在网页游戏方面，37 游戏自 2011 年成立以来，累计注册用户数已超过 5.8 亿人，并且多次获得"中国十大游戏运营平台""中国最佳人气网页游戏平台"等殊荣。旗下经典作品《大天使之剑》《传奇霸业》《武神赵子龙》《少年群侠传》等先后创造了行业多项运营纪录，引领中国网页游戏市场进入后精品时代。在移动手机游戏方面，37 手游自 2013 年成立，现已成为一线手游发行商。作为全国十大手游发行平台，37 手游已运营超过 700 款游戏，拥有活跃用户过千万。由 37 手游携手极光网络打造的《永恒纪元》上线以来稳居各

---

① 《阿里年会马云演讲全文：可以失去一切，不能失去理想》，凤凰科技，2017 年 9 月 8 日，http://tech.ifeng.com/a/20170908/44677449_0.shtml?_share=sina&tp=1504886400000。

大应用商店畅销榜前10。除此以外,37手游旗下《罗马帝国》《霸道天下》《苍翼之刃》《三打白骨精》等大作同样在市场表现优秀,获得了业界和玩家的一致认可。在海外市场方面,作为全球十大国际发行平台,37GAMES海外发行平台的月流水已过亿,运营产品总数已超过150款,总开服数已经超过7000服,总用户注册数超过6500万人。在港澳台、东南亚、日韩、北美、南美、欧洲等多个国家和地区开设了发行业务,未来,37GAMES将进一步发挥海外市场的先发优势,依靠先进的游戏研发能力及本地化营销能力,不断扩大海外业务规模。

在企业文化的探索上,三七互娱倡导的企业使命是"传承中华文化精髓,携手全球游戏玩家";企业价值观是"投入、精细、分享、创新";企业人才观是"人才是我们的根本;先有满意的员工,后有满意的客户;狼性的团队精神,简单的人际关系";企业宣传口号是"游戏成就你我未来;独立思考,主动沟通,团结协作;乐于学习,敢于创新,精益求精;吃得了苦,受得了累,耐得住寂寞,挡得住诱惑";企业经营理念是"精品游戏、精细运营、心贴心服务";企业管理理念是"高投入＋责任心＋高效率＝高回报"。在企业文化的对外宣传上,三七互娱积极利用网络的广泛传播性,例如在微信公众号及《今日头条》等手机内容APP上进行企业文化及企业产品的宣传与推送,从而让手机用户更好地了解三七互娱的企业发展战略、发展动态,以及所打造内容产品的文化特色,从而吸引目标客户群,为企业和产品赢得声誉以及市场。

三、小结

互联网文化企业起步时间虽然不长,但是基于广阔的市场前景和市场预期,在当前和今后较长一段时间内仍将得到持续快速发展。因此,互联网文化企业的企业文化建构十分重要,是互联网文化企业获得长远发展的基础和灵魂。只有建构出符合企业发展需要、体现企业特色、具有广泛的文化认同基础的企业文化,互联网文化企业才能充分发挥企业文化的价值引领和精神引领作用,才能让企业发展得更好、走得更远,实现企业的基业长青。

第十章　互联网文化企业的企业品牌建设

　　品牌是企业价值经济和文化追求的表征,是企业形象、企业价值追求和企业无形资产的荟萃和凝聚。品牌既是一种文化积淀,也是一种需要把握的系统的知识。① 企业品牌与企业文化之间,有着不可分割的联系,品牌体现的是企业的文化自觉和价值追求,是企业文化建设的重要环节。

一、互联网文化企业的企业品牌与企业文化的关系

　　企业品牌是企业文化的标志,其内涵包括了企业文化的方方面面。品牌文化的建立与运营离不开企业文化的支撑。企业品牌的物质基础是产品,精神基础则是企业文化。企业文化还是企业品牌的灵魂。优秀的企业文化能够丰富品牌文化内涵,有助于品牌知名度、美誉度和忠诚度的提升。在市场经济下,品牌是企业重要的无形资产,在很大程度上决定着企业的竞争力和市场占有率。品牌可以说是企业形象的标志、信誉的标志、质量的标志,品牌营销得好不好代表着市场对该产品的需求度和消费者的认可度。因此,企业要全力打造自己的品牌,特别是发挥企业文化对企业品牌文化内涵的丰富和提升作用,让企业品牌富含企业特色文化,彰显企业特有气质,既能为企业形象添光增彩,同时又能实现企业品牌价值的提升,成为企业占领资本市场的竞争王牌。

---

　　①　陈少峰:《企业文化与企业伦理》,复旦大学出版社 2009 年版,第 181 页。

（一）企业文化是企业品牌的基础

企业品牌是企业文化的载体，企业文化凝结在企业品牌中，也渗透在品牌的经营过程中，体现的是企业的文化理念、价值追求、行为规范和团队风格等。因此，当市场上产品或服务的同质化程度越来越高，企业在质量、价格、渠道上形成差异化竞争优势的空间越来越小的时候，富含企业特色文化的品牌则正好能够凸显差异化的竞争优势。企业品牌蕴含的特色文化，可以吸引认同企业文化的目标客户群，从而给企业和产品带来附加值，实现品牌溢出价值。以腾讯公司的主要品牌微信为例：

微信目前已经实现了腾讯公司所倡导的"成为一个生活方式"的文化理念，它已经成为大多数日常生活中不可或缺的一部分。腾讯科技旗下的调研机构企鹅智库发布的《2017 微信用户 & 生态研究报告》的数据显示，截至 2016 年 12 月，微信及 WeChat 合并月活跃用户数达 8.89 亿人。据中国信息通讯研究院调查，2016 年微信日均使用时长超过 4 小时的深度用户占总用户数的 34.6%。据国内知名大数据服务商 QuestMobile2016 年 12 月的数据，微信 APP 人均月度使用时间在 2016 年 12 月达到了 1967 分钟。同时使用微信的人数和用户日均时长呈现逐年增长的趋势。微信用户通过微信在朋友圈看私人化内容，如记录生活和观点表达；使用微信钱包作为线上、线下支付工具；通过微信浏览信息、资讯等。微信承载了越来越多与人们日常生活息息相关的功能，满足了人们日常生活中多层次的精神和物质方面的需求。可以说，"微信，成为一个生活方式"这一文化理念已经得到了实现，接下来，微信需要的是继续提升用户的活跃度及增加用户黏性。

我们说，微信的文化内涵是深深根植在腾讯企业文化土壤中的，例如微信的品牌内涵充分体现了腾讯的企业使命：通过互联网服务提升人类生活品质；使产品和服务像水和电一样源源不断融入人们的生活，为人们带来便捷和愉悦；关注不同地域、不同群体，并针对不同对象提供差异化的产品和服务；打造开放共赢平台，与合作伙伴共同营造健康的互联网生态环境等。其品牌内涵也充分体现了企业的经营理念：一切以用户价值为依归；注重长远发展，不因商业利益伤害用户价值；关注并深刻理解用户需求，不断以卓越的产品和服务满足用户需求;重视与用户的情感沟通,尊重用户感受,与用户共成长等。可以说微信这款产品是腾讯企业文化的具体化和最好展示载体,用户通过使用微信这款产品,更加了解和更容易接受腾讯的企业文化,微信可以说是腾讯最好的企业形象代言人和企业文化的宣传展示平台。

对于互联网企业来说,只有把品牌文化深植于企业文化的土壤中,才能更好地传播企业的文化理念,让企业文化通过企业的品牌及产品抵达消费者的内心。以广州唯品会信息科技有限公司(简称唯品会)为例:

成立于 2008 年的唯品会,在中国开创了"名牌折扣＋限时抢购＋正品保障"的创新电商模式,并持续深化为"精选品牌＋深度折扣＋限时抢购"的正品时尚特卖模式,在线销售服饰鞋包、美妆、母婴、居家等各类名品。

唯品会在创立之初,就致力于通过产品和服务宣传一种精致优雅的生活理念,倡导时尚唯美的生活格调,主张有品位的生活态度。因此,唯品会一直以来在产品和服务上都坚持"用户至上"的原则,提倡"用户是上帝,也是衣食父母,坚持以用户利益为中心,不断倾听和深刻理解用户需求,不断给用户惊喜,不断提供超预期的体验和服务,不断创造新的用户价值"的企业经营理念。在这样的企业文化引领下,唯品会坚持做正品,在平台上销售的产品都坚持选择与正规品牌合作,采购的商品一般是知名高端品牌。同时,唯品会也吸纳了一些大众化品牌的促销折扣商品,在货源上做到"货真价值、诚信经营"。此外,唯品会通过持续优化物流体系,增强物流技术、仓储布局和配送能力,进一步提高数亿注册用户在物流端的购物体验,提升用户对产品和服务的满意度。根据中国电子商务研究中心发布的《2016 年(上)中国电子商务用户体验与投诉监测报告》,唯品会在"2016 年(上)全国核心零售电商用户满意度 TOP20"中排名第二。唯品会通过产品和服务向消费者传递了"上唯品会是体验一种有品位、有格调的生活方式,而不仅仅是购物"的文化理念。这样的文化理念契合了许多女性消费者浏览网站时比较随意的心理特性,不少女性用户把浏览唯品会网站当成一种消遣娱乐方式,甚至有不少女性养成了上唯品会学习穿衣搭配的习惯。因此,唯品会的用户以女性居多,占比 60%以上。女性用户目前是中国在线消费市场的主流群体,唯品会传递给用户的精致优雅的生活品位和理念,特别能够深入女性用户的内心,让她们感受和认同唯品会特有的品牌文化,进而认同和接受唯品会的企业文化,从而有力提升唯品会的企业形象和品牌价值,增强唯品会用户的黏性和提高活跃度,为企业品牌价值的增值与变现奠定了坚实的用户基础。

可见,企业文化是企业品牌文化的基础,铸就好的企业品牌,实现品牌价值,需要优秀的企业文化做支撑,发挥企业文化在企业品牌塑造中的作用,才能实现企业品牌的价值增值,实现企业的经济效益和社会效益。

(二)企业文化与品牌建设相互渗透

企业品牌是企业文化的载体,企业文化是企业品牌的内部依托,企业文化与企业品牌之间相互渗透、相互影响。企业品牌因企业文化而内涵深厚,企业文化通过品牌向消费者传递企业的文化理念和价值观念等,可以说品牌本身就是一种文化,像苹果公司历经数十载,其生产的产品直到现在依然深受市场和消费者的欢迎和热捧,这不仅仅在于苹果产品的功能丰富,还在于苹果产品承载着苹果公司独一无二的企业文化。这种企业文化经过苹果产品得到数十年如一日的宣传,已经深入消费者的内心。可以说,消费者对苹果产品的需求已经突破了产品本身,更多的是认同苹果产品代表的时尚文化和生活理念,并通过苹果的品牌文化进一步认同苹果公司的企业文化。以苹果公司的创新文化为例:

从最初的 iPhone 到现在的 iPhone8、iPhoneX,每一代苹果手机都让用户感受到苹果的改变与创新,都能够带给用户不一样的惊喜。无论是功能还是外观,在每一代苹果产品上都能体现出苹果公司鲜明的企业文化,如"用户至上""专注设计""永不服输""关注细节""主导市场""发扬特色""不可代替"等等。消费者购买苹果产品,已经成为心理上和情感上的需求,这也让苹果公司一直倡导的"让产品不可代替"的企业文化理念得以实现。可见,苹果产品是苹果公司企业文化最有力的传播载体,是苹果公司最好的形象代言人。

当前,中国不少互联网企业都致力于企业品牌建设。例如,京东集团推出京东商城、京东金融等主打品牌,凤凰网推出凤凰新媒体、凤凰网等主打品牌,美团点评推出美团、大众点评等主打品牌,等等。这些中国互联网企业的主打品牌都彰显了企业独具特色的企业文化,像京东商城、京东金融体现了京东集团坚持"以诚信为基础,打造全球最值得信赖的企业"的发展理念;凤凰网的主打品牌"凤凰新媒体、凤凰网"体现了凤凰网一直以来秉承的"开创新视野,创造新文化"的企业文化精神;美团点评的主打品牌美团、大众点评体现了美团点评倡导的"消费者第一、商家第二""诚实正直,言出必践"等企业价值观。这些企业品牌在市场运营的过程中实现了对企业特色文化的有效传播,帮助企业在市场上树立良好的企业形象,促进了企业的生存发展。

可见,优秀的企业文化是塑造优秀企业品牌的重要文化根基,同样,企业品牌对企业文化也具有重要影响,是企业文化最好的宣传载体。企业如果没有塑造好企业品牌,企业品牌的定位和内涵不够清晰,或者是在企业品牌的塑造过程中没有很好地进行企业特有的价值理念、企业精神等企业特色文化的传递和植入,就容易导致企业品牌在日益激烈的竞争中失去竞争优势,从而无法实现品牌价值,对企业生存发展造成不利影响。所以说,企业品牌文化必须与企业文化一脉相承,将品牌的文化内涵植入企业文化中。同时企业也需要对品牌进行精准的市场定位并不断丰富和提升其文化内涵,从而实现企业品牌与企业文化之间的相互渗透、相得益彰。

(三)企业品牌的文化塑造

企业品牌建设的过程是企业对一种文化价值追求的过程,体现了企业的文化深度和文化底蕴。企业的特色文化赋予企业品牌与众不同的文化特质,这能让产品在同质化的商品竞争中展现独特个性,从而吸引目标客户群,在市场上占据一席之地。以当前国内最大型的综合购物平台——淘宝网和京东商城为例,它们作为阿里巴巴和京东这两家互联网企业的主打品牌,在品牌内涵上就体现了各自不同的文化特色:

淘宝网体现的是阿里巴巴新时代的武侠文化和武侠精神。例如,员工遵循的是"六脉神剑"的核心价值观,即"客户第一、拥抱变化、团队合作、诚信、敬业、激情"。阿里巴巴要求淘宝网的每一位员工都要取一个来自于武侠小说特别是金庸小说的花名,例如马云自称风清扬,淘宝员工纷纷取名张三丰、萧峰、郭靖、王语嫣、小昭等花名。这些花名是淘宝员工在淘宝网上唯一的ID,所有的会员只需要在淘宝旺旺上加上他们的名字,便可以直接与他们对话。淘宝网把接待外部来访者的会客室命名为"桃花岛",把会议室命名为

"灵鹫宫",把 VIP 办公室命名为"光明顶",等等。在这种武侠文化的渲染和影响下,淘宝网员工自称店小二,力求在淘宝网上打造出一种最美好的秩序,行侠仗义、公平、合理、互利互助,把淘宝网打造成诚实可信、互惠互利的在线交易平台,实现阿里巴巴对中小企业者的承诺"让天下没有难做的生意",同时也实现对消费者的承诺,让消费者在淘宝上享受"淘,我喜欢"的购物体验。

京东商城作为京东集团旗下的品牌,很好地践行了京东集团所倡导的"客户为先、诚信、团队、创新、激情"等企业价值观,致力于实现"成为全球最受信赖的企业"的发展愿景及"让生活变得简单快乐"的企业使命。京东商城在经营模式上做了创新,它不同于淘宝网 C2C 的性质,而是一家自营式的电商企业,有自营的商品及自己的物流配送体系。京东商城在产品和服务上一直强调"正品低价、闪电送、优质产品"等,这是京东一直以来倡导的企业文化发展理念。其中"闪电送"是京东商城领先于国内其他在线交易平台的最大特色,特别是在京东商城上订购自营商品,经常做到当天订购当天送达,或当天订购次日达,从而给消费者更好、更快的购物体验。这种"闪电送"的服务方式在同类电商平台上具有较强的领先优势。在产品上,京东商城坚持诚信经营,大量品牌直供,从源头上杜绝假货,对假冒伪劣商品实行"零容忍",通过严审商家资质、严控进货渠道、自主研发质控系统等六大举措确保了京东商城的信誉。京东商城在产品和服务上一直积极践行"客户优先、诚信、创新"等企业文化,也因此获得了社会和消费者的认可,打造京东商城品牌的知名度、美誉度和忠诚度。

淘宝网和京东商城作为大型的电商交易平台,在各具特色的企业文化引领下,有着不同的品牌定位和品牌文化内涵,从而满足了客户不同的文化品位和文化需求,在竞争激烈的互联网市场环境中获得了生存发展的优势和先机。

品牌是企业文化内涵的折射,是企业良好形象的展示。因此,互联网企业在品牌的塑造上要与企业追求可持续发展的企业文化相对应。品牌作为企业重要的无形资产,是需要长期积累、维护和运营的。品牌的内涵需要随着企业发展壮大、顾客消费理念及价值观念的改变而进行适时更新提升。像新浪公司的主打品牌新浪网,在品牌内涵上经历了四个阶段的变化,从创立之初的"世界在你眼中"到创业中的"你的网上新世界",到发展阶段的"奔腾不息",再到现阶段的"一切由你开始",体现出品牌伴随着企业的发展壮大其内涵不断得到丰富与提升,实现了品牌与企业的共同成长。随着现代社会人们消费观念和情感需求的变化,互联网企业品牌的文化内涵也应该与时俱进,不断丰富品牌的文化内涵,及时跟进消费者审美需求和价值观的变化。以网易集团的主打品牌网易新闻为例:

随着消费者和市场需求的变化,网易新闻在文化内涵上也实现了不断变化升级。2010年,网易新闻提出了"有态度"的品牌主张,明确以"激发每个人的思考"作为自身使命,引领国内门户网站信息消费潮流。新一代消费群体,特别是成长于个性化时代的"90后"逐渐开始掌握移动互联网时代的"话语权",成为以网易新闻为代表的移动资讯平台最为重要的潜力用户。因此,网易新闻在品牌内涵上也要寻求转变。这些"90后"乃至"00后"年轻人身上不但明显地体现出更现实和更积极面对变化的特点,而且更渴望表现和表达自己,以寻求共鸣、认同及归属感。年轻人不同的消费方式、价值取向和兴趣爱好逐渐形成壁垒,从而诞生出不同的青年文化圈层。对圈层化的年轻人来说,他们需要的不是打破壁垒而是更积极地寻找"同路人"。因此,"90后"更青睐于兴趣垂直类或多元化的内容产品,以及品牌特色鲜明的内容产品与服务,等等。网易新闻在新推出的"各凭态度乘风浪"系列品牌形象中,尝试以这些年轻用户所熟悉的语言和沟通方式,更直观地向用户呈现内容多元化的品牌定位及其年轻化形象,从而找到年轻群体与"各有态度"这一新品牌内涵之间的切入点。网易新闻品牌的主题语"各凭态度乘风浪",蕴含着对当下年轻人有自信、有追求等态度的褒扬,希望每个年轻人都可以在网易新闻的平台上拓展视野,丰富自己对世界的见解,可以通过这个平台遇见更多一起"同乘风浪"的人。这是网易新闻面对新一代消费群体审美需求和价值观的变化,对品牌文化内涵进行的提升与改变。

从"有态度"到"各有态度"的品牌内涵变化,意味着网易新闻不仅仅只做秉承新闻专业主义原则的互联网媒体,而是致力于为用户提供有深度、多角度的媒体报道。"有态度"的品牌形象是基于网易新闻的专业媒体定位及自身所拥有的优质内容资源而确立的品牌文化而提出的。但随着网易新闻向聚合更多泛资讯内容的平台转型并正式提出"内容消费升级引领者"的产品战略,网易新闻希望带领更多有态度的内容生产伙伴,共同完成内容多元化和品质化的消费升级,以及共建"各有态度"的品牌文化。从"有态度"到"各有态度"品牌定位的变化,不但意味着网易新闻完成了从以往传统的资讯报道平台,向专注于兴趣领域、知识增量的泛资讯平台转型成功;更意味着网易新闻真正践行"有态度"的战略意识得到进一步明确,符合当下传媒市场内容消费升级的大潮,适应消费主体审美需求和价值观变化的需要,从而有力地提升了网易新闻作为资讯平台的竞争优势。

可见,品牌作为企业的无形资产,一直担任"外交部长"的角色,负责向顾客传递企业的文化和价值导向,从而寻求与顾客之间在价值和心灵上的认同。因此,互联网企业在塑造品牌文化时需要以企业文化为基础,塑造符合企业文化特色、满足市场需求与消费者审美需要的品牌文化,激发消费者对产品及企业积极正向的联想,对企业品牌产生更高的认同感和接受度,让消费者能够在同类产品中自觉选择和购买该品牌,以此实现品牌价值,促进互联网企业的发展。

二、互联网文化企业的企业品牌传播

在媒体信息平台十分发达的今天,互联网企业的品牌宣传媒介和手段可以说是丰富多样的。除了传统的宣传媒体如电视广告、海报广告,各种互联网信息资讯平台也是互联网企业进行品牌宣传的重要载体。此外,互联网企业也可以借助影视剧、娱乐活动、视频直播等媒介进行企业的品牌宣传。可以说,现在企业品牌的传播已经进入全媒体、多平台、多渠道的整合传播时代。同时,在品牌传播的过程中,好的品牌传播创意能起到事半功倍的效果,迅速培养起消费者对品牌的好感。

(一)注重品牌传播渠道的整合运用

在全媒体时代的今天,消费者的生活形态在不断变化,接受资讯的渠道多种多样,除了报刊、户外、广播、电视等传统媒体,互联网、手机端的各种资讯平台,让人的生活空间走向多元化和碎片化。随着移动电视、手机报、手机短信、数字广播、新媒体手机客户端等被广泛应用,整个资讯模式越来越多元化,消费者的选择也随之变得越来越多。因此,互联网企业可以积极利用媒体环境和资源的丰富性,在品牌传播上进行多元化尝试,整合应用各种传播手段,以取得良好的品牌传播效果。除了可以借助最传统的电视、户外、广播、报刊等传统的传播方式,互联网企业还可以整合网络贴片广告,微信、微博互动传播,电视剧情植入,公关活动,微电影、微视频等多种传播手段,让消费者随时随地都能接受到品牌的资讯信息。在消费者接受多媒体营销影响的同时,企业还可以增加品牌与消费者的互动,让消费者多渠道地了解企业的品牌,进而喜欢该企业的品牌,为品牌赢得市场的认可和好感,最终实现品牌价值。以唯品会的多媒体营销为例:

近年来,以"一家专门做特卖的网站"为广告宣传语的唯品会在国内竞争激烈的电商行业中迅速崛起。在 2017 年 8 月份公布的 2017 年第二季度的财报中,唯品会迎来了第 19 个季度的盈利,净营收达到 175.2 亿元,同比增长 30.3%;活跃用户总数达 2810 万人,同比增长 22%。在《财富》(中文版)发布的 2017 中国 500 强榜中,第四次入榜的唯品会在总榜单排名第 115 位,位列 B2C 电商第三位,并以 35.53% 的资产收益率在《财富》同期发布的"2017 年中国 500 强净资产收益率(ROE)最高 40 家公司"榜单中稳居互联网行业的第一位。唯品会有这么好的销售业绩,除产品质量的正品保证及物流配送服务的精准到位之外,唯品会对品牌不遗余力的宣传也起到了重要作用。

唯品会在品牌宣传渠道上一直都是线上线下互相配合,通过整合渠道达到最大化的宣传效果。例如,在电视上播放唯品会的宣传广告,定期更换宣传主题;在各大城市地铁站和公交站投放户外海报,进行不同主题的宣传。例如 2017 年的"828 甜蜜七夕活动""905 美妆节""912 全球购物节"等,唯品会都进行了如火如荼的线下宣传。同时,唯品会对移动端这一宣传渠道也十分重视并善加利用。例如,唯品会非常重视在热播的影视剧中采用多样化的广告植入形式,在热播电视剧《楚乔传》中,摆放有唯品会标记的道具,或者是借助剧中主要人物的台词或动作,进行品牌宣传。在热播电视剧《欢乐颂》中,蒋欣饰演的樊胜美表示,自己经常会上唯品会看看穿衣搭配,或者在唯品会上购买产品。唯品会通过这种在热播电视剧进行广告植入的方式,有效提升了品牌的曝光度,这是品牌宣传的有效策略。

不仅如此,唯品会更善于通过网络社交平台制造话题引发热度,从而借势宣传。例如在 2017 年"905 美妆节"的品牌宣传中,唯品会通过当时大热综艺《奇葩说》和《中国有嘻哈》的人气选手马剑越和 VAVA,以嘻哈的形式引发一场关于"一夜暴富"还是"一夜变美"的话题讨论,从微博上的文字争锋,升级为观点视频的正面交手,然后发挥社交媒体在覆盖面和影响力方面的优势,让一波粉丝各自发言引爆话题。与此同时,唯品会的各大品牌商则同步发布各自品牌的态度海报,将唯品会美妆产品的多元化和高度包容进行充分展示,让消费者产生"无论什么风格的女生都能在唯品会'905 美妆节'上找到适合自己风格的产品"的想法。与此同时,唯品会联合《拜托啦学妹》这个国内大热街访视频的制作组,让路人各自发声,从而让事件热度继续升温,一时间大量网友进行关注转发,从而制造出了全民参与讨论的热度话题,并获得了 20 多万的互动量,视频播放总量超过了 3300 万次。唯品会完成了一次出色的借势营销,不仅带给消费者视觉惊喜,同时也让唯品会"905 美妆节"在线上平台收获颇丰,该话题仅阅读量就达到了 5200 万次。

从唯品会的品牌宣传上,我们可以看出互联网企业品牌宣传要达到两个效果,一个是增加到达率。现在很多人观看节目已不仅仅通过电视,还可以通过其他的如电脑、手机、iPad 等,通过多屏互动,以增强企业品牌的到达率和推送率。第二个是增加频次。互联网企业可以通过多种渠道,例如公众微信号、移动信息资讯平台或者企业官网等对同一广告进行多次推送,让消费者看到同样广告的频次持续增加,从而加深消费者对品牌的印象和认知。

我们说,酒香也怕巷子深。在产品同质化竞争激烈的今天,互联网企业还是需要借助各种传播媒介和营销手段进行品牌的传播和推广,从而迅速打开市场,持续积累品牌的知名度、美誉度和忠诚度,实现品牌的市场价值,促进企业的可持续发展。

(二)注重品牌的创意营销

品牌传播需要很好的创意,好的创意通常会让消费者对品牌留下美好而深刻的印象。像苹果公司在每一次 Apple Watch 的营销宣传上都非常有创意,给人与众不同的感受,这也是苹果公司的特色文化之一,即致力于生产与众不同的个性产品。以苹果公司 2017 年推出的新产品 Apple Watch 3 的宣传广告为例：

　　Apple Watch 3 的宣传广告片《Dear Apple》侧重于强调产品的情感化一面。在两分半钟的视频中，来自世界各地的 Apple Watch 使用者表达了他们对苹果公司的感谢，感谢 Apple Watch 的诞生改变了他们的人生，并帮助他们过上了更加积极健康的生活。据了解，短片的取材全部来自用户写给苹果公司首席执行官库克的真实信件。影片中，既有芭蕾舞者，又有 9 岁女孩的父亲，也有盲人马拉松跑者，以及 99 岁的高龄旅行者，等等。糖尿病女孩的父亲用苹果手表帮助监测女儿的血糖含量，一名经历车祸的男子讲述 Apple Watch 的 SOS 功能帮助他从车祸中逃生，等等。真实并不意味着普通，这些真实故事的呈现和重组，让 Apple Watch 3 的宣传片拥有了"情感张力"。对此，苹果营销传播副总裁 Tor Myhren 表示："这些是真实的人和他们真实的故事。没有什么比收到这样的信件更能让我们快乐，感谢视频中的每个人与世界分享他们不可思议的故事。"①此外，在艺术表现形式上，Apple Watch 3 宣传片由具有国际影响力的知名导演 Max Malkin 执导，以电影的方式讲述故事，让影片更具艺术感染力和传播价值。同时，苹果公司在 Apple Watch 3 品牌宣传中，传递出"让产品与消费者建立情感联系"的营销理念，宣传品以用户的角度来讲述自己与 Apple Watch 之间的故事。在讲述中，Apple Watch 已经不只是简单的手表，更是用户在生活和工作上的提醒者、帮助者，甚至扮演救命恩人的角色。这也反映了苹果公司一直提倡和坚持的"用户至上"的文化理念。

　　苹果公司表示，从 2014 年 9 月 Apple Watch 1 发布以来，Apple Watch 已经成为用户满意度第一的智能手表，在使用舒适度、便捷性和多功能性上，苹果手表广受用户好评。2017 年 9 月，苹果公司在新品发布会上公布了几个和 Apple Watch 相关的数据，例如最新一季度 Apple Watch 的销售量实现了 50% 的环比增长，用户的满意度达到 97%，等等。另外苹果公司的 CEO 库克表示，Apple Watch 已经成长为全球最大的手表品牌。

　　实际上，苹果公司一年一度的新品发布会就是其最好、最强有力的品牌

---

① 《别再讨论 iPhone X 了，这几支苹果广告更好看》，搜狐科技，2017 年 9 月 13 日，http://www.sohu.com/a/191803684_220283。

宣传方式,也是苹果公司创意营销的有力手段之一。通过一年一度的新品发布会,苹果公司吸引了全球消费者的目光,每一年的发布会,苹果都会带给消费者不一样的惊喜,这已经成为苹果公司的品牌基因和品牌文化。

对于互联网企业来说,创意营销的方式多种多样,从内容到形式都可以进行创新,从而让消费者对企业品牌产生美好、正向的联想。例如互联网企业可以进行品牌故事内容的营销,通过打造富有企业特色文化的品牌故事来打动消费者,让消费者对品牌产生共鸣。这种情感共鸣十分重要,是品牌赢得市场、赢得消费者的重要方式。互联网企业也要注重在宣传中凸显品牌的卖点,例如苹果公司注重宣传品牌持续不断的创新能力,这些创新总是能够带给消费者不一样的体验和惊喜,这增强了品牌的美誉度和忠诚度,为品牌赢得了大量粉丝,实现了品牌的粉丝经济。

总之,互联网企业可以通过多样化的品牌创意营销,吸引消费者关注,让消费者对品牌产生了解的兴趣和冲动,如果品牌宣传能够真正触动消费者的内心,让消费者与品牌产生情感共鸣,就能让消费者产生购买行为,最终实现品牌的市场价值。

(三)注重品牌传播的持续性

互联网企业在进行品牌的传播和推广时,要注重品牌传播的长期性和可持续性,要关注市场需求的变化。品牌知名度、美誉度和忠诚度的培养与累积是一项长期工程,特别是要把品牌做成名牌,做成享誉世界的名牌,绝不是一日之功,而是需要互联网企业对品牌建设有长期的规划,在品牌建设之初就对品牌的广告宣传、活动推广有长期的规划。如果宣传效果显著,则要注重宣传效果的持续性,如果宣传效果不好,则要及时调整策略。

1.对品牌做出可持续性的定位

互联网企业要实现品牌传播的可持续性,首先要对品牌进行可持续性的定位。例如,阿里巴巴最初的企业使命是"为中小企业服务,让天底下没有难做的生意"。正是在这样的企业使命感的驱动下,阿里巴巴的电商品牌如淘宝、天猫、诚信通、速卖通都是以服务中小企业为宗旨,阿里电商平台的创立,为中国"小而美"的企业提供了一个与全国乃至全世界进行交易的平台。随着阿里电商平台的技术升级与创新,阿里平台不仅具备了可以帮助中国卖家将产品卖到世界各地的能力,而且具备了服务其他国家中小企业的能力。这将阿里巴巴从服务中国中小企业的电商平台升级为服务全世界中小企业的电商平台。在外贸竞争上,阿里平台脱离了以低价制造为核心的外贸竞争能力,上升为以交易为数据服务驱动的电商平台。2017年9月,墨西哥总统培尼亚访问阿里总部,代表墨西哥政府和阿里巴巴就通过互联网帮助中小企业全球化达成战略合作协议。培尼亚表示,希望通过阿里巴巴的平台,让墨西哥中小企业更好地参与全球竞争。目前,墨西哥有20万家在阿里巴巴B2B网站上注册的企业。阿里巴巴董事局主席马云表示,阿里巴巴很愿意分享中小企业如何在互联网上做生意的知识和技能。马云说,阿里巴巴关注全球化并将改善全球化,让中小企业、年轻人能从全球化中受益。

可见,多年来,阿里巴巴在企业电商平台的品牌推广上,始终都坚持"服务中小企业,让天底下没有难做的生意"的品牌定位,随着阿里巴巴商务基础设施的升级和创新,这个品牌的定位依旧保持不变,就像马云一直强调的,十多年来阿里巴巴"一直专注于做电子商务平台,将目光集中于中小企业"的初心始终不变。正是阿里巴巴十多年来对企业品牌定位的不懈努力和追求,才让阿里巴巴这个电商平台获得了持续不断的发展,具备了服务世界上其他国家中小企业的能力,让阿里巴巴企业品牌享誉全球,赢得了世界的认可和尊重。

2. 对品牌传播进行可持续推广

互联网在品牌传播上要讲究可持续性。在资讯发达的今天,消费者每天都会接受大量的信息,如果企业不对品牌进行持续性推广,就容易削弱品牌在消费者心中的地位。特别是在商品同质化竞争如此激烈的今天,互联网企业如果不重视品牌推广的持续性,就很容易让竞争对手抢占先机,从而失去品牌在市场竞争中的优势地位。那么,互联网企业如何做到品牌传播的可持续呢?

一是重视对品牌推广的持续投入。俗话说,品牌要做好,广告不能少。可以说,广告是进行品牌推广最直接、最有效的一种方式。2017年全球最有价值品牌出炉,苹果公司稳居第一名,品牌价值达到1428亿美元,紧随其后的是谷歌和微软。苹果公司之所以能够连续五年蝉联第一名的宝座,除了它一直以"把客户需求放在第一位"作为可持续发展的品牌定位,还得益于在广告方面持续性、大手笔的投入。这也是苹果品牌迅速打响知名度,占据市场优势地位的有效手段。每一次苹果公司发布新产品,都会花费巨资打广告进行产品宣传。例如,在 2013 年,苹果公司在广告上的投入已经达到 3.51 亿美元,其中有 3.39 亿美元用于电视广告投入。在 2015 年,苹果公司推出了 iPhone6、iPhone 6 Plus 和 Apple Watch,其中 Apple Watch 作为新产品,苹果公司不断增加其广告费用,在 2015 年 3 月春季发布会结束后,苹果已经花费了 3800 万美元营销 Apple Watch。在发布会结束后的一个月内,苹果公司不断在美国电视及在线平台投放 Apple Watch 的广告,其中包括在 NCAA 篮球冠军赛上增加广告投入,邀请体育明星佩戴 Apple Watch 出境,在黄金时间插入 Apple Watch 广告,此外,苹果公司还在美国热播剧《行尸走肉》和节目《好声音》中投入 Apple Watch 产品广告。苹果公司不惜花费巨资在 Apple Watch 上市之际进行宣传,让消费者迅速了解和喜爱这款产品,可以说成效显著。在 2015 年 4 月,Apple Watch 接受在线预定,在半个多小时的时间里,大部分型号被预订一空。尽管苹果公司在广告上的投入费用远远超过同类产品,但是苹果广告带来了高回报。苹果品牌价值连续多年蝉联世界第一便是最好的例证。

可见,在品牌宣传上进行持续性的投入是十分值得的,特别是广告投入,可以迅速提升品牌的曝光度和知名度,让消费者持续关注该品牌,加深对品牌的美好印象和联想,进而产生购买该品牌的冲动,最终完成品牌消费,实现品牌价值。

二是重视对品牌市场地位的维护和提升。市场认可度是实现品牌价值的关键。一个品牌只有市场认可了,消费者喜欢了,才能够最终实现品牌价值。对于互联网企业来说,维护品牌的市场地位在同质化产品竞争激烈的环境中,要让自己的品牌在市场上站稳脚跟,获得消费者的青睐,并不容易。例如,目前国内两大知名的电商品牌淘宝和京东同为国内大型综合性购物平台,在经营的产品和种类上具有很多相似之处,因此,阿里巴巴和京东需要凸显各自品牌的差异化优势,以此维护和提升企业品牌市场地位。淘宝相较于京东,具有规模大、商品种类多、流量大、纯平台成本低、知名度高,以及阿里巴巴提供各方面支持的优势;而京东相较于淘宝,则具有自建物流体系且服务好,自营商品有厂商返利,可以通过货款账期获利,家电规模大对供货商议价能力强,等等优势。因此,钟情于淘宝的消费者,往往看中淘宝商品品种繁多及价格低廉等优势;而喜欢在京东网购的消费者,则更欣赏京东商品的可靠品质及快捷周到的快递服务等。

俗话说:"逆水行舟,不进则退。"互联网企业要重视品牌市场地位的维护和提升工作,特别是当企业品牌获得市场认可时,更要用心维护品牌在消费者心中的地位。互联网企业要充分意识到,互联网市场竞争激烈,每天都会有很多的竞争对手涌入,如果不用心维护品牌的市场地位,则很有可能被其他品牌所超越。因此,互联网企业要有把品牌做到同类产品第一的决心,在消费者心中形成想购买某种商品时就会联想到该品牌的心理联想,从而实现品牌的市场价值。

三是适时对品牌内涵进行升级优化。我们说,产品的品牌内涵不能是一成不变的,市场环境和消费者审美需求都会发生变化,品牌如果不能适应市场需求和消费者审美变化的需要,就有可能遭遇被淘汰的危险。因此,互联网企业需要根据市场变化和消费者需求的变化,对品牌内涵做出相应的调整,以保持品牌在市场上的竞争力。以腾讯公司旗下的腾讯视频为例:

腾讯视频是目前中国领先的在线视频平台,拥有丰富的优质流行内容和专业的媒体运营能力,是聚合热播影视、综艺娱乐、体育赛事、新闻资讯等为一体的综合视频内容平台,通过 PC、移动及客厅产品等多种形态为用户提供高清流畅的视频娱乐体验,满足用户不同的体验需求。一直以来,腾讯视频都秉持着"一切以用户价值为依归"的品牌理念,致力于为用户提供优质的内容产品和便捷舒适的观看体验,因此成为许多网民观看在线视频的首选。第三方权威数据监测机构艾瑞发布的数据显示,腾讯视频、爱奇艺、优酷一直稳居前三位,位居视频网站行业的第一阵营。无论是日活跃用户,还是月度独立设备数,腾讯视频均以平均 6% 的环比增幅,成为增速最快的视频平台。2016 年底,腾讯发布了"腾讯视频 2016 用户白皮书",以大数据为依据,分析了腾讯视频面对的观众群体与市场需求的变化。白皮书显示,目前,腾讯视频的用户主体发生改变,新生代大肆崛起、高学历愿为服务埋单。新生代的崛起也让视频付费越来越被用户所接受;用户正在从单纯的"视觉派"升级为"玩乐派";视频内容需要更多元,颜值背后还要内涵,等等。面对用户群体和市场需求的变化,腾讯视频在秉持"深刻挖掘用户内心世界,才能引爆粉丝共鸣"理念的基础上,实现品牌的全面升级,启用更加年轻化、更能引起用户情感共鸣的品牌新理念"不负好时光"。腾讯视频希望能够从新的品牌理念出发,兑现对用户的承诺,即让用户在腾讯视频平台上每一次都能收获绝佳的视频观看体验,不辜负人生中每一秒好时光。腾讯视频时刻关注市场需求的变化,适时进行品牌的升级进化,通过丰富品牌内涵,提升品牌对市场的适应性,让品牌更受市场欢迎。

可见,互联网企业在建立品牌之后,要想在激烈的市场竞争中获得生存发展,需要根据市场环境的变化和用户需求的改变,适时升级进化自己的品牌内涵,以提升品牌的市场竞争力。

三、互联网文化企业的企业品牌管理

品牌建设是一个长期的、系统的工程。品牌需要管理和维护,才能走得长远,实现可持续性发展。品牌管理包括产品的质量管理、审美设计、品牌塑造、服务及可持续性等。对于互联网企业来说,要实现有效的品牌管理,一方面要提升企业员工的内在素质和企业文化建设,让企业及内部员工具备实现品牌管理的能力和水平;另一方面,要制订品牌管理的规划,对品牌发展战略、品牌传播策略、品牌经营方略等有具体的实施方案,责任到人,建立合理的监管机制和奖惩机制。同时,企业要树立品牌的危机意识,在企业内部动员和协调各方力量共同维护品牌,以更好地实现品牌的长远发展。

(一)提升企业员工的内在素质

品牌是企业形象和企业实力最好的展示,优秀的品牌往往能够让用户对拥有该品牌的企业产生美好、正向、积极的联想。因此,对品牌形象和内涵的管理很重要,需要企业注重对员工内在素质的培养和提升,不断提高员工的美学感受、伦理精神、文化内涵等方面的素养,从而让企业员工具备维护和提升品牌形象的能力和素质,实现品牌形象的维护与运营。

1. 对员工加强企业文化的培育

品牌的文化内涵是以企业文化为基础的。作为企业的员工，要维护和管理好品牌，首先需要的是对企业文化有深度理解，并在日常工作中加以贯彻执行，让企业文化入脑入心，成为员工的行为自觉和工作准则。互联网企业加强员工企业文化培育的方式可以多样化。一是可以对员工进行企业文化的集中培训。例如，阿里巴巴有个"百年大计"的培训计划，所有新员工都要参加入职培训，对员工进行企业文化的培训是其中最重要的培训内容。阿里员工一入职，公司就安排带薪培训，短则 20 天，长则 30 天，主要培训内容就是阿里的企业文化，从早期的"独孤九剑"到后来的"六脉神剑"，同时，阿里巴巴在新员工培训中会淘汰不能接受或无法融入企业文化的人。二是可以由企业家亲自对企业文化进行宣传贯彻，传递企业的核心价值观。苹果公司的创始人乔布斯及现任的首席执行官库克、美国社交网站脸书公司（Facebook）的创始人扎克伯格、阿里巴巴董事局主席马云等一批优秀的企业家，都身体力行进行企业文化宣讲，这对企业员工能起到很好的提振效果。企业家通过富有感染力的演讲，以及在企业中的影响力和主导地位，能够促使员工更好地接纳企业文化并身体力行地执行。三是可以通过企业环境对员工进行企业文化的熏陶。例如，阿里巴巴在员工的工作环境中有意识地进行企业文化的渲染，让员工在日常工作中，时时处处都处于企业文化的熏陶和浸染下，从而对员工接纳和执行企业文化起到强有力的影响。四是可以把企业文化纳入员工的绩效考核中。这一点阿里巴巴执行得比较到位。企业通过把企业文化核心价值观进行量化评分，纳入员工的业绩考核中，作为员工进步或加薪的重要衡量标准和参考依据，这也是让员工对企业文化入脑入心并转化为外在行为的有力举措。五是可以通过举办各种具有仪式感的活动，加强员工对企业文化的认同感和融入感，培养员工的企业主人翁精神和职业自豪感。例如，阿里巴巴为了纪念 2003 年阿里人抗击"非典"时所体现的果断、团结、敬业、互助互爱和永不放弃的阿里精神，推出了属于阿里人自己的节日——"5·10阿里日"，从 2005 年延续至今。在每年的 5 月 10 日，阿里巴巴都会举办一系列的活动来激荡和升华每位阿里人心中对阿里精神的领悟，让更多的同事看到、听到和感悟到身边的同事是如何在工作中践行阿里的价值观，如何做到在平凡中孕育奇迹。通过举办这类富有仪式感的活动，能够让员工更强烈地感悟和体会企业文化的意义和价值所在,更好地发挥企业文化的凝聚力和向心力,从而实现企业整体合力的发挥,促进企业的不断发展壮大。

互联网企业通过加强对员工企业文化的培育,能够让员工更好地领会品牌的文化内涵和文化底蕴,从而实现对品牌形象的维护和提升。

2. 对员工加强文化素养的培养

企业打造品牌需要进行一系列的工作,例如品牌的外观、品牌的精神、品牌的内涵等方面的设计都需要表现出较高的审美品位和文化素养,这样才能让品牌由内而外散发出独特魅力,从而获得消费者青睐,在市场占领一席之地。因此,企业需要对从业人员,即品牌的管理者和维护者,进行文化素养的提升。例如,企业可以有意识地对员工加强美育、美德的培养。现如今,许多企业都在业余时间为员工开办各类学习课程或鼓励员工参与各类文体活动,既丰富了员工的业余生活,也促进了员工文化素养的提升。有些企业为员工开设了插花、瑜伽、绘画、书法、歌唱、舞蹈等课程,让员工在下班或者休息的时候可以进行学习,使员工的业余生活变得更加丰富多彩,也在无形中提升了员工的生活情趣和审美水平,这对于互联网企业特别是一些从事文化创意的互联网文化企业来说,是一件双赢的事情。因为只有拥有良好文化素养和知识背景的员工才能为互联网企业创造出更多的财富价值。例如,他们能够为品牌的发展提出建设性意见,能利用大数据为品牌的发展趋势进行客观的分析和预测,能为企业品牌的形象设计或品牌的文化内涵提出独到的建议,等等。这些都是企业在品牌管理过程中需要员工具备的能力和素质。例如,腾讯公司为员工设立了篮球、足球、羽毛球、排球、乒乓球、英语角、摄影、桌游等,既有利于员工的身心健康,又能让员工充满活力和创造力,更好地为公司做贡献。阿里巴巴则是加强对员工伦理精神的培育。例如,针对新入职的员工开展百年责任活动,包括让新员工在西湖边做环保义工,去敬老院看望老人,等等,以此培养员工的道德感和责任感。企业对员工进行文化素养及伦理精神的培养,对于实现企业品牌的长期发展是十分有利的。

可见,互联网企业需要有意识地加强对员工的文化道德水平的培养,提升员工的整体素质,这对于实现企业品牌的管理具有积极意义和深远影响。

3. 对员工加强职业技能的培训

品牌的创立不容易,品牌的维护和提升更不容易。因此,企业要提供平台让员工有持续学习和进步的机会,让员工在学习和工作中长知识、学本领,培养员工过硬的业务素质和能力,这样才能确保品牌的质量过关,以过硬的品牌质量提升品牌的文化内涵,彰显企业的实力水平。例如,阿里巴巴对公司的所有员工都进行培训,从高级管理层到新入职的员工乃至公司的保安都要参加岗位培训,以此提高员工的工作能力、工作效率,增强员工的职业成就感。在培训方式上,阿里巴巴通过采用多样化的培训方式,例如课堂、夜校和夜谈等,让员工能够系统地学到许多专业技能,提高职业素养。此外,阿里巴巴的淘宝网还采用"师徒制",让经验丰富的员工在工作中一对一地指导徒弟,以此形成良好工作氛围,让新员工工作技能和业务知识得到迅速提升。阿里巴巴几乎每周都有培训,针对不同的对象开设不同的内容,覆盖率达到70%,从而在企业内部形成了良好的职业发展氛围,让每一位员工都有机会得到学习、培养和提高。

可见,互联网企业需要重视对职工职业技能的培养和训练,这对企业品牌的建设和管理具有十分重要的作用,在客观上有利于实现对品牌的良性管理,让每一位员工运用过硬的职业技能为品牌的质量文化贡献力量,让企业品牌有赖以生存的基础,这是品牌占领市场的核心竞争力。

(二)制订品牌发展的长远规划

互联网企业进行品牌管理的一项重要内容就是制订品牌发展的长远规划。一个企业如果没有品牌战略,品牌发展就缺乏清晰的目标,品牌管理就无章可循,在品牌推广和传播中就容易迷失方向,既造成企业的资源浪费,也难以实现品牌的长远发展。因此,互联网企业应该把制订品牌发展的长远规划作为企业重要的经营战略,以此建立强势品牌。实现品牌价值。像苹果公司、谷歌等企业已经创造出了强势品牌。在美国大型品牌咨询公司 Interbrand 发布的"2017 全球最具价值品牌 100 强"排行榜中,苹果位居榜首,品牌价值为 1842 亿美元,谷歌排名第二,品牌价值达到 1417 亿美元。可见,互联网企业应该把制订品牌发展的长远规划作为品牌管理的一项十分重要的内容。

1.制订品牌的发展战略和传播策略

不同的品牌有不同的属性,因此互联网企业首先要确定品牌拟锁定的市

场和目标客户群,然后才能对品牌的外形、品格及内涵进行确定,同时要考虑如何在同质化商品中凸显品牌的特性,从哪一点切入更容易与消费者产生共鸣和互动,增强品牌的延展能力,让品牌不仅显示商品的属性,还有丰富的内涵和故事,让品牌的发展愿景和诉求更贴近消费者的心理诉求,从而增强品牌与消费者之间的情感维系。综观国内外优势品牌,它们都有一个共同点,就是这些品牌都善于通过富有感染力的品牌内涵或品牌故事凸显品牌的优越性能。以苹果公司的 Apple Watch 系列智能手表为例:

苹果公司虽然推出 Apple Watch 系列的智能手表时间不长,大概三年,但是在推向市场短短的三年多的时间里迅速占据全球智能手表的领先地位,目前已经在市场的同类产品中销量第一。苹果公司最新数据显示,消费者对苹果手表的满意度达到 97%。苹果手表从一开始不被消费者熟知和了解到现在有这么好的销售业绩和市场满意度,在很大程度上归功于苹果公司在品牌创立之初就确立了清晰的品牌定位。苹果公司在推出苹果手表时就明确表示,苹果手表是苹果公司最具个性化的产品,希望通过这款产品刷新用户对可穿戴设备的期望值,开启"苹果故事的下一个篇章"。

在这样的品牌发展规划引导下,苹果公司制订了品牌的传播策略,通过富含故事性的宣传片凸显苹果手机优越的产品性能。例如制作不同主题的宣传片宣传苹果手表拥有的多种适用于广泛人群的实用功能,包括收发短信和电子邮件、接打电话、播放音乐、显示通知、连接社交媒体、监测用户生理数据、支持苹果移动支付等等。同时,苹果公司也着力宣传苹果手表相比较于一般智能手表更流畅、更美观、更时尚的性能与外观。例如,苹果手表外壳分为不锈钢、铝合金和 18K 金等多种款式,用户还可以选择不同颜色的真皮表带或不锈钢表带进行搭配。因此,苹果手表问世以来,凭借着良好的产品性能及时尚的外观设计,受到时尚潮流人士的青睐。苹果手表之所以能够实现品牌和口碑的双赢主要源于苹果公司对苹果手表这一品牌确立了长远、清晰的品牌发展规划,并且耗费巨资、不遗余力地进行品牌宣传,使得苹果手表卓越的产品性能和时尚的外观设计,给消费者留下了深刻印象,为苹果手表迅速占领市场、赢得人心奠定了坚实基础。

可见,制订品牌的发展战略和传播策略是企业行之有效的品牌管理手段。互联网企业在品牌管理上,要对品牌的发展有明确的目标和方向,并在这个目标和方向的引领下,对品牌形象的设计、品牌内涵的构建、品牌传播的形式乃至品牌价值的可预期目标等有基本的思考和预测,同时通过关注市场和消费者需求的变化,对品牌的传播策略进行适当调整,让品牌的性能及内涵更加深入人心,更能彰显品牌与众不同的个性,吸引目标群体进行购买,最终实现品牌价值。

2. 制订品牌分阶段的经营和传播方案

互联网企业在进行品牌管理的过程中,要时刻关注市场需求的变化,及时接收消费者对品牌的反馈信息,建立品牌档案,制订品牌分阶段的经营和传播方案,整合营销传播计划及执行,以此不断改进产品的性能并提升传播的有效性,确保品牌与消费者的每一个接触点都能传达有效的信息,让品牌更符合市场和消费者的需求,为消费者创造愉悦的消费体验,从而培养消费者对品牌的忠诚度。以湖南广播电视台旗下唯一的互联网视频供应平台——"芒果 TV"的品牌营销为例:

芒果 TV 作为湖南卫视旗下的重要品牌,自 2008 年发行以来,一直秉承着湖南卫视"快乐中国"的品牌理念,以创作快乐节目为宗旨,致力于为观众制造欢乐体验。同时,芒果 TV 在品牌营销上也及时根据市场需求的变化进行了分阶段的经营和传播。

2014 年,为了提升芒果 TV 在网络视频行业中的竞争力,湖南广播电视台决定将所有版权内容一律由芒果 TV 独播,借助"独播"的品牌战略,芒果 TV 在 2014 年广告收入为 6000 万元,到 2015 年广告签约金额已经接近 10 亿元,呈现 10 多倍增长。从芒果 TV 实行独播战略以来,全网日活跃用户数达到 4700 万人,移动端激活用户有 4 亿多人,但从会员数量来看,腾讯视频、爱奇艺及优酷都达到了 2000 万人,优酷更是宣称超过 3000 万人。而芒果 TV 在 2016 年年底显示只有 500 万人。同时随着国内一线视频网站的内容制作能力越来越强,内容也越来越多元化,特别是自制网络综艺、网络影视剧不断崛起,以综艺节目为品牌特色的芒果 TV 需要寻找新的品牌经营发力点,以此发挥品牌的独特优势。因此,芒果 TV 在 2017 年提出了"由独播到独特"的品牌经营战略,积极寻找品牌本身的独特定位,自制和定制专属于芒果 TV 的内容。除了《快乐大本营》《天天向上》《变形记》等知名综艺外,芒果 TV 还推出了众多自制网络综艺节目,包括转型网络综艺的《2017 快乐男声》《妈妈是超人 2《爸爸去哪儿 5》《中餐厅》等。在剧集方面,芒果 TV 也走"版权＋自制剧"路线,推出多部由大热网络 IP 改编的自制剧,例如,民国玄幻爱情剧《半妖倾城 2》《金牌红娘 2》等。借力高品质的、独特的内容资源及独特的台网联动传播策略,芒果 TV 有效提升了品牌的知名度和美誉度,随着用户数量和用户活跃度、黏度的提升,芒果 TV 培育了巨大的粉丝市场,为芒果 TV 粉丝经济的实现奠定了良好的用户基础。

可见,互联网企业在品牌的管理过程中,要根据市场需求的变化实施分阶段的品牌经营战略,制订相应的传播方案,以此实现品牌效益的最大化。

3. 建立合理的监管机制和奖惩机制

实行合理的监管机制和奖惩机制是实现品牌长远发展的必要手段。企业的品牌需要企业全体员工共同维护。从企业负责人到普通员工的言行都会对品牌产生影响,因此,互联网企业在品牌管理上需要规范企业全体人员的言行。以苹果公司为例:

苹果公司的保密制度应该说已经成为该公司的一种文化,这不仅是苹果公司能够创新并开发出革命性产品的重要组成部分,同时也是苹果公司在竞争市场里取得优势的重要原因之一。而如果苹果公司的产品和做法遭到泄密,被竞争对手和外界得知,那么苹果品牌的核心竞争力就会遭受重创。

因此,对于苹果公司来说,保密制度是实现品牌管理的关键。在苹果公司,保密文化得到高度强调和严格的执行。例如,参与项目研发的工作人员必须签订特殊协议,认定自己正在参与一个超级保密的项目,不得与任何人谈论该项目,包括自己的家人,否则就有被辞退的危险。参与苹果发布活动的员工通常会得到一本手册,名叫《Rules of the Road》,上面详细介绍了产品发布之前的每一条重要事项,其中明规规定,如果手册落入不应获得的人手里,责任人将被解雇。在苹果公司,正因为员工都严格遵守保密制度,自觉履行保密规定,从而很好地维护了苹果品牌的市场价值和影响力。

因此,互联网企业在品牌管理上需要建立合理的监管和奖惩机制,确保品牌管理各项制度的落实,维护和提升企业品牌的价值和竞争优势。

此外,企业在品牌管理上还需要对产品的质量和传播方式进行规范。互联网企业在品牌体系的管理中需要制订系统规则,注重品牌的特性和诉求的差异性,当企业拥有多个品牌或者同个品牌下面覆盖多种产品时,需要注重统筹资源需求,避免品牌的重叠、冲突及关系模糊等问题,从而使品牌体系明确、具体、可操作性强。企业通过对品牌进行有效合理的监管,可以更及时地了解到市场趋势和顾客需求的变化,从而进行品牌的自我革新。

总之,互联网企业在品牌管理上应该形成一套行之有效的机制,让品牌一直处于管控系统内,通过一定的机制和运行体系对品牌进行督促、指导和约束等,从而实现品牌的有效管理,提升品牌的市场竞争力,促进品牌实现长远发展。

(三)树立品牌危机意识

危机是企业品牌在发展过程中不可避免的现象。对于互联网企业来说,要树立品牌危机意识,才能在危机发生时进行有效的应对,从而安然渡过危机,实现品牌资产的保值增值。对于互联网企业来说,品牌危机时常发生。例如,阿里巴巴的淘宝网曾经遭遇卖假货的诚信危机,百度公司的百度搜索曾经陷入信任危机,腾讯公司的游戏《王者荣耀》也多次让腾讯陷入舆论的旋涡,等等,中国互联网企业都遇到过品牌危机,这些危机让企业遭受信誉受损、市值下降、用户数量骤减等一系列威胁企业生存发展的负面因素的影响。有些企业可能就此一蹶不振,甚至消失灭亡;而有些企业则有可能遭受重创,需要长时间的调整恢复;也有些企业则能够化解危机,渡过难关,甚至以此为契机,实现品牌价值的提升。对于互联网企业来说,不树立品牌危机意识,单纯依靠硬性的品牌危机防御体系会显得苍白无力,只有树立起超前的品牌危机意识,才能够让企业在品牌危机管理中筑牢一道坚固的防线。因此,互联网企业在品牌管理中应该树立品牌危机意识,这是企业维护和实现品牌运营的关键。

1.通过企业文化培育企业员工品牌危机意识

企业文化具有引导和培育企业员工形成有利于促进企业发展的集体意识和行为规范的作用。因此,企业内部通过企业文化倡导和加强员工树立品牌危机意识,让品牌危机意识在全体员工心中形成一种共同意识,有利于在企业内部打造一支品牌危机意识强的干部职工队伍,从而有利于企业在品牌管理过程中,特别是企业发生品牌危机时,能够快速认知和迅速反应,形成捍

卫企业品牌的坚强后盾。

企业文化在培育企业员工树立品牌危机意识的过程中,要注重培育质量文化来实现对品牌危机预警系统的支持。支撑品牌发展最核心的因素在于品牌的质量,只有在品牌运营过程中不断强化企业员工质量意识、质量精神、质量行为准则以及质量价值观等,让质量文化成为企业内部全体员工的集体意识,才能让企业员工在树立对客户负责、对社会负责、对自己负责的意识形态和行为准则,从而确保产品质量,减小品牌危机发生的概率。这是企业以文化为手段培育和强化员工树立品牌危机意识的最根本出发点。

对于互联网企业来说,培育员工的品牌危机意识十分必要,像阿里巴巴、百度、腾讯等这些大型的互联网企业都遭遇过品牌危机,其他的中小互联网企业在发展过程中也有可能遭遇到品牌危机。因此,互联网企业需要有意识地通过企业文化来加强和培育员工的品牌危机意识,通过企业文化规范员工行为,提升他们的品牌荣誉感和责任感,让他们能够在企业文化的引领下养成自觉维护品牌的思维习惯和行为习惯。企业文化的熏陶和引导,让员工具有居安思危的意识,在平时注重对品牌进行维护,从品牌的质量文化入手,一点一滴地维护品牌资产的保值增值;在企业发生品牌危机时,能够在第一时间自觉主动地投入维护品牌的行动中,与企业一起应对品牌危机,共渡难关,为品牌发展保驾护航。

2. 完善企业品牌危机应对机制

当发生品牌危机时,互联网企业面对危机当机立断、控制事态的发展是最重要的。任何犹豫不决、等待观望的行为都会使危机变得更加严重,更加难处理。为此,企业一方面要通过企业文化加强企业对品牌危机的认知程度和反应速度,另一方面要以勇于承担责任、对消费者和员工负责的态度来处理品牌危机问题。

通常情况下,互联网企业应完善品牌危机应对机制:一是建立品牌危机预警系统。在企业内部开展员工品牌危机管理教育和培训,增强全体员工品牌危机管理的意识和技能,一旦品牌危机发生,员工能够具备较强的心理承受能力和应变能力;建立高度灵敏、准确的信息监测系统,及时收集相关信息并加以分析、研究和处理,全面清晰地预测各种品牌危机情况,及早发现和捕捉品牌危机征兆,为处理潜在品牌危机制订对策方案,尽量避免品牌危机的发生。二是组建一个由具备较高专业素质和较高领导职位的人士组成的品牌危机管理小组，一旦遭遇品牌危机，第一时间制订和审核品牌危机处理方案，及时清理品牌危机险情，尽量减少危机对品牌乃至整个企业的危害。三是组建一支专业素养较高的公关团队，在品牌危机发生的第一时间迅速做出回应，一切以消费者的利益为重，不回避问题和矛盾，及时与媒体和公众沟通，向消费者说明事件处理的进展情况，并诚恳致歉，赢得消费者的信任和理解，以有效地维护企业的品牌形象。四是争取企业内部的理解和支持。企业在发生品牌危机时，需要明确地将品牌危机情况向员工进行迅速传达，让员工知晓危机的严重程度及处理情况，从而增强员工在品牌危机中的责任感和参与感，为企业渡过品牌危机获得内部支持。五是总结经验教训。一旦品牌危机有所缓解，及时对品牌危机的整个过程进行整理记录。把任何与品牌危机有关的图文、视频资料尽可能完整地保存下来。对这些记录进行认真梳理和反思，总结经验教训，提升对品牌危机的处理能力。

3. 增强企业品牌危机转化能力

危机管理的根本在于企业能否转化危机，使危机为企业所用。危机的反面是机遇，这是辩证的管理艺术。美国洛克希德·马丁公司前 CEO 奥古斯丁说过，每一次危机的本身，既包含着导致失败的根源，也孕育着成功的种子。英特尔公司前总裁兼 CEO 格洛夫表示，优秀的企业平安渡过危机，平庸的企业在危机中消亡，只有伟大的企业在危机中发展自己。中国古代伟大的哲学家老子也说过："祸兮，福之所倚，福兮，祸之所伏。"可见，危机与机遇相互依存，在一定条件下可以互相转化。因此，互联网企业在面对品牌危机时，一方面，要从容淡定，态度诚恳，以负责任的形象积极应对，迅速消除品牌危机的负面影响，重塑消费者对企业的信心；另一方面，在企业内部强化员工对维护品牌的责任感和使命感，使每个企业员工从内心深处自觉地产生敢于面对困难、敢于承担责任的心态，并增强对企业化解品牌危机的信心，从而为企业品牌危机的解决和转化创造机会。以阿里巴巴品牌危机处理案例为例：

阿里巴巴的淘宝商城在发展过程中经历了多次品牌危机，例如售假危机、安全漏洞危机等等。这些品牌危机多次将阿里巴巴推向舆论的风口浪尖，而阿里巴巴也在多次的品牌危机处理实践中不断增强危机转化能力，从而巧妙化解危机，有效维护了企业的品牌价值。例如国家工商总局在 2015 年

1月23日发布了《2014年下半年网络交易商品定向监测结果》,指出淘宝的正品率只有37.25％。随后国家工商总局在1月28日发布了《关于对阿里巴巴集团进行行政指导工作情况的白皮书》,指出阿里系平台存在主体准入、商品销售、交易管理等五大问题。国家工商总局这些举措让阿里巴巴陷入"淘宝假货风波门",一时间阿里股价跌了11％,市值缩水300亿美元。面对这次品牌危机,淘宝迅速做出反应。同年,淘宝正式进入危机处理流程,正面应对长期以来的舆论风浪。首先,淘宝对此次质疑采取了不否认、不盲目承担错误的态度。针对淘宝假货多的质疑,淘宝表示,公司已经成立了300人的"打假特战营",以协调网监部门解决问题;针对"出现假货是淘宝自身的问题"这一质疑,淘宝表示,自己只是向店面提供平台服务,并不销售产品,但是确实负有监管不严的责任。淘宝这种在遭遇品牌危机的第一时间就立刻亮明态度、阐明观点、采取行动的做法,让大多数人对淘宝的态度有所缓和。接着,淘宝开始进行有理有节的应对。先是淘宝运营小二向网络监管司司长刘红亮发出公开信,对其抽检样本、逻辑、程序违规等提出质疑。接着,淘宝网在官方微博上发表了一封态度恳切的声明,全文如下:

就国家工商总局发布《2014年下半年网络交易商品定向监测结果》一事,淘宝网声明:

第一,假货是经济发展的毒瘤,尤其当人均收入在4000－6000美元的时候,全球的国家都会因为结构失衡、信用缺失,面临假货这样的结构性难题。作为整个社会商业生态的一个重要组成部分,淘宝也是假货这个阶段性问题的受害者,而不是受益方。但我们愿意承担起打击假货的责任,我们绝不推卸这个责任,也不会互相指责。

第二,对假货的打击,淘宝做了大量工作但还远远不够好,我们会继续完善技术、团队、流程与机制,继续虚心听取各方意见,提升我们自己的打假水平。但同时,我们也发现,我们根本不能凭借一己之力去真正解决线上线下共生的假货问题,还需要有更多的执法部门与我们一起,从根上拔掉众多制假的毒瘤。

第三,我们理解监管追赶创新的难度,但我们希望监管能够看到数百万年轻人的艰难创业、尝试和创新,与我们一起共同携手用互联网和大数据技术来解决问题,陈旧的思想和方法可能会扼杀创新,请不要把孩子和洗澡水一起倒掉。

第四,一个超过十亿件商品的新经济平台需要的服务是传统的交易市场完全无法比拟的,这对今天的监管提出了更高的要求,尤其需要监管部门提升对不同类型的新经济平台的服务水平和能力。这方面我们热切期盼监管部门入驻淘宝,并愿意全力配合。

第五,我们欢迎公平公正的监管,反对不作为、乱作为、恶作为。针对刘红亮司长在监管过程中的程序失当、情绪执法的行为,用错误的方式得到的一个不客观的结论,这对淘宝以及中国电子商务从业者造成了非常严重的负面影响,我们决定向国家工商总局正式投诉。[①]

淘宝抓住时机、把握机会,通过有理有节的应对措施,制造对自己更为有利的舆论新闻,同时阿里巴巴董事局主席马云进一步表示,假货不是淘宝造成的,但淘宝注定要背负这种委屈、这种责任,淘宝只能认下它,解决它。这样的应对态度让消费者的情感天平进一步向淘宝倾斜。随后淘宝采取积极措施,以实际行动解决问题。淘宝不仅成立了300人的"打假特战营",还向全社会招募人才,加入淘宝的打假阵营来,积极配合政府部门进行打假行动,以实际行动兑现自己的承诺。这一品牌危机处理方式有理有节、十分紧凑,让人信服,得到了社会舆论的支持。事件的最终结果是,国家工商总局与淘宝握手言和,阿里巴巴将配合工商部门进行打假。由此,淘宝成功地化解了假货风波,挽救了一次品牌危机。

当然,对互联网企业来说,严守品牌质量关远比品牌危机公关重要,品牌只有发生危机才需要危机公关,但是坚守产品的品质才是企业在品牌管理过程中实现品牌长远发展的王道。

---

① 《淘宝回应工商总局:正式投诉网监司司长刘红亮》,新浪财经,2015 年 1 月 28 日,http://finance. sina. com. cn/chanjing/gsnews/20150128/145821418874. shtml。

四、小结

　　互联网企业的品牌建设是一项长期、复杂和系统的工程,企业文化在品牌建设过程中起着至关重要的作用,它渗透于品牌的创建、推广及管理等各个层面。企业文化是企业品牌的灵魂和支撑,两者相互渗透、相得益彰,优秀的企业品牌源于优秀的企业文化,优秀的企业文化成就优秀的企业品牌。互联网企业要打造优秀的品牌,需要从优秀的企业文化入手,让企业文化影响和渗透到品牌建设发展过程的始终,以文化的力量支撑起品牌的内涵,激发品牌的魅力,完善品牌的管理,成就品牌的价值。

第十一章 "互联网+"时代下,中国互联网企业的企业文化发展现状及问题分析

"互联网+"这一概念最早可以追溯到 2012 年 11 月易观国际董事长兼首席执行官于扬在易观第五届移动互联网博览会的发言。于扬认为,"互联网+"公式应该是我们所在行业的产品和服务,与我们未来看到的多屏全网跨平台用户场景结合之后产生的一种化学公式。在 2015 年 3 月的全国两会上,全国人大代表、腾讯 CEO 马化腾提交了题为《关于以"互联网+"为驱动,推进我国经济社会创新发展的建议》的议案,他表示,"互联网+"是指利用互联网的平台、信息通信技术把互联网和包括传统行业在内的各行各业结合起来,从而在新领域创造一种新生态。在 2015 年 3 月 5 日十二届全国人大三次会议上,李克强总理在政府工作报告中首次提出"互联网+"行动计划。李克强总理在政府工作报告中提出,制定"互联网+"行动计划,推动移动互联网、云计算、大数据、物联网等与现代制造业结合,促进电子商务、工业互联网和互联网金融健康发展,引导互联网企业拓展国际市场。2015 年 7 月,经李克强总理签批,国务院印发《关于积极推进"互联网+"行动的指导意见》,这是推动互联网由消费领域向生产领域拓展,加速提升产业发展水平,增强各行业创新能力,构筑经济社会发展新优势和新动能的重要举措。2015 年 12 月 16 日,在第二届世界互联网大会举行的"互联网+"论坛上,中国互联网发展基金会联合百度、阿里巴巴、腾讯共同发起倡议,成立"中国'互联网+'联盟"。可见,"互联网+"已经上升为国家发展战略,并且日益受到社会各界的重视和支持,在当前和今后将被广泛运用于社会经济生活的方方面面,成为经济社会创新发展的新引擎。

对于互联网企业来说,"互联网+"的战略升级和广泛推广,为企业带来

了新的机遇和挑战。"互联网＋"不仅仅是技术上的"＋"，也是思维、理念、模式上的"＋"，如何应对这些变化，做好这些转变，是互联网企业在"互联网＋"时代下面临的挑战。但是，正如中国互联网协会理事长、中国工程院院士邬贺铨所说的，在互联网时代，痛点就是起点，面对"互联网＋"所提出的挑战，互联网企业需要采取相应的措施，转变思想观念，以更好的状态迎接"互联网＋"所带来的挑战和环境的变化，这也赋予了互联网企业新的发展机遇。如果互联网企业能应对得当、转变自如，将迎来新的发展契机，开拓新的发展领域，构建新的发展格局。

一、"互联网＋"时代下，互联网企业面临的变革

在"互联网＋"的发展环境下，互联网企业也面临着种种冲击和转变。主要体现在：

一是互联网企业将从以服务为主走向与制造业等实体经济融合发展，通过创新实现产业结构的全面优化和升级。

二是互联网企业将实现定制化、智能化的服务创新。随着大数据、云计算、人工智能等互联网技术的发展与成熟，互联网企业具备了根据消费者的个性化需求而开发更加个性化、人性化、智能化产品和服务的能力，并且这种定制化、智能化产品或服务将成为企业新的盈利增长点。

三是互联网企业将助力农村经济互联网化。经过十余年的发展，我国出现了一批体量较大的互联网公司。在激烈的竞争下，越来越多的行业性乃至综合性较大规模的互联网公司开始将目光投向更具增长潜力的农村市场，由城市为中心向周边城镇乡村辐射，推动农村电商、互联网金融等行业的发展。

四是互联网企业将跨界融合构造新的平台系统。跨界并购一直是互联网企业迅速开拓市场、拓展业务领域的重要手段。越来越多的互联网企业和传统企业展开合作，互联网企业之间的跨界合作也更加常见，这种线上与线下、线上与线上的合作在迅速补齐互联网企业的业务短板、开拓市场及完善产业链条等方面发挥了重要作用。

五是互联网平台经济接近天花板，生态战略将成主流。综观全球市场，

平台经济初现疲软,整体发展接近天花板,而构建完善、强大的生态体系,已经成为各互联网企业的长远战略。无论是阿里巴巴、腾讯、百度、京东,还是苹果公司、亚马逊、脸书等国内外知名的互联网企业,都不遗余力地构建多元生态系统,以开放、包容的态度创造更具价值和影响力的企业生态体系,提升企业核心竞争力。同时企业通过采用多元化的经营业态,有效降低了风险,增强了企业的抗风险能力。

六是"'互联网+'金融"将产生更多新兴业态。金融作为国家经济发展的命脉,担负着为经济发展提供血液和资产活力的重任。在政府"互联网+"政策的鼓励下,互联网金融创业创新遍地开花。当前和今后,互联网金融改革将持续深化,传统和新兴金融行业将以创新为支点走向平衡。

七是中国或将引领世界再向前迈进一步。近年来,互联网创新浪潮席卷全球,中国、印度等新兴国家市场在国际市场上的影响力越来越大。在经济新常态下,中国活跃的创新氛围已经引起了世界的关注,在科技、零售、金融、投资、工业、制造业等领域的创新逐渐与国际接轨,在工业4.0来临之际,中国或将向引领世界未来的阶段再迈进一步。在这一机遇中,敏锐的中国企业将有一系列特殊战略机会。

可见,在"互联网+"的大战略背景下,互联网企业面临着一系列的挑战和转变,例如发展战略、服务理念、业务领域、经济地位等都面临着新情况、新变化,面对这一系列的挑战和变化,互联网企业更需要进行企业文化的创新与发展,以文化的力量来凝聚力量、引领发展,让互联网企业在"互联网+"时代创造新的奇迹,实现新的辉煌。

二、中国互联网企业的企业文化发展现状

在中国,互联网企业经过十多年的发展,日趋成熟,不仅出现了一批优秀的、发展得比较成熟的互联网公司,如阿里巴巴、百度、腾讯、京东、360、搜狐、网易、携程、唯品会等,还有一批起步时间虽然不长但是成长状态良好的互联网公司,像北京梦之城文化有限公司、北京摩拜科技有限公司、贝贝网、今日头条等,与此同时,在"大众创业、万众创新"及"互联网+"这个大的时代背景

下,不少新兴的互联网企业不断涌现,互联网行业整体呈现蓬勃发展的良好态势。像阿里巴巴、百度、腾讯等知名互联网公司经过十多年的探索,不仅找到了符合企业发展规律的商业模式,同时也在企业成长过程中摸索出符合自身发展的企业文化,让企业文化在企业成长过程中发挥了重要的促进作用。

总体来说,像阿里巴巴、百度、腾讯等老牌互联网企业在企业文化建设方面有着不少共同之处,主要表现在:

第一,对企业文化建设高度重视。例如,阿里巴巴一直是把企业的使命、愿景和价值观融入企业经营活动的方方面面。在招聘员工阶段,阿里就严格按照价值观标准来招聘新人,只有符合阿里巴巴价值观的人才能够成为阿里的员工。在成为阿里新员工之后,阿里会对其进行一系列关于企业使命、愿景、价值观等企业文化方面的培训,让企业文化深入每一位新员工的头脑和内心。在员工工作过程中,企业文化价值观的作为重要的考核评价体系,占员工绩效考核的50%,如果员工在工作中出现了违背了企业价值观行为,则会被清除出阿里巴巴。可见阿里巴巴对企业文化管理的执行力度之大,真真正正把企业文化融入企业经营管理中。也正是因为对企业文化的高度重视并一以贯之地执行,阿里巴巴才能够聚集具有共同价值观的优秀人才,形成一支高效统一、很有向心力和战斗力的团队,把实现阿里巴巴的愿景和使命作为个人的使命和责任,从而推动阿里巴巴成长为中国互联网企业的旗帜和标杆。

第二,坚持以人为本的文化理念。互联网企业有许多都是高新科技型企业,像百度、腾讯、360等。这些企业员工大都是高科技人才,同时他们也是一群年轻的群体,百度员工的平均年龄大约是26岁,腾讯、奇虎360员工的平均年龄是27岁。对于这样一群年轻的知识群体,这些互联网企业大都从员工的个性和需求出发,营造开放、平等、尊重、有利于个人成长的工作环境,从而为企业更好地留住人才,提升企业的核心竞争力。例如,奇虎360公司在人才理念上奉行"员工是公司最大资产"的价值理念。奇虎360公司总裁齐向东曾经表示,与传统公司不同,互联网的特点是一切事情由员工干。互联网公司没有房子、没有地、没有资源,有的就只是员工的脑袋和创造力,员工走了就什么都没了。如果核心员工被挖走,公司将遭受惨重损失,还有可能一蹶不振,走向衰落。所以,互联网公司必须和员工站在一起,员工就是最大资产。同时齐向东还谈道,360 的员工平均年龄在 27 岁左右,非常年轻。把这些优秀的年轻人聚集到公司,就必须要有东西吸引他们。360 这个大的平台,能帮员工成长这是一个大吸引力,第二个吸引力是优秀员工进入公司没有无后顾之忧。同样是高科技型公司的百度,在人才观上则可以用百度 CEO 李彦宏的 4 句话进行总结概括,那就是:"招最好的人,给最大的空间,看最后的结果,让优秀的人脱颖而出。"腾讯公司,作为一家创造出 QQ、微信这样对现代人生活产生重大影响的优秀产品的企业,在选人用人方面,则强调要赋予员工创新创造的环境和空间,鼓励员工通过技术改变生活,提高工作成就感。比如腾讯公司为了适应年轻人的节奏,对微信团队采用"相当自由"的上班制度——不打卡、不坐班,实行弹性工作制。可见,百度、腾讯、奇虎 360 等互联网企业,在企业文化上坚持以人为本的管理理念,不仅为企业招揽到了符合公司发展理念的优秀人才,同时有效地激发了员工的创造力、向心力和凝聚力,为企业的发展积累了丰厚的人才资源,有力提升了企业的核心竞争力。

第三,将互联网思维融入企业文化。依托互联网空间成长起来的互联网企业,必然有在企业文化中融入互联网思维的特性。例如"坚持用户至上、开放、共享、合作、共赢、创新"等,这是互联网企业必须具备的企业文化特质,这些企业文化特质让互联网企业能够更好地适应互联网市场发展环境,以及满足用户的个人需求,更有利于实现企业的长远发展。以京东践行"客户为先"的企业价值观为例:

在京东的企业文化核心价值观中有一条明确的规定:客户为先,即客户利益第一、为客户着想、为客户多做事。而在京东内部则流传着一句让员工铭心刻骨的话:在京东,客户是决定生死的事情。[1] 现如今,京东作为中国最大的自营式电商企业,推出的京东超市、京东生鲜、京东到家等品牌广受赞誉,相较于其他的电商平台,京东的售后服务十分快捷,物流追踪体系也十分完备,让顾客有简单、方便、快捷、放心的购物体验。京东深受好评的服务并非一日之功,它来自企业对"客户为先"理念近于偏执的坚持。比如京东是第一家在电子商务行业内做出"货到付款"举措的商家。这是对整个电商行业"先付款再发货"商业模式的冲击,但是对消费者来说则是一则好消息。它让

---

① 宋劲松、马魁泉、邢雷:《诚信与公平是你宝座的根基——解读京东文化》,搜狐网,2016 年 4 月 11 日,http://www.sohu.com/a/68574044_343325。

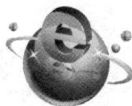

消费者拥有了更多网上购物的自主权和选择权，可以享受更放心的购物体验，同时对商家的诚信经营也是很大的考验。京东意识到，电商能让中国消费者真正体会到"顾客就是上帝"的感觉，可以感受"足不出户、货到付款、童叟无欺、物美价廉、无条件退换"等优质的购物体验，不仅获得了顾客的高度认可，也由此引发了整个电商行业服务方式的改变。

在京东快速发展的进程中，创始人刘强东几乎每年都在内部讲话中强调："任何决策都要遵循公司价值观，如果违反'客户为先'，那么这个决定无效，我们绝不能因为财务安全、信息安全的原因降低用户体验，我们坚决不允许以为公司省钱为由而降低服务品质。"①可见，京东对服务顾客的高标准和严要求。此外，京东意识到连锁店模式将巨大的成本全转嫁给了消费者，于是开始不断创新模式，降低整个供应链成本，减少社会浪费。同时，京东还向合作伙伴开放平台，通过信息系统的对接，降低供货商的库存周转率，使整个供应链效率提升了两倍。如今，相较于实体店，京东实实在在低价回馈消费者的优势更加明显。不仅如此，京东在给消费者带来低价产品的同时还让品牌厂商获取合理利润，帮助整个产业向更加健康的方向发展。

可见，京东用实际行动诠释了京东的"客户为先"的企业文化，通过感恩客户、服务客户、成就客户的方式来实践京东文化的核心价值观。"客户为先、持续为合作伙伴创造价值"是京东的生存逻辑，也体现了"用户至上、开放、共享、合作、共赢、创新"的互联网思维，这也为互联网企业的企业文化建设提供了很好的借鉴，让企业文化成为企业创新发展和可持续发展的精神引领和文化先导。

第四，用持续的创业激情作为企业重要的内生动力。互联网企业大多是通过创始人创业起家的，创业激情是互联网企业文化的重要部分，不仅存在于企业创立之初，还存在于企业成长过程的始终，是激励企业不断成长的动力。互联网的创业激情，体现在企业的愿景、使命和价值观中，并通过企业文化对企业员工进行灌输、培育，从而形成了互联网企业员工共同的文化特质。激情是人们对事物的强烈兴趣与热衷的表现，互联网企业创立之初可能只是源于一个理想或一个信念，只有保持对理想信念的激情和不懈努力，才有创

---

① 宋劲松、马魁泉、邢雷：《诚信与公平是你宝座的根基——解读京东文化》，搜狐网，2016 年 4 月 11 日，http://www.sohu.com/a/68574044_343325。

业成功的可能。在创业成功之后,还需要将这种激情持续下去,这是推动企业向前发展的不竭动力。不忘初心,方得始终,像阿里巴巴、京东、百度等一批发展良好的互联网公司,"激情"一直是企业文化的核心价值观。

阿里巴巴"六脉神剑"价值观中的第五脉是"激情:乐观向上、永不言弃",这样的精神特质在阿里巴巴创始人马云身上得到了充分体现。阿里巴巴的官方纪录片《马云和他的少年阿里》讲到一则小故事:

1999 年 2 月,连续 4 次创业失败的马云,与他的"罗汉"小伙伴们凑了 50 万元,在杭州的湖畔花园创办了阿里巴巴,马云希望能在 10 个月内拿到融资。尽管非常节省,但到了第 8 个月钱就花完了,他只好四处借钱发工资。根据阿里巴巴创始人之一、蚂蚁金服董事长兼 CEO 彭蕾的回忆,马云每次从外边回来,都会对大家说:"我又拒绝了一家 VC(风险投资)……"有一天他说自己已经拒绝了 37 家 VC。而后来谜底才揭晓,原来当年马云是被 37 家 VC 给拒绝了,因为没人相信他的话!

然而正是由于马云这种不忘初心、坚持梦想、永不言败的创业激情,让马云有机会实现了自己的梦想并获得了巨大成功。马云说,梦想总是要有的,万一实现了呢。这是对马云和阿里巴巴企业文化中"乐观向上、永不言弃"创业激情的最好阐释。

除了阿里巴巴把激情作为企业文化的重要特质,京东也在企业文化核心价值观中明确写道:"激情:积极、主动、勤快、向上。"百度则在企业的核心价值观中强调"永远保持创业激情"等。这些互联网企业的企业家和他们的创业团队正是凭借着这一股子创业激情,才让企业在面对重重困难的情况下,努力突围,冲出困境,成功创业,并让公司持续迸发出新的生机与活力,不断攀登新的事业高峰。

综观这些在企业文化建设方面做得比较出色的互联网企业,企业文化在提升企业核心竞争力,促进企业可持续发展及实现企业基业长青方面发挥了巨大作用。企业文化是企业的灵魂,它以独特的文化方式对员工的精神和行为产生了潜移默化的影响,实现了企业对人力资源的人性化管理,让企业员工在企业文化的引领下,更具向心力和凝聚力,增强责任感和使命感,从而为企业发展做出积极贡献。

中国互联网企业经过 10 多年的发展,一些优秀的互联网企业如阿里巴

巴、腾讯、百度、京东等等，在企业文化建设方面已经积累了一定的经验，企业文化也在企业的发展中发挥了巨大的促进作用。然而在"互联网＋"时代背景下，互联网企业在全球化市场竞争中还有很长的一段路要走。互联网企业文化建设依然还有许多有待完善和加强的地方，比如互联网企业发展迅速，企业文化如何克服滞后性，适应企业不断变化发展的需要；互联网企业人员流动率比较高，如何保持企业文化的延续性；有些互联网企业对企业文化的认知存在偏差，思想上不够重视，执行力度不够强；等等。这些都是互联网企业今后在文化建设方面需要重点加强的领域。互联网企业要想在世界经济舞台上大显身手，在企业文化建设方面依然任重道远。

三、中国互联网企业在企业文化建设方面存在的问题分析

第一，企业文化建设与企业发展步伐不匹配。互联网行业是一个发展变化都十分迅速的新兴行业，如果企业的产品或服务刚好符合市场需求或消费者需要，那么企业的业务量就有可能出现爆发式增长，企业规模会迅速扩大，员工数量也会快速增长。比如阿里巴巴从成立之初的 18 个人发展到今天的 5 万多名职工，职工数量随着企业规模的扩大而不断壮大。面对迅速增长的业务量和不断发展壮大的职工队伍，互联网企业会遇到一系列管理上的困难和难题。比如，随着业务量的不断膨胀，企业有可能忙于业务而疏于对员工进行文化价值观的培育；而随着员工数量的大幅增长，企业对员工培训不够彻底，企业的价值观和使命感有可能出现被稀释的情况，同时企业发展战略也会在企业发展的不同阶段而呈现出阶段性的变化，比如，淘宝网的价值与成立之初相比已经发生了很大的变化，以前淘宝是求着商家进来开店，现在则变成商家纷纷希望进驻淘宝。这些问题和现象的产生，是互联网企业发展进程中经常会遇到的情况。如何解决这些问题和看待这些现象，就需要互联网企业加强企业文化建设，建立开放型、适应型的企业文化体系，让企业文化满足和服务于企业不同发展阶段的战略需要；同时坚持对员工进行理想信念和价值观的灌输和培育，发挥企业文化的精神引领和行为规范作用，让员工

能够自觉自愿地在企业文化的引领下团结一致,以企业的发展愿景和使命为己任,充分发挥个人价值,实现企业长远发展。

第二,企业文化建设遭遇人才困境。互联网企业中最重要的资本就是人力资源,同时互联网行业是公认的员工流动率较高的行业之一。全球最大的职业社交网站 LinkedIn(领英)的职场报告显示,中国职场人士的跳槽频率显著高于美国,且已经成为常态,其中,互联网行业是员工流动性最大的行业。但是企业文化的培育需要时间,马云曾经不止一次强调,要成为一个真正的阿里人,至少需要三年的时间。因此,人员的高速流动,也是互联网企业文化建设中需要考虑的因素。建设什么样的企业文化才能更好地吸引人才、留住人才,让人才自觉地投身企业的发展事业,与企业共进退?这是许多互联网企业需要认真考虑的问题。毕竟,人才才是互联网企业生存发展的核心所在,只有拥有一支团结一致、稳定的人才队伍,才能够让企业形成较为稳定的发展模式,企业的战略规划才能够顺利实施。

第三,对"企业文化"存在认识偏差。企业文化作为一种无形的文化,是需要经过积累和沉淀的,它是企业在长期发展过程中形成的能够促进企业繁荣发展的精神财富。它绝不是纸上谈兵,也不是挂在墙上的空洞口号,它蕴含着推动企业发展的巨大能量。目前,依然有许多互联网企业缺乏对企业文化的正确认知,在思想上对企业文化建设不够重视,认为企业文化纯属理想或空谈,谈文化不如谈业务来得更实在。许多企业的企业文化流于形式或表象,过于随意和空泛化,缺乏企业自身的特色和个性,也缺乏组织建设的保障,因此,企业文化没有获得企业员工的认同,无法成为员工共同的价值观和行为习惯,企业缺乏一股向心力和凝聚力,成为影响企业发展的绊脚石。要想让企业文化成为推动企业发展进步的力量,互联网企业就必须加大企业文化的建设力度和执行力度,对企业员工加强企业文化的培育,让企业员工相信和认同企业的价值观,并形成集体意识和行为习惯。马云在谈到阿里巴巴企业文化的建设经验时强调:我说的话未必是对的,但绝对是自己相信的,如果连自己都不相信,就根本无法说服别人相信。一个企业要有长远的规划,要有使命感,这样员工的心态才能不一样。文化是一定要训练和考核的,不训练不考核是没有用的。企业如宗教,企业的价值观如同宗教信条,信则进,进则必须信,不信则换。可见,互联网企业在企业文化建设中,要正确认识企

业文化的重要性，并把企业文化渗透企业管理和运营的方方面面，才能真正发挥企业文化的作用，让公司成员上下一心，在共同的价值观的引领下，形成强大合力，推动公司向前发展。互联网企业要想走好、走得长远，就要充分认识企业文化的巨大能量，使用好、发挥好企业文化的作用。一个有着良好企业文化的企业是有着无限力量的企业。

第四，忽视诚信文化建设。诚信是中华民族传统的美德和价值理念，自古以来，我国就有诚实守信的优良传统，古人把诚信作为修身、齐家、治国、平天下的根本。诚实守信也是我国长期以来企业经营的传统美德。我国历史上著名的晋商、浙商、徽商等，之所以能够把事业做得风生水起，甚至名满天下，恪守诚信的经营之道是他们取得成功的重要因素。诚信不仅是传统美德，更是市场经济的基础。诚信缺失，不仅仅损害当事人的利益，更是对正常的市场经济和市场秩序的扰乱，是阻碍市场经济发展的绊脚石。互联网虚拟空间的特性，让网络商业欺诈行为时有发生，层出不穷，特别是电商售假的行为，严重损害了消费者的利益，也为互联网企业的长远发展埋下了隐患。这也是我国互联网企业在企业文化建设过程中亟待解决的问题。

在网络安全和信息化工作座谈会上，习近平总书记强调，要增强互联网企业的使命感、责任感，共同促进互联网持续、健康发展，互联网企业要坚持经济效益和社会效益并重。一个企业既有经济责任又有道德责任，企业做得越大，社会的责任、道德的责任就越大，公众对企业在这方面的要求就越高。可见，互联网企业需要把诚信文化作为企业文化建设的重点领域，这是互联企业应该履行的道德责任和经济责任，是互联网企业实现经济效益和社会效益统一的基础。互联网企业要加强诚信文化建设，通过文化的力量来培育企业的诚信价值观，让企业员工深刻地认识到诚信的重要性，从思想和行为上做到守诚信、讲诚信，当好企业的诚信代言人。让讲诚信成为企业员工的思想意识和行为自觉，为企业赢得好口碑和消费者的信任，这是实现企业长远发展的根基。

第五，亟待建构一套能充分传递企业家精神的企业文化体制。互联网企业一般都是由个人或者创始人与其他合伙人一同创立的，因而，许多互联网在企业文化上带有鲜明的创始人的精神和文化特质。例如，阿里巴巴的企业文化具有鲜明的马云色彩，京东的企业文化具有刘强东个人的精神特质，腾讯企业文化具有马化腾的文化 DNA。此外,百度、新浪、搜狐等无一例外都具有企业创始人个人的文化特质。这一批成长起来的互联网企业家具备的奉献精神、创新精神、一往无前的执行力和模范带头的精神,对企业的成长和发展都起到了良好的促进作用。尤其是在创业初期,在人员较少的情况下,企业家可以充分发挥口才,说服合伙人相信企业未来发展的美好蓝图,说服企业员工自觉自愿地留在企业,一起为企业发展的愿景和使命一起奋斗。但是随着企业的发展和壮大,企业规模越来越大,员工数量越来越多,企业家一个人的说服力就不够了,就需要建构起企业文化体系,通过企业文化传递机制,进行有效的传播和扩散,把企业家所倡导的精神和价值观通过有效的方式传递给企业每一员工,形成企业员工共同的价值观和行为自觉,并最终转化为企业的核心资源和竞争力。这是目前我们许多互联网企业在企业文化建设中需要着重加强的领域。

第六,缺乏明确的企业愿景、使命和长远的战略规划。任何企业走向成功的秘诀之一就是让企业的发展愿景和使命成为企业生存和发展的内生动力,推动企业往前走。像谷歌、脸书、阿里巴巴、腾讯、百度、京东等互联网企业,明确的企业发展愿景、使命及长远的战略规划是推动他们走向成功的重要动力。阿里巴巴集团董事局主席马云认为,企业文化的精神内核是一种使命感。一群人因为有了共同的目标或者说使命感而组织起来,从而产生了比分散的个人更为强大的力量。因此,使命感对于一个组织来说是不可或缺的。尤其是当一个公司成为行业的先驱或领军者时,因为没有可以模仿的对象,企业如何往前走,这个业务做与不做,全靠使命感来驱动和抉择。每一个企业都要找到自己的使命,根据这个使命才有你的行动准则和方向,你才知道去哪里。可见,企业的愿景、使命及长远的发展目标,是决定企业如何生存发展的重要原动力。

目前,有相当一部分中国互联网企业,经营的首要目标就是让企业在最短的时间赢得最大的利润,这种急功近利的心态很容易造成一种极为浮躁的氛围,以至于没有规划企业在实现了盈利目标后该如何进行后续的发展。这样缺乏使命感和长远规划的企业,很难实现后续发展,即使企业在短期内得到了利润,赚到了钱。由于缺乏企业的使命感和长远战略规划,它就缺乏一种凝聚力和向心力,难以形成企业上下一心、共同创事业谋发展的良好氛围。

特别是在企业遭遇生死攸关、重大利益抉择面前，更会凸显缺乏使命感和长远战略规划对企业发展的不利影响，造成企业在互联网创业浪潮中只能是昙花一现、短暂生存。

四、小结

中国的互联网企业在 10 多年的发展进程中，在企业文化建设方面已经积累了一些经验，像阿里巴巴、百度、腾讯、京东等这些优秀的互联网企业已经形成了一套独具特色的企业文化，值得学习和借鉴。同时，在"互联网+"的新时代背景下，互联网企业面临着更多的机遇和挑战，互联网新行业、新业态不断涌现。如何面对企业在新的时代背景下的新问题、新挑战，如何用文化的力量促使互联网企业实现企业内外的协调发展，不断创造新的经济奇迹，这也是互联网企业文化建设中需要研究解决的重要课题。

第十二章 优秀互联网企业的企业文化分析与借鉴

当今世界,成功的企业都已认识到企业文化的重要性及其不可估量的巨大作用。像谷歌、脸书、阿里巴巴、腾讯等这些世界知名的互联网企业,独具特色的企业文化是他们迈向成功的重要基石。在全球十大互联网企业排名中,谷歌、脸书、阿里巴巴处于前五位的阵营中,可以说这三家知名互联网企业别具一格的企业文化是他们取得成功的关键因素。他们在企业文化建设方面的成功经验,值得学习和借鉴。

一、谷歌:一家因为"不作恶"而获得成功的企业

谷歌是一家美国上市公司,于 1998 年在斯坦福大学毕业生拉里·佩奇和赛吉·布林手中诞生。不久之后,谷歌就成为全球搜索领域的领头羊,其市值远超同领域的雅虎、美国在线、亚马逊等。如今谷歌覆盖全球 250 多个国家地区,每天有超过 2 亿的搜索请求,年度利润在 40 亿美元以上。在全球知名品牌价值评估机构 Brand Finance 发布的"2017 年度全球 500 强品牌榜"中,谷歌品牌价值达到 1094.7 亿美元,超越苹果公司,位列榜首。谷歌拥有这样的发展成就,在于其建立了一套符合企业性质、发展方向,以开放创新包容为特征的企业文化体系,这个文化体系的核心价值观就是谷歌自己提出的口号"不作恶",这个独树一帜的核心价值观不仅成为谷歌的独特标志,更成为实现谷歌今天发展成就的重要力量。

谷歌"不作恶"的价值观主要体现在对企业员工的待遇上。打造温馨舒

适的工作环境让员工感受到企业开放、自由、包容的文化氛围,提升员工对企业的认同感和忠诚度,这在很大程度上激发了员工的积极性、主动性和创造性,有力提升了企业的核心竞争力。"不作恶"的价值观还体现在对用户的态度上。谷歌营造创新的工作氛围,激发员工的创造力,打造出超乎用户想象的创新产品,让用户享受到超乎预期的完美体验,提高用户对产品和服务的满意度和忠诚度。"不作恶"还体现在企业的经营战略中。谷歌通过技术创新,探索有利于人类发展的新产品和新服务,获取更大的社会价值,也获得更多的经济效益,实现企业社会效益和经济效益的双赢。

(一)用心打造开放自由的工作环境

许多人到谷歌公司,都被其优越的工作环境所震撼。巨大的工位,宽大的休息室,完备的游乐场、健身房、瑜伽室、篮球场和排球场。在谷歌,员工不仅可以带着狗上班,还可以随时预约按摩。在谷歌,一百英尺之内必有食物,这已经成为谷歌的一条规矩。位于美国加利福尼亚州 Mountain View 的谷歌总部,24 小时向所有员工提供各式各样的美食,他们甚至专门在全球搜索优秀厨师长来改善员工的饮食。不仅如此,谷歌还提供儿童日间托儿服务、医疗服务、衣服干洗服务等。这在很大程度上解决了许多员工的后顾之忧,把他们从烦琐的生活琐事中解脱出来,可以把更多的时间和精力投入工作中。这就让谷歌这样以员工的创新和创意为核心竞争力的科技创新型公司,在很大程度上提升了企业的核心竞争力。

谷歌在办公环境的打造上,充分体现了公司自由开放的文化特性。公司会发给每位新来的员工 100 美元,让他们按个人喜好来装饰自己的空间。整个办公空间采用了不同的色彩搭配,明亮鲜活,让员工拥有一个温暖明亮的工作环境,这对员工创造力的激发有很大的帮助。许多谷歌的员工认为在公司里就像在家一样,感到很舒适、自由,以至于有很多员工在周末的时候更愿意在公司里面进行义务加班。在谷歌流传着这样一个故事:一位刚加入 Google 的新员工,由于尚未租到房子,就在公司生活了一个月。一日三餐自然不用愁,到处都是可以睡觉的舒服的沙发,洗澡可以在洗手间完成,锻炼身体可以去健身房,兴致好的话,还可以在钢琴室里活动活动手腕,比在自己家里还舒适方便。所以这位新员工居然做到了一个月足不出公司。在谷歌,员工可以选择在自己的"时区"里工作,或者清晨 5 点就开始忙碌,或者整晚不睡而白天休息。这样的弹性工作制更符合时下年轻人的生活作息规律,毕竟好的创意不是说来就来,朝九晚五的作息制度不一定适合谷歌这样的公司。许多谷歌员工即使是全天候待在公司里,也依然感到很快乐。就像一位谷歌员工说的:"我想到这个公司有按摩室和瑜伽房,有开心果、甜麦片、杏仁、木糖醇口香糖等十数种零食,就会觉得工作还是很快乐的。"①

可见,用心营造带有公司鲜明人文色彩的工作环境意义深远,它对员工的影响是潜移默化的。企业在用心为员工打造温馨舒适的工作环境,为员工提供工作的种种便利条件的同时,得到的回报也是丰厚的。员工在企业用心营造的工作环境中,逐渐培养起对企业文化的认同感、归属感和自豪感,自觉自愿为企业工作,以为企业创造价值作为实现个人价值的重要标准。这就使企业拥有了一批对企业具有高度认同感和忠诚度的员工,对于企业提升核心竞争力,实现长远发展具有重要意义。

(二)积极营造鼓励创新的文化氛围

谷歌是一个从创立之初就拥有创新基因的互联网公司。经过 10 余年的发展,它已经从由斯坦福大学的两位博士生创立的小公司成长为今天全球数一数二的互联网企业。谷歌公司之所以能够这样拥有今天的发展速度和规模,不断鼓励创新的企业文化是其持续发展的动力来源。

谷歌人事高级副总裁拉斯泽罗-鲍克表示,谷歌一直以来都是通过鼓励员工的方式激发创新,让他们充分发挥自己的想象力,来创造良好的公司创新氛围。谷歌创始人拉里和谢尔盖认为只有做自己喜欢做的工作,一个人才能对工作充满激情,工作效率才能提高;如果被动地执行上司布置的工作,就很难发挥个人最大的潜力。这是谷歌的核心创新宗旨。为此,谷歌摒除传统意义上的自上而下的管理制度,给予员工很大的自由发挥空间。他们可以在工作时间做自己认为应该做的事,没有时间限制,也无须征求上司意见。这种

工作模式对很多公司来说是一个大胆的挑战，但谷歌的成功恰恰归功于这种与众不同的管理模式。它在很大程度上给予员工自由发挥和想象的空间，使员工的工作激情得到了更大程度的激发，创造出了更多有价值的产品。例如，为了鼓励创新，谷歌员工可以利用 20％ 的工作时间做自己工作以外的事情。也就是一个星期有一天或是每五个星期有一个星期可以在上班时间尝试不同的事情，他们的上司也不会过问。这种管理方式上的创新，创造了谷歌公司许多创新性的产品，如谷歌新闻（Google News）和谷歌电邮（Gmail）等，就是在这 20％ 的时间里开发出来的。

此外，谷歌一直积极营造鼓励员工创新的文化氛围，采用各种措施和方法激发和调动员工的创新积极性。一是积极搭建员工互动平台。例如，通过开展一项名为"Google Cafes"的活动，鼓励员工在团队内部或跨部门之间展开互动，并在工作和休闲过程中进行沟通。二是畅通上下级之间的沟通渠道。例如，企业内任何员工都可以直接向公司任何一个领导人发送电子邮件；谷歌每周会召开公司全体大会，在这一会议上，公司员工可以直接向公司的最高领导层提出任何跟公司有关的问题。三是鼓励员工在平时多出想法、多出创意。例如，任何人都可以提出技术创新的问题和想法，谷歌工程师为此设计出一款创新管理工具 Google Moderator。这款管理工具背后的设计想法很简单，即每当要展开技术讨论或召开公司全体会议时，任何人都可以发问，然后由其他人投票选择自己希望回答的问题。借助这一工具，谷歌员工可以对现有想法、问题、建议进行投票，并可以知悉投票结果。根据这一结果，公司可以根据主题、事件或会议寻找新的创意。事实上，Google Moderator 项目本身就是谷歌知名的"20％项目"中的一部分，谷歌由此挖掘出了更多有潜力的员工，为公司寻找到更多有价值的创意。四是目标调动机制。例如，谷歌有一个 24 小时的冲刺项目，规定在此期间，谷歌员工需要放下一切手头的工作，并集中精力解决某一特定问题。五是设立"内部创新评估"机制。"内部创新评估"代表着即在一系列正式的会议上，各部门的管理人员会将其所在部门的创意、想法提交给公司最高管理者审核。六是调研机制。公司管理者会定期对员工展开调研以充分了解他们对管理者的看法，并公开表扬最出色的管理人员，甚至将他们作为下一年的典范或者导师。同时，表现不佳的管理者则会被要求接受严格培训。谷歌表示，通过这一方式，大约有 75％

的管理者可以在一个季度内有所提高。正是通过这些激发员工创造性和积极性的措施和方法,谷歌培育出一大批极具创意、富有激情的员工,并为该公司创新能力的提升做出了重要贡献。

(三)认真践行"不作恶"核心文化理念

谷歌在发展之初就致力于做"完美的搜索引擎",把"不作恶(Do not be evil)"作为企业文化的核心价值观,而关于谷歌的发展愿景,在拉里·佩奇和谢尔盖·布卢姆两位创始人的讲话中,可以看到他们对谷歌发展前景的描述:谷歌的存在会让世界变得更加美好,人们随时都能通过谷歌得到解决方案。正是在这样的企业文化的指引下,谷歌在产品和服务的开发打造上奉行用户至上的理念,希望通过精益求精的创新产品带给人们满足和惊喜。谷歌追求的"完美"是在搜索领域,让用户在谷歌搜索中感受到最先进的搜索技术和拥有最完美的搜索体验。因此,谷歌通过各种各样的技术创新,给用户带来超乎预期的体验,让用户不断感受各种惊喜。而用户也用实际行动回馈谷歌,全球用户每天都有过亿次的访问量,使用者满意度高达97%。

正是本着"不作恶"的核心价值观,谷歌坚持的发展理念是让人们从自己提供的产品和服务中获益,因此,谷歌在选择合作伙伴时采用"严谨至上"的合作模式。谷歌遵循宁可让公司遭受经济损失,也绝不损害用户利益的原则。因此,谷歌在搜索点击排名模式中体现广告客户意志的同时,把更多的权利赋予网民和用户。谷歌把由公众的需求和喜好程度决定的点击率作为搜索排名的结果,谷歌搜索结果和广告是分开的,左侧搜索结果仍按访问量、用户喜爱度、外部链接等专业标准来排名,广告效果只体现在页面右侧一栏。

本着"不作恶"的核心价值观,谷歌坚持从技术创新出发,为自己寻求新的经济增长点,通过技术创新、组织创新、思想观念创新等手段,在为用户提供更好服务的同时,也实现企业价值和财富的增长。例如,谷歌近年来开始了一系列新领域的尝试:

一是改组 Alphabet(阿尔法特)公司。谷歌在 2015 年股价上升了将近50%,股价的急速上升源于广告收入的增加及人员管理开支的减少。同时,谷歌也意识到企业的广告收入正在逐渐逼近天花板,相较于在谷歌之后崛起、发展势头良好的社交应用类公司如脸书公司、Instagram 公司等已经威胁到谷歌的广告收入收益。因此,2015 年谷歌做的最大改变就是把公司改组为 Alphabet 公司。Google 成了它的一个子公司,同时也是企业最大的品牌之一。

二是对生命科学的探索。例如,Verily 是 Google 生命科学事业部的新名字,它在独立之后放弃了 Google 的前缀,变成了 Alphabet 集团下的公司。此前该公司经营的项目包括:能检测糖尿病指标的智能隐形眼镜、供给帕金逊患者使用的智能勺子,以及为了建立健康人体的图谱,从人群中抽取遗传和分子信息的 Baseline Study 研究、健康检测手环,等等。2016 年 7 月,Verily 和美国心脏协会一起宣布投入 5000 万美元解决困扰人类多年的心血管疾病;同年 8 月,又和法国医药巨头 Sanofi 合作,研究治疗糖尿病的新方法;同年 12 月,宣布和强生公司合作成立一家名为 Verb Surgical 的新公司,致力于研究更加智能和廉价的手术机器人。此外,专注于生命健康的公司 Calico 也在 Alphabet 成立后正式成为其旗下的子公司,主要从事研究衰老的原因及和年龄有关的疾病等生命科学领域的研究。

三是致力于人工智能的开发。人工智能一直被谷歌视为科技行业的下一块高地。在 2015 年,谷歌将人工智能渗透到其产品的方方面面。2 月,谷歌 DeepMind 的机器算法学会了 49 款雅达利经典游戏。DeepMind 是一家谷歌在 2014 年收购的人工智能公司,现在该小组是 Alphabet 旗下的一部分。5 月,谷歌在 2015 年网络开发者年会(Google I/O 2015)上公布了与安卓 4.1 系统同时推出的一款应用 Google Now 的新特性"Now on Tap",它可以让安卓操作系统的人工助手明白屏幕上发生了什么事,并采取相关行动。6 月,谷歌人工智能摄像头即时翻译拓展到 27 种语言。8 月,谷歌宣布在谷歌搜索(Google Search)中开发一个为用户提供目标地点人流情况的功能。用户只要在谷歌的搜索框中输入目标地点,谷歌提供的结果中就包含这一地点未来一周内每天的人流分布情况。据此,用户可以免去排队、等位的烦恼。11 月,Google Inbox 邮件客户端也上线了一个新功能:自动回复邮件。根据每封邮件的具体内容,它能显示 3 个回复的短句供用户选择。12 月,谷歌宣布开源第二代深度学习系统 TensorFlow,任何人都可以使用。

四是进行虚拟现实 VR 的尝试。谷歌在虚拟现实最出名的尝试是 2014

年推出的 Cardboard(3D 纸板眼镜)，如今它已经卖出超过 100 万只了，安卓版的 Cardboard 应用也已经达到了 1500 万次的下载量。许多公司也选择 Google Cardboard 作为营销工具，像迪士尼就和谷歌合作推出了 VR 版《星球大战》预告片，《纽约时报》为报纸订户送出的 100 万个 Cardboard，等等。不仅如此，谷歌未来还将在 VR 的研发上投入更多资源。

五是探索自动驾驶汽车领域。无人车已经在谷歌实验室里测试了很多年。2016 年 12 月，谷歌母公司 Alphabet 宣布旗下的谷歌无人驾驶汽车项目成立为一家名叫 Waymo 的公司，正尝试率先实现 L4 级(高度自动驾驶)的车辆上路。这意味着汽车能在预先设定的区域内实现完全自动驾驶，这些区域都经过了细致的地图绘制与测试。Waymo 公司的 CEO 约翰·克拉富西克在葡萄牙里斯本举办的全球网络峰会上，宣布了这一里程碑事件，他们表示，已经让自动驾驶汽车在美国凤凰城的部分地区自由行驶，而且不局限于一条或两条路线，方向盘后也完全没有坐着驾驶员以应对突发状况，从而展现出对"真正无人"条件下自动驾驶技术的信心。对此，克拉富西克表示，这并不是一次性演示，而是拉开了谷歌在自动驾驶技术上的新篇章。他们在凤凰城进行一系列公开路试，初期车辆会在 100 平方英里的范围内行驶，随后逐步扩大范围并增加车辆。该公司还向公众发出邀请，市民可以用软件召唤这些自动驾驶汽车，参与测试，在上下班、接送孩子等日常交通需求中进行体验。① 由此可见，谷歌致力于通过技术创新为人类带来更加便捷舒适生活的企业初心和使命。

通过谷歌对这些新领域的开发与尝试，我们感受到了谷歌对"不作恶"，或者可以说"造福人类社会"的企业核心价值理念的贯彻和执行。正是在这样的核心价值观的指引下，谷歌一直努力奋斗，从而推动着企业不断地向前发展和壮大。

---

① 张梦然：《谷歌"真正无人"自动驾驶汽车上路》，《科技日报》2017 年 11 月 10 日，第 2 版。

二、脸书公司(Facebook)：以"黑客(Hacker)精神" 引领企业成长

脸书(Facebook)是美国的一个社交网络服务网站，最初是由哈佛大学学生马克·扎克伯格于2004年2月创立。脸书公司创办之初，主要是作为聊天软件服务于哈佛大学的学生，后来随着脸书的影响力不断扩大，注册用户的范围越来越广，有70％的用户来自美国以外的地区，网站提供超过70种不同的语言。越来越多的用户使用脸书作为最主要的通信工具，平均每个用户一个月大概花费83小时在脸书上。在2015年8月28日，脸书单日用户数突破10亿人。在2017年2月，Brand Finance发布2017年度全球500强品牌榜单，脸书排名第九。目前，脸书是世界最大的社交网站，位列全球十大互联网公司的第二位。

脸书公司的成功蕴含着众多因素，而独特的企业文化是其中重要的一项。在美国硅谷，脸书是与谷歌、微软齐名的高科技公司，企业的性质、发展特点及创始人马克·扎克伯格个人风格等等，都赋予了脸书公司与众不同的企业文化特性，比如黑客精神、非正式化制度、开放透明的管理文化，等等，这些脸书公司独有的文化DNA，不仅让它显得与众不同，更是推动企业不断成长壮大的重要力量。

（一）脸书公司确立的愿景和使命赋予企业更大的视野与格局

脸书公司的创始人马克·扎克伯格在谈到创建公司的目的时，多次强调最初创立脸书并非想让它成为一家公司，而是为了践行一种社会使命，是为了让世界更加开放，联系更加紧密。2012年，脸书公司正式启动首次公开招股(IPO)，与此同时，扎克伯格发布了一封信，在信中他强调了脸书的发展愿景和使命：

我们希望加强人们之间的相互联系。尽管我们的使命听起来很远大，但它的起点很小：从两个人之间的关系开始。个人关系是整个社会的根本要素。关系就在于我们发现新理念、理解世界，最终实现持久幸福。

我们希望改进人们与企业和经济实体的联系。我们认为，更加开放和连接的世界有助于创造更强大的经济体，拥有更多可依赖的企业，可以开发出更优秀的产品和服务。我们已经发现，"为社交而设计"的产品比传统产品更具互动性，我们希望看到世界上更多的产品进入这个发展方向。

我们希望改变人们与其政府和社会机构的关系。我们坚信，帮助人们共享的工具可以实现与政府进行更加诚实和透明的对话，并直接授权于人民，使政府官员更加可信，对当前最严重的问题提出更好的解决方法。

最后，随着更多高质量、个性化产品的出现，我们预计以社交为初衷进行设计，以解决就业、教育、医疗等世界性问题的新服务也将出现。我们期待着能够推动这一进程。简单来说，我们开发服务不是为了赚钱，但我们赚钱是为了开发更好的服务。[①]

可见，脸书公司的创始人扎克伯格在企业创立之初就赋予了它担负改变世界，让世界因沟通而变得更美好的崇高使命，这个使命是驱使脸书不断成长、壮大的重要动力。随着脸书的成长和壮大，企业的发展愿景和使命感也变得更加具体和清晰，具体关注到人与人的联系、人与社会经济的联系、人与国家权利的联系等等，通过脸书开发的产品和服务，让世界变得更美好。

我们说，心有多大，舞台就有多大；梦想有多大，世界就有多大。脸书公司希望让自己的产品和服务造福人类社会、推动历史发展的愿景和使命，为企业催生出了巨大的服务市场和成长舞台，正如扎克伯格自己说的："我认为，那些信仰超越利润最大化局限的公司才能获得越来越多人的青睐。通过专注于使命和开发优质服务，我们坚信，从长远来看，我们可以为股东和合作

---

① 《扎克伯格信件：Facebook 拥有五大核心价值观》，腾讯科技，2012 年 2 月 2 日，http://tech. qq. com/a/20120202/000228. htm。

伙伴创造出最大价值,而这又会促使我们不断吸引优秀人才,开发更加优质的服务。我们每天早上醒来想到的第一个目的不是赚钱,我们知道实现使命的最佳方式是建立一家强大、有价值的公司。"①因此,致力于造福社会和他人、具有崇高感的企业发展愿景和使命,是促使脸书公司实现基业长青、可持续发展的重要基础。

(二)脸书公司对黑客精神的另类解读与运用

"黑客"一词长期以来都带有贬义。直到谷歌的免费网络邮件服务 Gmail 的创始人 Paul Buchheit 在博客上发表了一篇关于"黑客"的文章,文中把"黑客"阐释为"应用哲学",即一种能够快速打破规则,实现新目标的实用哲学。Paul Buchheit 强调,黑客是一种超越条框让伟大事物更快发生的能力。在他的解读下,黑客成为先进生产力的代名词,也阐述了科技革新推动社会效率提升的本质。脸书公司迅速捕捉到这一概念的最新解读,并把黑客精神作为企业的核心文化加以培育,不断强化黑客精神在创造生产力方面所发挥的作用,将黑客精神渗透进企业的日常运营和管理的方方面面,并最终独树一帜地把"黑客"演化成企业的文化标签。

脸书公司的创始人扎克伯格本人就是"黑客"文化的积极倡导者和坚定执行者。扎克伯格坚信,"黑客"代表的是一种不断改进和创新的态度。他谈道:"事实上,"黑"的意思仅仅是迅速开发或测试能力范围。与其他词一样,这个词既可用作褒义,也可以用作贬义,但我所见过的大多数黑客都是务实的人,他们想要对世界产生影响。

"黑客方式就是一种以不断改进和反复为基础的发展方式。黑客们认为,事物可以不断改进,没有什么事情是终结的。他们只是为了实现这一点,而且经常是当着那些声称不可能或满足于现状的人们的面做。

"黑客们找到正确道路的方法是迅速落实,然后从小规模中反复学习,不是把一切同时推出,而是以长远的眼光努力打造最好的服务。

"黑客天生具有亲自动手和积极活跃的特点。他们不会花几天时间来讨

---

① 《扎克伯格信件:Facebook 拥有五大核心价值观》,腾讯科技,2012 年 2 月 2 日,http://tech.qq.com/a/20120202/000228.htm。

论一个新想法是否可行，或者哪个是最好的方法，他们会推出原型产品进行测试，看它是否有效。"①

可见，扎克伯格对黑客精神十分肯定和欣赏，他甚至在写给投资者的信件中称，在将来的企业管理过程中，他奉行的是"黑客方式"而非利润。为此，脸书公司的总部在2012年搬到旧金山的门罗帕克后，就把此地命名为黑客路1号（1 Hacker Way），把通往总部的大道命名为"黑客大道"，把总部园区中心广场命名为"黑客广场"，在著名的"黑客街"上迎风飘扬着海盗旗。在脸书公司的办公室中，人们随处可以听到黑客们的口头禅，比如"代码胜过雄辩""行动胜于完美"等等，用来鼓励员工以黑客精神寻找新创意或开发新产品。为了鼓励员工把黑客精神运用到工作中，公司每隔几个月就会举行一次"黑客马拉松"（hackathon），让人们依照他们的新创意开发产品模型。最后，整个团队会一同分析和研究开发出来的产品。事实上，脸书公司最为成功的一些产品确实是出自这种形式的比赛，例如时间线、聊天、视频、移动开发架构等脸书最为重要的基础架构。

脸书公司不仅在日常运营和管理中鼓励员工发挥"黑客"精神，也以"黑客"的标准招聘员工，寻求认同"黑客"文化的人才。随着脸书公司的发展壮大，公司需要源源不断地招聘工程师。因此，脸书公司需要的人才不仅需要精通程序设计，还要接受公司所尊崇的黑客精神。对此，脸书公司的技术总监乔斯林·戈德费恩表示，相对于斯坦福大学排第30名的学生，我们宁愿选择德克萨斯大学或中佛罗里达大学的头名毕业生。对于招聘人员无法前往的大学，公司会先设计出编程难题，让有意应聘的学生尝试给出解决的方案，公司再做出选择和决定。可见，具备真才实学任何时候都是最重要的，就像我们常说的："打铁还需自身硬。"对于有幸通过脸书公司首轮筛选的学生来说，他们接下来还需要做好充分的准备，以便展现自己的黑客才能。比如说，脸书公司第一次面试就会涉及编码程序。脸书公司表示，编码测试会让应聘者的实际能力展露无遗，是一个效果立竿见影的测验。如果应聘者能通过首轮的编码测试，就会受邀到脸书公司，参加四轮紧凑的结构化面试。其中的两场面试是纯粹的编程测试。另外两次面试则主要是针对应聘者的实际能

---

① 《扎克伯格信件：Facebook 拥有五大核心价值观》，腾讯科技，2012 年 2 月 2 日，http://tech.qq.com/a/20120202/000228.htm。

力,即解决棘手问题的能力和处理技术问题的能力等。公司的面试官将至少利用其中的一次面试,从行为学的角度判断应聘者解决、分析问题和寻求帮助的能力。应聘者如果被淘汰,很大一部分原因是他们的技术水平不过关。除了单独招聘具有黑客精神的人才之外,脸书公司也会关注有黑客精神的初创公司。这些公司有着脸书公司需要的工程师资源,这种人才收购在脸书公司已经形成制度化和常态化。扎克伯格认为,要发掘热衷黑客精神的企业家型人才,这种招聘方法绝对物超所值。事实上,在扎克伯格五位负责关键产品领域的直接下属中,有两位便是来自被收购的企业,即前谷歌员工、社交聚合网站 FriendFeed 联合创始人布莱特·泰勒,以及美国共享文件网站 Drop.io 的创始人萨姆·列森。

可见,脸书公司通过这种方式招聘人才,不仅符合企业特性和发展需要,能够更快更好地发挥出人才价值,而且有利于企业打造一支具有共同价值观的优秀团队,进一步增强企业的凝聚力和向心力,让企业员工能够更加紧密地团结在一起,为企业的发展目标共同努力。这是推动脸书公司发展壮大的重要力量。

(三)以非正式化制度实现管理创新

谈到脸书的企业文化,扎克伯格曾经表示,非正式化制度是公司的特点之一。他认为,工程师是企业的核心资源,因此他在实行企业过程管理中,倡导以员工为中心的管理文化,为员工提供良好的工作环境,鼓励无拘无束的交流方式,在工作中充分尊重员工的想法和意见,并在充分信任的基础上授权员工进行实践。

打造舒适便捷的办公环境。脸书公司总部位于美国加州门罗帕克,在这个综合办公区里,有蛋糕店、烧烤店、木制品店、打印社、自助餐厅和小餐馆等。对于脸书公司的员工来说,这里的所有服务要么是免费的,要么是由公司提供补助的。办公区设有打印社和木制品店,为的是丰富员工的线下生活;办公区设有银行且免费提供食品,为的是让员工不出园区就可以享受方便周到的生活服务。

脸书公司努力为员工打造舒适便捷的办公环境,让员工在工作中投入更多的精力,更专注于工作,以此提高员工的工作满意度和工作积极性,从而开发出更多方便用户使用的产品。

采用知人善任的管理方式。脸书公司招聘的员工大都具备三个特征,一是具有高智商。这类人分成两种,一种是精通某一领域,并且在这个领域干得很好,对公司很有帮助。另一种是聪明过人,虽然缺乏工作经验,但是接受和学习新事物的速度很快,能在短时间里做很多事,而经验丰富的人往往做不了这些事。脸书公司在招聘时往往更倾向于第二种人。二是对彼此的事业观有认同感。这就是脸书公司所强调的,认为一个人无论多聪明还是多富有工作效率,如果缺少对企业文化的认同感,就不会真正努力工作,这类人对公司的长远发展是不利的。因此,企业需要招聘能够认同企业价值观的人,因为"三观不合"的人不仅很难在一起共事,更谈不上在工作上相互认同和配合,企业的协同作用也就很难得到发挥。三是年轻化趋势明显。脸书公司是一个高新科技型企业,在这个企业里,员工的平均年龄在 29 岁左右。针对这个年轻的群体,脸书公司精心制订了员工管理方法。公司强调,对这群年轻的知识群体进行行业绩评估时,特长和优势占 80%。同时公司还注重培养员工的主人翁精神,赋予他们在选择、调整任务方面很大的自由度。公司通常给予员工充分的信任,在员工提出的想法确实可行的基础上鼓励和授权员工动手进行实践。

脸书公司正是通过这种充分尊重员工、知人善任的管理方式,给予员工最大限度的自由和权利,有效地激发和保护每一位员工的工作热情和创意想法,从而带给企业无限的发展空间和创新活力。

实行透明开放的管理文化。脸书公司的人力资源副总裁罗莉·格勒尔(Lori Goler)表示:"公司的关注点在于确保所有员工能够在一个包容和具有挑战性的环境里工作,使得他们可以在人生任何一个阶段出色工作。对于能够创造一个适合所有人的企业文化,我们感到自豪。"[①]例如,在公司,员工可以根据想法的改变向上级主管提出变换工作岗位的要求,而公司也会充分尊重员工个人的想法,并尽量满足员工的要求。例如,脸书公司曾经有一位名叫帕蒂·安德伍德(Paddy Underwood)的员工,在 2011 年以律师的身份加盟

---

① 《Facebook 对 80、90 后员工的"放纵"管理策略》,今日头条,2016 年 5 月 18 日,http://www.toutiao.com/i6285923364175348226/。

公司的隐私团队。两年后,安德伍德决定去开发产品,不再做律师,随后向他的主管提出了变换工作的想法。两周后,安德伍德被任命为隐私和信任分部的产品经理。安德伍德非常喜欢他的新职务,他表示很满意这种变动,无论在新岗位上需要干多少小时的工作,都十分乐意。

此外,脸书公司提倡良好的沟通文化,认为沟通顺畅会让事情达到事半功倍的效果。例如,扎克伯格有一个固定的工作内容,就是每周找一个固定的时间段进行员工问答工作,他通常会先用一点时间介绍公司近期发生了哪些重要事件,然后就是回答员工的提问。扎克伯格推崇在公司内部实现最大可能的透明(Transparency),所以他尽可能地回答员工提出的所有问题,只要有兴趣,公司任何员工都可以参加,总部之外的其他办公室员工也可以通过远程视频参与。扎克伯格的带头很有意义:公司在逐步成长起来后,不同部门和团队彼此之间都知道对方在做什么。透明度是脸书一直坚持的,甚至是发生了几次泄密事件之后该制度仍然得到支持。公司希望通过不同途径去强化这种透明文化。除了扎克伯格每周的员工问答时间已经固定外,通常情况下,脸书公司的所有会议,都是默认员工可以直接参加的,即使没有收到要求,也可以旁听。脸书公司很少有强迫性参加的会议,所有的讨论会都默认员工可以选择,如果员工认为自己参加这个会议不能获得价值,或者认为会议赋予的价值不值得花时间的话,也可以不去参加,但是需要给会议邀请人发邮件解释一下。关于脸书公司营业收入等业务数据,一开始在全公司都是公开的,工程师通过访问广告系统很容易就可以看到相关的收入数据。后来这方面的系统加了一定权限,只有广告部门和支付部门的同事可以看到,但公司并没有规定哪些员工不能获得这些数据。当然,公司也明确规定这些数据及相关情况不要对外人讲。

脸书公司这种开放透明的管理文化,有助于持续培养专业的富有激情和创造力的工作团队,让每一位企业员工获得全面成长和充分展示自己的平台,从而在企业内部形成一种团结协作的工作氛围,同时也让每一位员工树立起强烈的主人翁意识,增强职业精神和责任感,从而更有利于企业的稳定与发展。

三、阿里巴巴:企业文化是推动企业发展的强大动力

在经济全球化视野下,马云和阿里巴巴集团无疑是这个时代成功的代名词。阿里巴巴的成功,不仅仅在于它创立的符合中国国情、独树一帜的电子商务发展模式,而且还有优秀的企业文化,这是阿里巴巴成长过程中不可缺少的重要推动力。纵观阿里巴巴创业成长史,我们深刻地感受到优秀企业的企业文化从来就不是肤浅表面的,而是根植于人的内心,是推动企业不断向前发展的强大动力。阿里巴巴从杭州湖畔花园的一家小型的互联网公司成长为今天世界级的互联网企业,企业文化发挥了很大的作用。

(一)企业发展愿景初步确立:有梦想才有远方

1999年3月,马云在位于当时杭州城西城郊接合部湖畔花园的家里创办了阿里巴巴。马云对其他阿里巴巴的创业伙伴讲述了阿里巴巴未来发展的三大愿景。第一个愿景是阿里巴巴未来要成为服务中国中小企业的一家电子商务公司,第二个愿景是阿里巴巴在未来要成为市值50亿美元的企业,第三个愿景是阿里巴巴要做一家生存102年的企业。阿里巴巴在创业初期,资金和人员都很缺乏,创业资金是两万元人民币,创业人员连同马云本人共18个人,唯有梦想很大、很丰满。虽然当时有很多人对马云表示质疑和否定,但是马云始终相信自己是正确的,自己的梦想总会实现的,阿里巴巴会成功的。这份自信和坚持,就像一剂强心剂,也感染和鼓舞了马云身边的人。因此,与马云一起创业的18个人怀着共同的理想和对成功的渴望,慢慢推动着阿里巴巴往前走。

正是源于马云对企业发展初衷的坚定信仰和不懈努力,阿里巴巴开始赢得了投资人的理解和信任。1999年10月,阿里巴巴集团从高盛等数家投资机构融资500万美元,2000年1月,阿里巴巴集团从日本软银等数家投资机构融资2000万美元。在2001年互联网"最冷的冬天",阿里巴巴的投资者、软银老总孙正义到了上海,邀请了软银投资的30多名创业者一起讨论软银投

资后各自企业的发展情况。马云最后一个讲话,讲了三句话:两年前投资的时候我给你讲的是这个公司,今天我还是这个公司,唯一的区别是我往前边走了一步。而正是这简短的三句话,得到了孙正义的高度认可。孙正义表示,在所有投资者中,马云讲的最对。每个人都有初恋,每个人创业的时候都有梦想,但走着走着都忘掉了,回过来头想还是当年的梦想是最好的。你的梦想有了以后,一定坚持走下去。[①] 之后,孙正义因为马云这短短数分钟的讲话投给了阿里巴巴 3500 万美元。可见,有梦想并坚定不移地坚持的人是具有感染力的,就像后来孙正义对马云说的:"保持你独特的领导气质,这是我为你投资最重要的原因。"[②]马云作为阿里巴巴的领导者和决策者,他的个人魅力也赋予了阿里巴巴与众不同的企业文化特色。对理想的坚持和追求形成了创业初期阿里巴巴人共同的价值观和行为规范。这时候阿里巴巴的企业文化虽没有形成文字规范,但已经根植于阿里巴巴人的内心深处,成为阿里人共同的信念和价值观,指引和激励着阿里人克服困难,砥砺前行。

(二)企业文化体系初步建构:独孤九剑横空出世

2001 年,美国发生经济危机并引发全球股市动荡,缺少实体经济支撑的互联网世界一时无法找准自己的定位,从而找不到盈利模式。这时候,过高估值的虚拟经济就遇到了前所未有的"滑铁卢"。有关网络公司裁员、减薪、倒闭的消息,也开始不绝于耳。"互联网的冬天"来了,马云和阿里巴巴也遭遇了创业的冰河期,阿里巴巴的账上只剩下了 700 万美元,至多能支撑当时阿里巴巴半年的运营,而股东们表示不再准备追加后期投入,更严峻的是马云和他的阿里巴巴还没找到一条赚钱的路子。这时候,外界和企业内部对阿里巴巴的质疑也蜂拥而至,特别是企业内部军心动摇,阿里巴巴面临着严峻的生存环境。在这个艰难时刻,曾经在美国通用电气公司工作了 15 年的香港人关明生加盟了阿里巴巴,不仅与阿里同舟共济、共渡难关,还为阿里搭建了以

---

① 《马云:价值观是企业发展的动力之源》,学习型中国网,2007 年 10 月 12 日,http://www.v2099.com/success/ArticleShow.asp? ArticleID=8306。

② 《马云:"电商教父"的非芝麻事》,湖北日报网,2013 年 1 月 8 日,http://news.cnhubei.com/ctjb/ctjbsgk/ctjb32/201301/t2407181.shtml。

企业文化为核心的管理体系,梳理了价值观和企业结构,为阿里未来的长远发展打下了坚实基础。

关明生来到阿里巴巴,最先做的事情就是创建独具特色的"阿里"文化,并梳理成文。2001 年 1 月 6 日,关明生从香港飞往杭州;8 日,他正式走进了阿里巴巴;13 日,就与马云、金建杭、彭蕾等早期创始人在办公室开会讨论阿里的"目标、使命、价值观",并再次强调了这些内容对企业的发展建设至关重要。在阿里巴巴创立近两年之际,阿里巴巴的领导者们开始第一次认真思索公司的"目标、使命、价值观"。在这样一群有着共同理想和情怀的人的共同努力下,阿里巴巴最终确立了九条价值观,后来被马云概括为"独孤九剑",即"群策群力、教学相长、质量、简易、激情、开放、创新、专注、服务与尊重"。在此后,从马云到新来的员工,每一个人都要积极遵守"独孤九剑"的企业文化价值体系。

在企业发展的过程中,马云也逐渐意识到价值观对于企业发展的重要性。正如他在阿里巴巴创办的湖畔大学 2017 年第三届开学典礼上所说的:"我觉得其实好的东西要不断重复讲,年年讲、月月讲、时时讲。公司里面的信念也是一样,我是在 2001 年、2002 年、2003 年,那时候觉得价值观、使命感对于一个企业是多么的重要,我是真的觉得每一个人进来,必须得了解、必须得学习,差一点让公司里面的保安、扫地的阿姨都学习上公司价值观了。"[①]因此,在创建了"独孤九剑"价值体系后,马云等阿里巴巴领导层不仅身体力行,还积极进行企业内部总动员,对全体员工进行企业文化的教育和培训。2001年 4 月,阿里巴巴开始在企业内部进行系统培训,其中管理培训分主管、中层和高层三个阶段,分别是 AMDP、AMSP、ALDP,这套管理体系一直沿用到了现在,虽然也会根据企业发展需要及时增添新课程,但核心的框架十多年来没有发生改变。除了管理培训,阿里巴巴还有针对性地开设了"百年大计"培训班。"百年大计"是阿里巴巴自行设计的培训体系。全国各地所有的阿里巴巴销售新人上岗前,都需要来杭州接受一个月的脱产培训。在课程安排上,价值观占 60%,通常由创始人马云及企业高管主讲企业目标、使命、价值观及企业发展历程等等;由相关人员讲授销售业务知识与技巧,这部分内容

---

① 《马云湖畔大学 2017 第三届开学典礼致辞》,搜狐网,2017 年 3 月 29 日,http://www.sohu.com/a/130838858_498881。

占 40%。正是通过这样的培训，阿里巴巴逐渐走上了制度化、规范化的运营轨道。后来阿里巴巴又陆续推出了"百年阿里""百年诚信""百年淘宝"等等，逐步形成了一整套"百年"系列培训体系。这是阿里员工对企业价值观认知、认同和行为化的过程，新员工通过参加"百年"系列的入职培训，感受阿里巴巴的价值观，也培养出自己作为阿里人的使命感和自豪感。"独孤九剑"的横空出世，对阿里巴巴来说十分重要，马云说："没有这九条，我们活不下来。所以这九个价值观是阿里巴巴最值钱的东西。"①可见，阿里巴巴对企业文化十分推崇和重视，而阿里巴巴对企业文化的大力推广也收到了实实在在的成效。企业文化不仅使阿里巴巴内部统一了价值观，统一了思想，统一了整个公司的发展方向，确定了公司的团队、产品和经营模式，而且更好地凝聚了一批具有共同价值观和使命感的阿里人为共同的理想和目标努力奋斗。

（三）企业文化体系精炼升级："六脉神剑"统帅江湖

随着阿里巴巴的发展壮大，企业的业务范围在不断扩大，利润在迅速增长，员工人数也在短短几年间迅速扩张，这时候"独孤九剑"的价值观已经有点跟不上阿里巴巴的发展步伐了。在 2004 年 7 月，邓康明来到阿里巴巴，出任阿里巴巴集团副总裁，负责整个阿里巴巴的人力资源管理。他来到阿里巴巴之后，就明确指出了"独孤九剑"相对于企业发展的滞后性，提出了价值观应与企业发展现状相适应，才能更好地促进企业发展。

为此，阿里巴巴开展了关于企业文化价值观的升级大讨论。2004 年 9 月，邓康明组织了一个 300 人规模的专题会议。与会人员除了集团高层，还包括各个层次的员工代表。这次讨论持续了一整天，所有参会人员都谈了价值观实施中的个人体验与感受，最终，在会议结束时，"独孤九剑"已经渐渐集中到了六个方向上。2004 年 10 月，马云最终拍板，原来的"独孤九剑"精炼成了"六脉神剑"，即客户第一、团队合作、拥抱变化、诚信、激情、敬业。"六脉神剑"将每一条价值观都细分出了 5 个行为指南，共 30 项指标，形成了阿里巴巴价值观考核的全部内容。随后，阿里巴巴又抓住典型案例，在全公司范围内进

---

① 海华：《马云教典：成就阿里巴巴帝国的 36 个法则》，华中科技大学出版社 2009 年版，第 106 页。

行了无数次反复的传播与讨论。例如,关于"客户第一"的案例。阿里巴巴有一个业务员将一个三线城市的房地产商发展为面向全国的供应商,这样做能给当时的阿里巴巴带来了不菲的利润收入。但是由于这位业务员在发展业务的过程中夸大了阿里巴巴的效果,宣称阿里巴巴可以把房子卖到全世界,但当时的阿里巴巴还没办法实现,为此,阿里巴巴不仅果断把钱退还给客户,并对自己的员工进行了严肃处理。针对这一案例,阿里巴巴强调,按照"客户利益第一"的原则,阿里巴巴这样做就相当于欺骗客户,这种行为在阿里巴巴是不被允许的。而另一则案例则是关于诚信的。阿里巴巴发现在一次广东区域的业务知识考试中,该区域的经理与其相关业务员的答案一模一样,存在明显的舞弊问题,阿里巴巴指出这种行为触碰了企业的高压线,随即将舞弊者全部开除。针对这一案例,阿里巴巴重点强调了企业的诚信文化。正是对公司的企业文化进行这样全方位、多角度的渗透,阿里巴巴才最终打造出了一支高度透明、行动整齐划一的团队。

正是因为拥有这样一支透明、统一、高效的团队,阿里巴巴渡过了许多危机,在困境中一次次突围。像2003年"非典"时期,因为阿里巴巴有一位员工从疫区回来,整个公司都需要被隔离。在这种情况下,阿里巴巴每个部门的员工都自发地积极应对现状。500名需要被隔离的员工自发地将办公用的电脑从公司搬回家里进行办公,所有的工作都井然有序地进行着。按照当时的情况,所有企业员工被隔离,意味着在整个隔离期间公司都无法正常运作,这对企业的影响有可能是致命性的。然而就在隔离后的第二天,当阿里巴巴的客户来电时,客服的声音照常出现,没有人知道电话那头的工作地点其实是在员工的家里。当时阿里巴巴的整个团队还比较年轻,平均年龄只有二十五六岁,但是大家在这场危机中表现得很成熟、冷静,非常有章法,没有任何人抱怨。由此,阿里巴巴接受并通过了一个关乎企业生死存亡的考验。为了纪念这种同舟同济的精神,阿里巴巴把每年的5月10日定义为"阿里日"。马云说,他希望在这个公司,大家的努力不仅可以带来财富,更多的是带给他们一辈子的快乐和回忆。可见,在阿里巴巴优秀的企业文化的影响和熏陶下,阿里的员工已经自觉地践行阿里文化,把自己的命运与阿里的成长紧密地联系在一起。这是文化的力量,是精神的力量,也是阿里巴巴最宝贵的财富之一。

（四）企业文化特色凸显：阿里巴巴的武侠情怀

马云一直对中国武侠文化情有独钟。从幼时起，马云就喜欢舞枪弄棒，学过散打，喜欢看金庸的武侠小说，太极拳打了 10 多年。2017 年 11 月，马云还领衔主演了一个讲述太极故事的电影《功守道》，并与中国著名的女歌手王菲合唱了主题曲《风清扬》。金庸的武侠世界给他带来了很多快乐、很多启发，以及很多浪漫的想象，这种武侠情结一直深深根植于马云的内心，同时也让阿里巴巴的企业文化带有与其他互联网公司不同的武侠气质。

1. 以武功秘籍来命名阿里巴巴的价值观

2001 年，阿里巴巴将确立的企业文化价值体系命名为"独孤九剑"，这出自金庸的武侠小说《笑傲江湖》。2004 年阿里巴巴将文化价值体系精炼升级为"六脉神剑"，这来自金庸的武侠小说《天龙八部》。从"独孤九剑"升级到"六脉神剑"，我们也看到了阿里巴巴企业价值评价体系的侧重点发生了变化，从初期重视"速度"和"攻守"，演变成后期重视"目的"和"价值"，从这种变化中，我们也可以清楚地看到阿里巴巴企业文化中的武侠哲学，从探求如何正确地做事，到明白自己应该做的正确的事是什么，以及为什么要做正确的事。马云说，他在四十岁之前凭借"重剑无锋"纵横天下，在四十岁之后，则凭借着"一阳指"开始新的修炼。这时候的马云，已经深刻体悟到，商业的终极目标，不是金钱，而是经纶济世，是更好地服务社会，造福人类。

2. 以武侠人物作为淘宝员工的花名

阿里巴巴在 2003 年创办淘宝网的时候，把武侠精神贯彻到企业文化中。例如，要求淘宝网的工作人员选择一个武侠小说中英雄豪杰的名字作为自己的花名，并作为员工在工作中唯一的 ID。马云为自己选的花名是"风清扬"，这是金庸武侠小说《笑傲江湖》的人物，熟习"独孤九剑"，武功盖世、剑术无双、超凡脱俗。马云说，自己一直最喜欢的就是风清扬，因为风清扬的武学就是出手无招，这是他最向往的一种境界，真正的武林高手就是要这样"无招胜有招"。除马云之外，曾任淘宝网管理层的高管们也都有自己的花名，如阿里巴巴集团 CEO 张勇的花名是"逍遥子"，阿里巴巴首席执行官、淘宝网总经理陆兆禧的花名是"铁木真"，阿里巴巴集团首席风险官邵晓锋的花名是"郭靖",阿里巴巴集团副总裁、淘宝网负责人张建锋的花名是"行癫",等等。而淘宝网的普通员工也都拥有自己独一无二的花名,如阿珂、方怡、剑屏、曾柔、建宁、双儿、胡斐、胡一刀等等,这些花名都取自金庸等作者的武侠小说中。而随着淘宝网员工人数的增长,武侠小说里的人物不够用了,取花名就拓展到武侠电视剧、网游等领域,像"元芳""狄仁杰"等花名也开始出现。淘宝网取武侠花名的企业文化一方面有效淡化了企业内部上下级之间的等级观念,创造了一种"平等、自由、尊重"的工作氛围。这也是马云一直倡导的"快乐工作,认真生活"企业文化的具体体现。同时,这种武侠文化也在淘宝企业内部培养了一种服务精神,更有利于淘宝公司业务的开展,如淘宝网的员工都自称店小二。另一方面,取花名让员工将武侠世界中的正义感和团队精神带到了工作中,更有利于激发员工的工作积极性、责任心、使命感及创新精神,花名也逐渐演变成这家公司年轻人在平凡生活中追逐英雄梦的象征。这也很符合阿里巴巴作为"一家梦想驱动的公司"的企业文化特质。阿里巴巴从创业开始就带着一种强烈的理想主义色彩。而马云也一再强调"梦想总是要有的,万一哪一天实现了呢",这就是阿里巴巴的企业文化特质,也是阿里员工的文化特质,具有相同文化特质的企业和员工形成了推动阿里巴巴梦想成真的巨大力量。

3. 以武林圣地命名办公室

阿里内部所有办公室的名字,全是以金庸小说里的名字命名的。例如,在淘宝网的办公楼,接待 VIP 客户的会议室被命名为"光明顶",公司最大的会议室被称为"百花谷",有的会议室则被称为"黑木崖""桃花岛",等等。另外还有核心技术研究项目组叫"达摩院",休息室叫"抱子岩",等等。这些名字听起来诗意、浪漫、唯美,很有代入感,让人仿佛置身于金庸的武侠世界中,而这些耳熟能详的名字总让人想起与之相关的江湖人物和传奇故事,侠客精神深入人心,对企业内部的员工起到了一种无形的激励作用。江湖侠士重信义、讲诚信的武侠精神,渗透在阿里巴巴的企业文化中,转换成了员工身上的职业精神,就是无论在运营上还是产品技术上,大家都积极往顶尖方面发展,希望成为身怀绝技的侠客,致力于为客户提供最好的产品和服务。"乐观向上、富有激情、重信义、讲诚信"一直都是阿里巴巴努力倡导的企业文化,这也成了阿里员工身上特有的"阿里味儿"。

4. 以武林排序划分工作群组

阿里巴巴的武侠思维还体现在公司内部组织体系中。以淘宝网为例,淘宝网的员工被分为射雕、仙剑、鹿鼎、雪山、天龙、白马、侠客、碧血、双龙、江湖、风云、倚天、易羽、红花等 14 大帮派。这样做的目的是解决公司员工人数不断增加、各个部门之间的沟通开始变得生疏等问题,拉近各个部门员工之间的距离。淘宝在 2005 年开始在企业内部创立帮派,每个帮派的成员来自各个部门,每月都会有一个帮派间的 PK 赛。这样的 PK 赛为不同部门的员工创造了更多的接触机会,促进各部门员工之间更好地沟通交流,有效地增强了企业的凝聚力。每月在帮派 PK 赛中获胜的一方,可以得到一定的积分。统计的分值都会被记录下来,到了年底,哪个帮派的分数最高,哪个帮派就是天下第一帮。帮派思维打破了公司的阶层和部门的概念,帮派里帮主的权力最大,就算是企业高管在帮派活动中也得听帮主的。阿里巴巴通过把武侠帮派文化创新性地融入企业的组织管理体系中,既有效地解决了企业内部人员的沟通问题,也巧妙地运用企业文化达到了凝心聚力的效果,发挥了武侠文化在现代企业管理中的巨大作用。

富有“阿里味儿”的企业文化让阿里巴巴成长为一家与众不同的互联网公司,也让阿里巴巴聚拢了一群具有“快乐、梦想、坚持、平等、自由、激情”等特质的阿里人。这群阿里人在阿里文化的影响和熏陶下,自觉地践行阿里文化,把个人价值的实现与阿里的成长联系在一起,推动着阿里巴巴从杭州湖畔花园的一家小型的互联网企业发展成今天的世界级互联网企业。阿里巴巴的成功告诉我们,企业文化虽然是形而上的东西,但是它的力量是深远、不可估量的。

四、小结

通过对谷歌、脸书及阿里巴巴等全球知名互联网企业的企业文化分析,我们可以得出如下几点体会:

一是深刻认识企业文化的重要性。成功的企业文化对企业的发展起着至关重要的作用,是企业重要的核心竞争力,是企业实现可持续发展、基业长青的基础。企业文化是企业的魂,是促进企业发展的内生动力。对互联网企业来说,要加深对企业文化重要性的认识,优秀的企业文化体系是互联网企业走向成功,实现长远发展的根基。

二是企业文化要符合企业自身的发展特质。企业文化不是人云亦云、可以进行抄袭模仿的形式,而是根据企业的特性、发展轨迹、发展方向、人员构成等因素,经过沉淀和提炼,形成的被组织成员共同认可和遵循的基本信念和认知,反映的是企业自身在经营管理方面的核心主张,以及由此产生的组织行为。它带有企业自己独特、鲜明的文化 DNA,彰显企业与众不同的文化内涵和底蕴。

三是互联网企业文化建设要符合互联网发展趋势。互联网时代是一个商业民主时代,用三个词来概括就是高效、开放与扁平化。因此,互联网企业的企业文化,其核心的特征是平等、开放、协作。例如,谷歌和脸书,实行的都是以员工为核心的管理体系,在工作中实行去中心化和扁平化管理体系,在充分尊重员工的基础上,给员工最大的自由和权利,为员工提供发展的平台,鼓励员工对企业活动的参与精神,充分调动员工的积极性和创造性。这对于以员工为核心资源,强调创新创造的互联网企业来说,具有很好的借鉴和启发意义。

四是使命感与价值观是互联网企业文化建设的重点。从谷歌、脸书及阿里巴巴这三家互联网企业的企业文化建构可以看出,企业使命和愿景的确立对企业的发展十分重要,它决定着企业的发展格局和未来的发展方向。每一个企业只有找到自己的使命,才能确定自己的行动准则和方向,找寻完成使命的路径。使命感和价值观是企业文化的精神内核,对一个组织和团队来说,有相互认同的使命感和价值观,就很容易团结一致,朝着共同的目标一起奋斗。这是推动企业发展壮大的重要力量。

五是要让企业文化落地生根。从谷歌、脸书及阿里巴巴这三家公司的企业文化可以看出,企业文化决不能流于形式,变成纸上谈兵,或是说一套做一套,而是应该真正贯彻落实到企业日常运营和管理的方方面面。例如,要从管理思想、管理制度、职工绩效等方面落实企业文化,可以打造舒适办公环境在进行绩效考核时,重点考核职工的优势能力等等,以此真正实现企业倡导的以人为本的企业文化的贯彻落实。

六是重视企业家对企业文化建设的重大影响。企业文化一开始就应具有鲜明的企业创始人的企业家色彩。可以说,企业文化的80％来源于其核心领导人。一家公司的企业文化特色往往与其创始人极为相似,从它的个性、强项及弱点里,都能看到其创始人的影子。以脸书为例,在企业成长初期,创始人扎克伯格曾模仿微软、苹果等公司企业文化建设的经验,先列出一个简洁的单子,告诉别人成为企业的员工将意味着什么。扎克伯格写下了高智商、目的性强、对成功的持续专注、侵略性和竞争性、高标准、高要求、完美主义、热爱改变和革新、有让东西变得更好的新点子、正直、与优秀的人相处、做真正有价值的事而不是自以为是。① 这张单子不仅准确地描述了脸书的早期文化,也是马克·扎克伯格自己的真实写照。可见,企业主要创始人对企业文化的影响十分巨大。因此,互联网企业在企业文化建设时,应该重视企业家对企业文化的影响,发挥企业家身上有利于企业发展的核心精神和优势,而摈弃企业家身上会对企业发展产生不利影响的因素,从而让企业文化朝着更有利于企业健康成长的方向发展。企业家利用在企业中的影响力,积极倡导并积极践行公司的企业文化,这种带头示范的作用通常效果突出,上行下效的方式在企业文化执行中成效显著。

对于中国互联网行业来说,一些优秀的互联网企业在企业文化建设方面给我们提供了许多有益的经验和启示。但是,我们也应该看到,任何一家互联网企业在发展过程中形成的企业发展定位、发展使命和愿景及发展路径等都是独特的。中外互联网企业就是在中西方不同的国情、市场环境、文化体系、思想观念等背景下成长起来的,既有作为互联网企业的共同点,又存在着不少差异。因此,中国互联网企业在企业文化建设方面,既要积极学习借鉴其他企业在文化建设方面取得的经验和成果,同时更要结合自身发展实际,探索和建构符合企业自身发展的企业文化,让优质的企业文化发挥强大的精神力量,助推企业在"互联网＋"的时代背景下获得更好的成长。

---

① 田源、舒展:《Facebook:企业文化不是与生俱来的》,《华夏酒报》2015年9月8日,第B28版。

第十三章 中国互联网企业如何
打造优质的企业文化

　　互联网企业打造优质的文化，要符合以下几大特性：一是符合企业发展的一般性规律；二是符合互联网行业发展的特性；三是具有适应性和可调节性，能适应企业发展不同阶段的需求；四是具有相对稳定性，利于企业文化的积淀与传承；五是能对企业发展起到积极的促进作用。

　　打造优质的企业文化对互联网企业的发展具有积极意义。一是有利于树立良好的企业形象，获得企业内外的一致认同，这是企业实现良好经济效益的重要因素。二是有利于提升企业内部的向心力和凝聚力。优质的企业文化能够营造良好的企业环境，提升员工的文化素养和道德水准，激发员工的积极性和创造精神，提高企业经济效益。三是优质的企业文化能够有效提升企业产品的文化内涵，提升企业品牌的知名度，能够产生广泛的社会效应，实现经济效益和社会效益的双赢。

　　对于提倡"开放、平等、共享、创新"的互联网行业来说，打造优秀的企业文化是一项长期的、复杂的，却又是必不可少的系统工程，它关乎互联网企业能否获得长远发展。只有把企业文化建设好了，才能打牢了互联网企业生存发展的根基，优秀的企业文化将在互联网企业的发展过程中发挥巨大作用。

一、从精神层面打造优质企业文化

　　企业文化在精神层面的建设，最重要的是企业精神的培育，企业精神指企业员工所具有的共同内心态度、思想境界和理想追求。它表达了企业的精

神风貌和企业的风气,主要是企业愿景、使命、价值观等方面的确立与建构。

互联网企业一般是由企业创始人为了实现某个想法而创立的。例如,脸书公司的创始人扎克伯格在谈到创建脸书的目的时,多次强调创立脸书是为了践行一种社会使命,让世界更加开放,联系更加紧密。阿里巴巴创始人马云谈到创立阿里巴巴的初衷时表示,成立阿里巴巴是为了帮助更多的人赚到钱,马云说:"我想证明给全世界的一点是,中国会出现一家,由中国人创建的,充满激情和梦想的,世界级的大公司。"①百度创始人李彦宏谈到创业的初衷时表示,创立百度的初衷不是为了赚钱,而是喜欢这个行业,想做完美的中文引擎。可见,企业家对企业文化建设具有重要影响、负有重大责任。应该说互联网企业的企业使命和发展愿景就是企业家自身使命和对企业发展理念的延伸,企业家对企业使命的定位决定了未来企业发展之路能走多远。所以,对于互联网企业文化建设来说,企业家起着很关键的作用。如果企业家缺乏对企业文化建设的重视,企业就走不长远;如果企业家对企业发展使命的定位不清晰、不准确,也会影响企业的发展壮大。因此,互联网企业文化建设,应该从明确企业的愿景、使命和价值观入手,这是企业文化建设的根基,是企业文化建设的核心。明确了企业的愿景、使命和价值观,也就构建了企业文化这个复杂体系的主干线,让企业文化有了灵魂和依托。

(一)明确企业使命

脸书公司的创始人扎克伯格在第 336 届哈佛毕业典礼以演讲嘉宾的身份说道,当初如果脸书公司没有树立关于"用沟通让世界变得更美好"的使命,那么这个创业公司不可能成真。阿里巴巴创始人马云说,使命感是企业发展的原动力,只要是一个组织,它能生存下来,一定是有一个坚强的使命。使命,通常会在公司面临生死攸关、重大利益抉择时产生重要作用。就像阿里巴巴走过的路经常是别人没有走过的,该怎么走,没有经验可循,只能靠使命感支撑。可见,使命感对于企业的发展很重要。一个公司只有明确自身使命,才能负起相应的责任,对企业自身、对客户、对员工、对合作伙伴等都需要

---

① 《马云:阿里巴巴的初衷是帮助更多的人赚钱》,中国企业家俱乐部,2008 年 1 月 16 日,http://www.daonong.com/html/dongtai/renwu/mayun/20080116/1782.html。

负起相应的责任。有明确使命的企业,才能不断激发员工的活力和创造力,提高员工工作的积极性和主动性,提升员工工作的价值感和成就感,这也是激励员工不断创造价值的重要动力。

(二)确立企业发展愿景

发展愿景是对企业未来发展的设想和规划,它可以根据企业的发展情况而进行阶段性的调整。就像阿里巴巴在企业成立之初,提出两大发展愿景:一是企业要活 80 年,二是企业要成为世界十大网站之一。后来随着公司的发展变化,阿里巴巴的企业愿景调整为:企业活 102 年,成为分享数据的第一平台,以及成为幸福指数最高的企业。企业愿景的阶段性变化,让企业在不同的发展阶段有更加明确和可执行的目标,让企业能够实现更好的发展。确立企业的使命和发展愿景,才能够让企业保持创业的初心,才不会在诱惑或者抉择面前迷失方向,坚定企业发展的信念和恒心,让企业朝着使命和愿景指引的方向发展壮大。

(三)提炼企业价值观

企业的价值观是在企业发展过程中逐渐形成的,经过沉淀和提炼,最终形成的为企业全体成员所认同并自觉遵守的价值准则和行为规范。价值观是公司凝聚力和向心力的来源,没有价值观的引导,企业就如同一盘散沙,难以形成合力,其结果是影响甚至阻碍公司的发展步伐。因此,企业只有提炼出符合企业发展规律、性质和特点的价值观,才能得到企业成员的集体认同,进而形成他们的集体无意识,自觉在工作中以实际行动践行企业的价值观。有共同的价值观,企业成员之间就能够认同彼此之间的事业,齐心协力地为共同的目标奋斗;就能各司其职,通过自己的能力为公司创造最大的价值。对于互联网企业来说,员工是企业的核心竞争力,拥有相同价值观的员工将是企业最大的资源和财富。

可见,确立企业的使命、愿景和价值观是互联网企业文化建设的核心,这三个方面对企业的发展十分重要,正如马云在谈及企业文化时强调:企业发

展的方向靠愿景,不迷茫靠使命,同舟共济靠价值观。这三个方面确保了企业发展的方向不走偏,员工能够明确奋斗目标,从而在企业价值观的影响下,与企业一起进退,共同成长,主动承担责任,关心企业前途,维护企业声誉,自觉地为企业的发展进步贡献力量。

企业的使命、愿景和价值观构成了企业精神的主体,企业精神是企业的精神支柱,是企业之魂,是凝聚全体员工的黏合剂,是塑造良好企业形象的恒定的、持久的动力。因此,互联网企业要打造优质的企业文化,培养企业精神是重中之重,它是企业文化的基石,是企业文化建设的核心和重点。

二、从物质层面打造优质企业文化

企业物质层面的文化建设,是企业文化建设的重要内容。企业物质文化也是一个复杂的系统,包含多个层面,例如企业的建筑风格、工作环境,企业标识,企业的广告、产品和服务,产品的包装与设计,等等,这些以物质形态存在并加以表现的文化。企业物质文化的建设也十分重要,它是人们形成对于企业印象和认知的最直接因素,是良好企业形象的展示平台和宣传载体。互联网企业要打造优质的企业文化,物质层面的文化建设是重要环节。

(一)注重企业建筑风格的文化传递性

企业建筑风格是企业文化形象最直观的展现者,是宣传企业文化的重要载体。因此,互联网企业在企业建筑风格的设计中应注重彰显企业特色,把企业文化通过建筑风格的设计表达出来,从而给人们留下代表企业最鲜明特色的外在印象。例如阿里巴巴位于杭州近西溪湿地的总部办公楼体现了阿里巴巴环保、节能、与自然和谐相处等企业文化理念。这个办公建筑群体在外形上最鲜明的风格是蜘蛛网状的结构,装饰性极强地从外墙延伸往上,把7栋高低不一的建筑连成一个综合体,同时也可遮挡阳光。设计的灵感来自于中式的古典窗格,并将窗花的理念延伸开来,代表网络的概念。整个设计造型美观,功能环保节能,也体现了阿里巴巴作为互联网公司的特性。而阿里巴巴深圳办公大楼则是位于"深圳湾"美丽的海边,滨水是设计的特色及重点,鹅卵石流线感十足的设计,有别于常规办公建筑外形,令空间美感油然而生。一颗颗不起眼的鹅卵石,聚集在一起形成一个共同体,生动地阐释了阿里巴巴企业文化的特点:阿里巴巴是由千万家中小型企业集结而成的电子商务航母,这种外形设计也与阿里巴巴"公平、包容、广泛合作"的经营理念不谋而合。

可见,企业的建筑风格不仅仅体现形式美,更彰显内在美,它很好地诠释了企业文化特性和企业文化理念。因此,互联网企业应该注重企业建筑风格的设计,把它作为展示和宣传企业文化的重要载体。

(二)打造符合企业性质和满足员工需求的工作环境

互联网企业最核心的资源和竞争力来自于企业员工的创意和创新,因此,大多数优秀的互联网企业如谷歌、脸书、阿里巴巴、腾讯、京东等,都会本着"以人为本"的理念,从员工的需求出发,打造舒适的办公环境,让员工拥有更好的工作状态,激发员工创新创造的能力,为企业贡献更多价值。以阿里巴巴位于杭州的办公总部为例:

阿里巴巴总部园区设有邮局、银行、餐厅、书店、健身中心、咖啡馆、花园等,突破了单一的办公职能,将15万平方米的巨大办公空间变身为一个可服务近万名员工的完整社区。这个社区在设计上显示了阿里巴巴作为一个电子商务公司的特色,注重社区性和连通性,各个建筑体相邻,并围绕同一个圆心建造,这样可以方便员工社交和休息。楼群内外的街道、桥梁、屋顶平台和它们通向的目的地也围绕着同一个圆心,增强了这个工作空间的协调感和合作性质。中央公共活动区的灵感来自于沙漠绿洲,用水和绿色植物让周围环境更和谐。每个建筑体的高度各不相同,但都不是摩天大楼,4层到7层不等,这种高度让人感觉更亲近。同时,它们的排列方式也有讲究,照顾到视觉上的穿透性,尽量让人从每个地点都能看到中央庭院,视线可以穿过庭院看到这个"社区"的其他部分。这种开放式的办公环境有利于员工形成开放性思维,更有利于激发员工的工作灵感和创造力。此外,为了方便部门之间的交流,各建筑群之间都设有穿行通道,员工不必走出大楼,就可以沿着通道指

示,到达位于另一栋建筑体里的其他部门,无须面对烈日或风雨。此外,阿里巴巴对于员工办公区域的划分,也体现出人性化设计。比如,办公区每位员工的办公桌,无论是到洗漱间或是到饮水机的距离,最长不超过 20 米。虽然总体办公空间巨大,但每个人也能在自己的办公区获得舒适感。

为员工打造良好的办公环境和办公条件,既体现了企业对员工个人的尊重和关心,也是阿里巴巴一直以来倡导的"快乐工作、认真生活"的文化理念的具体实践。目的就是让每一位阿里员工能在劳逸结合的工作环境中得到锻炼和提升自己的机会,培养员工对企业文化的认同感,提升员工的工作满意度,能够在好的企业文化氛围的熏陶下,提升工作的成就感和自豪感,从而能够在核心价值观的指引下,关心企业的成长,自觉履行工作职责,以能为公司创造价值为荣。

办公环境是反映企业文化的良好载体。因此,互联网企业可以有意识地把企业文化融入办公环境的设计和营造中,将办公环境打造为企业文化的展示和宣传空间,从而在潜移默化中影响员工,让员工能够形成对企业文化的认知和认同,并成为自己在工作中遵循的价值标准和行为准则。

(三)设计鲜明富有特色的企业标识

企业标识往往就是企业的形象代言人,因此在设计上最好是符合企业特征、形象鲜明、美观实用、寓意深刻,让人过目难忘。以奇虎 360 公司在 2010 年推出 360 新标识的彩色版为例,新版标识具备以下特点:

一是新标识由绿色和金黄色组成。绿色代表着安全、健康、希望和蓬勃的生命力,金黄色代表着阳光、收获和澎湃的热情,同时也是安全行业通用的警示色。

二是继承了老标识最核心的"十"字元素。一方面借用红十字形象,代表着安全、可靠、守卫,以及不怕危险、救死扶伤的精神;同时"十"字形也代表加号,意味着给予用户更多,不断超越用户期待。

三是整体图形来源于中华大智慧的太极图,阴阳互补、水乳交融,大盈若冲,其用无穷,象征着 360 作为一个民族品牌,致力于让大家生活的世界变得更为和谐安全。

可见,新版 360 彩色标识在外观上相对于老标识更为醒目,可识别性有很大的提高,在内涵上更好地体现了奇虎 360 的企业性质和特点,以及奇虎 360 一直以来致力于互联网服务与安全的企业宗旨。现如今,随着奇虎 360 的产品和服务不断开发和运用,360 彩色标识已经成为电脑用户和手机用户心中的一道网络安全风景线和可信赖的民族品牌。

因此,互联网企业要注重企业品牌标识的设计,不仅要体现外在美,更要体现内在美,提升企业标识的文化内涵,塑造出独树一帜的企业标识,让企业标识成为企业良好形象的象征。

(四)设计富有创意的企业广告

企业广告是宣传企业产品的重要手段,也是传播企业文化的重要载体。优秀的企业广告不仅能够充分展示出产品让人心动的优点和特性,激发出消费者购买该产品的冲动,还能让广告在展示产品的同时,也传递给消费者产品所蕴含的企业文化内涵,达到双重的宣传效果。以苹果手机在 2017 年 1 月份发布的关于 AirPods(蓝牙无线耳机)广告为例:一位黑人小伙打开 AirPods 耳机,与 iPhone7 手机完成功能配对,戴上这种无线耳机,就从喧嚣的街道进入了美妙的音乐世界。在充满想象的音乐世界里,小伙子踩着轻快的舞步走过了狭窄的街区,天马行空地在光滑的汽车车身、垂直的楼房墙壁、光滑的商店玻璃橱窗,以及咖啡厅门口闪耀着灯光的天发板上翩翩起舞,直到音乐停止,他回到现实的世界里,回头一笑,继续在狭窄的街区里前行。这时候,屏幕上显示了一句标语:"AirPods on iphone7 practically magic。"这则广告完美地演绎出了 AirPods 为 iPhone7 手机用户带来的"魔力般"的体验,引发消费者产生购买苹果产品的冲动,同时也体现了苹果公司追求卓越、一贯重视用户体验的企业文化理念。

可见,互联网企业可以充分发挥企业的技术优势和资源优势,通过充满创意的企业广告实现品牌营销,让广告成为弘扬企业文化和树立企业形象的重要载体。

（五）让企业的产品和服务成为企业文化最好的宣传品

在当今市场经济环境下，企业要获得生存发展，依靠的就是生产或提供能满足消费者需求的产品或服务。在"互联网＋"时代背景下，许多互联网企业主要通过网络平台实现产品交易，获得经济效益。因此，互联网企业更需要为消费者提供好的产品和服务，让消费者对企业产品产生信任，愿意对企业所提供的产品进行持续性消费。可见，互联网企业可以通过不断为消费者提供优质的产品和服务，打响品牌知名度。例如，搜索服务，我们首选百度；打车服务，我们首选滴滴出行；购买商品，我们经常上淘宝、京东；旅游服务，我们常选携程旅行；即时通讯服务，我们首选微信，等等。这些品牌通过优质的产品或服务，打响了企业的品牌知名度。同时，这些企业善于从用户的角度出发持续地改进产品性能、不断提高服务品质，从而有效提升了消费者对品牌的美誉度和忠诚度，愿意为该品牌买单，为企业带来市场效益。

对于百度、腾讯、阿里巴巴、京东等这些具有品牌知名度的企业来说，他们的产品就是对他们企业文化的最好诠释。他们的产品和服务很好地彰显了"用户为先""诚信经营""勇于创新"等企业文化理念，正是秉持着这样的文化理念，这些企业才能够真正做到以客户需求为中心，致力于为客户提供优质甚至卓越的产品和服务，从而让自己的产品和服务打出品牌，深受市场欢迎，实现企业的经济效益。

可见，产品是沟通企业和消费者最为直接的媒介，是企业文化最为直观的物质表现。因此，互联网企业要想实现长远发展，就需要为消费者提供好的产品和服务，让优质的产品和服务成为企业文化的宣传品，树立企业良好的外部形象，这是企业实现经济效益的关键。

（六）产品的包装与设计应充分体现企业的文化内涵

好产品也需要好的包装与设计，中国俗语"佛要金装、人要衣装""好马配好鞍"等，说的正是这个道理。推广到市场的产品既需要内在美也需要外在美，好的产品包装通常会给人眼前一亮、耳目一新的感觉，让人产生消费冲动。比如,共享单车,无论是摩拜单车、ofo 小黄车,还是小蓝单车(bluegogo)、永安行,等等,一出现在市场,就受到用户的喜爱,除了因为人们有这样的消费需求之外,还因为这些共享单车的外形都十分时尚美观,让人觉得骑这样的单车出行不仅方便,还很时尚。共享单车通常都造型简洁、色彩明亮,让人赏心悦目,再加上骑行的价格适宜,因此,不少人一看到共享单车,总会产生尝试一下的心理,有些人可能是出于实际需要,还有一些人则是出于好奇和喜爱,觉得骑着造型美观、时尚大方的共享单车出行是一种享受。可见,共享单车的外形设计和包装既凸显企业追求"简单、健康、环保的城市生活"的文化理念,同时也迎合了用户的审美需求和文化诉求。可见,产品的包装设计做得好,不仅能提升产品的美誉度,也是对企业文化内涵的最好阐释。互联网企业在企业文化建设中要把握好产品的包装与设计这一重要环节,让其成为企业文化的宣传载体。

总之,互联网企业要打造优质的企业文化,在物质层面也有着诸多的环节需要努力,可以从企业的建筑风格、工作环境、企业标识、企业广告、企业的产品和服务、产品的包装与设计等方面入手,用心打造和灌注企业文化,让企业文化能够在物质层面得到更好的展示和宣传。

三、从行为层面打造优质企业文化

企业在运营过程中,企业家的行为、企业模范人物的行为,以及企业全体员工的行为都应有一定的规范。在规范的制订和对规范的履行中,就会形成一定的企业行为文化。企业行为文化是企业经营风格、精神面貌、人际关系的动态表现,也是企业精神、企业价值观的折射。企业如果不注重行为文化建设,就无法打造出优秀的企业文化。

(一)注重扩大企业家行为的影响力和辐射率

大多数互联网企业在企业文化上都带有鲜明的企业家色彩。就像乔布斯之于苹果公司,马云之于阿里巴巴,马化腾之于腾讯,李彦宏之于百度,刘

强东之于京东,等等,这些互联网企业在企业文化上都带有强烈的企业家个人印记。因此,互联网企业在企业文化建设上,要充分考虑企业家个人行为对企业行为文化产生的影响。企业家个人行为通常会被看成企业行为文化的一种表率和引领,因此,企业家需要对自己的行为及所产生的效应和后果有充分的考虑。企业家对于自己所创立的企业负有重要责任,需要具备高瞻远瞩的眼光和敏锐的洞察力,为企业做长远的打算和考虑,对企业的使命、愿景和价值观有比较明确的定位,同时通过自身的影响力和信服力,向企业员工进行企业文化的灌输和培育,让企业员工能够形成对企业文化的认同,有效发挥企业文化在凝聚团队力量上所产生的巨大作用。

总之,企业家应该成为企业文化的倡导者、宣传者和培育者。在企业的生产运营过程中,包括企业家行为是企业文化建设中行为文化的重要组成部分,包括企业家采用适当的方式处理人与工作、雇主与雇员、稳定与变革、求实与创新、所有权与经营权、经营权与管理权、集权与分权等关系所产生的行为;企业家通过行使企业规章制度对员工进行管理的行为;企业家在识人、用人、培养人、激励人等方面所发生的行为;企业家与员工保持良好的人际关系,关心、爱护员工及其家庭的行为;企业家在企业之外广交朋友,为企业争取必要资源的行为;等等。可见,企业家的所思、所想、所为都会对企业文化产生重要影响。在一定层面上,企业家的行为文化反映了一个企业的经营风格、精神面貌、人际关系。因此,互联网企业应该注重企业家个人行为对企业行为文化的影响力和辐射率,企业家个人也应该充分认识这一点,通过良好的行为活动影响企业内部员工,做好行为表率;通过良好的行为树立个人和企业的良好形象,为构筑健康的企业行为文化起到引领和示范作用。

(二)注重培育模范人物行为的示范性

我们通常说,榜样的力量是无穷的,互联网企业可以通过树立典型的方式来更好地规范和激励员工。例如,可以对卓越地体现企业价值观和企业精神的某个人或某个团队进行表彰和奖励,从而在企业员工中树立标榜,让职工在正面激励中遵章守纪。每个人都有精神需要,在获得激励时,人的精神力量得到开发,激励越多,所开发的精神力量就越大。互联网公司可以通过选典型、树榜样等活动,形成企业内部健康向上的文化氛围。互联网企业一般都是科技型企业,创新是推动企业发展的动力源泉,因此,大多数互联网企业都鼓励创新,推崇创新文化。以百度公司为例:

百度 CEO 李彦宏于 2010 年 7 月提倡发起百度最高奖,主要针对公司总监级别以下的基层员工。奖励对象为 10 个人以下的小团队,百度要求该团队能在公司重大项目工作中不断创新和突破,把事情做到极致,并对公司做出远远超出预期的贡献。在 2011 年,百度曾为一个仅由 10 名基层员工组成的小团队"智能优惠管理系统"团队颁发了高达 100 万美元的奖励。这对于企业员工来说是非常好的激励手段,也传递出百度追求卓越、重视员工、鼓励创新的企业文化。

互联网企业最终比拼的是人才,有了人才才有创新,才能始终引领企业向前发展。互联网企业这种对符合企业价值观、有创新精神的优秀团队进行物质和精神上的双重奖励,对企业员工起到了很好的正向激励作用。因此,互联网企业要注重培育模范人物行为的示范性,从正面的角度对企业员工行为规范进行引导和教育。

(三)注重提升员工群体行为的规范性

互联网企业的核心资源是员工,员工的群体行为直接体现和反映了企业精神风貌和管理水平。因此,对员工群体行为的塑造是企业行为文化建设的重要组成部分。我们说,企业文化不是与生俱来的,它需要经过长期的培训和教育,才能逐渐成为企业员工的集体意识,并成为他们在日常工作中自觉遵守的价值标准和行为规范。所以企业要通过各种方法对企业员工进行教育和引导,让员工提高自身的知识素质、能力素质、道德素质和心理素质等,同时从精神层面认同企业文化,并在工作中自觉地以企业经营理念为指导,规范地遵守企业的各项制度,增强工作的责任感和使命感,把企业的规章制度内化为自觉行为,从而有力提升企业的管理水平和工作效率。互联网企业可以通过以下几个方法塑造员工的群体行为:

一是坚持不懈抓好教育,通过素质教育规范职工行为。例如,阿里巴巴历来十分重视员工的教育培训,从 2005 年开始,阿里巴巴就着力在企业内部

打造一整套培训体系,像"阿里党校""阿里夜谈""阿里课堂",还有"百年大计""百年诚信""百年阿里"等,这套培训体系既有关于企业发展理念、企业价值观体系的培训,也有针对员工工作技能方面的培训。通过教育培训,阿里巴巴不仅有效帮助员工提升了工作能力,而且让员工更好地认同企业文化,从而有利于企业形成和谐稳定的工作团队,促进企业发展战略目标的顺利实施。

二是坚持严格考核,督促职工不碰制度"红线"。管理学上有一个强化定律,就是你奖励什么就可以得到什么,惩罚什么就可以避免什么。严格员工绩效考核,可以让职工明确该做什么、必须做到什么程度、没有做到会受到什么样的处罚,在实际考核过程中兑现奖惩,能让制度更有效地落到实处。在企业管理过程中,留住好的员工,淘汰差的员工,绩效考核是很有效的办法。良好的绩效考核系统不仅有利于企业选拔优秀人才,也有利于员工良好职业道德和行为规范的养成。以阿里巴巴为例:

阿里巴巴从 2003 年开始,就把价值观纳入绩效考核体系,并且占到 50％的权重,与员工的晋升、年终奖、整体评价以及企业保证授予的期权等相挂钩。阿里巴巴把文化价值观统称为"六脉神剑",分别是"客户第一、团队合作、拥抱变化、诚信、激情和敬业"六个类别,每一脉有 5 项,共 30 条考核细则。例如"客户第一"这一脉满分为 5 分,能做到"尊重他人,随时随地维护阿里形象"得 1 分;能做到"微笑面对投诉和受到的委屈,积极主动地在工作中为客户解决问题"得 2 分;能做到"与客户交流过程中,即使不是自己的责任,也不推诿"得 3 分;能做到"站在客户的立场上思考问题,在坚持原则的基础上,最终达到客户和公司都满意"得 4 分;能做到"具有超前服务意识,防患于未然"得 5 分。考核的周期和程序是各部门每季度考评一次。员工先向大家介绍自己一个季度的工作,按照 30 条价值观考核细则给自己打分,再由部门主管根据员工表现打分。主管会告诉员工,为什么会给他这样一个分数,上季度他在团队中处在什么位置,欠缺的地方要改进,表现好的要保持。评分的结果分等级,优秀的是 27—30 分;良好的是 23—26 分;合格的是 19—22 分;不合格的是 0—18 分。

把价值观纳入职工绩效考核的评价体系,有利于让员工明确自己在工作中的行为底线在哪里,哪些事是不能做的,哪些事做得好有奖励,从而形成员工群体行为的规范性和约束力。这不仅有利于提升员工的职业素养，还有利于树立企业的良好形象。员工在工作中表现出良好的职业素养和道德品质，通常会赢得同事的尊重、客户和合作伙伴的信赖，有利于企业内部形成团结协作的工作氛围，从而提升员工的工作积极性和工作效率，为企业创造更大的价值。同时，员工是企业形象的代言人，员工良好的职业素养和道德品质能为企业赢得好声誉、好口碑，这也是企业重要的财富价值。

三是坚持用好载体，让职工在潜移默化中规范行为。随着时代和科技的发展，互联网企业可以通过形式多样的宣传载体来大力宣传企业行为文化。例如，可以利用报纸、网站、宣传栏、文化墙等传统载体，也可以利用微信、微博、贴吧等新兴平台进行企业文化的宣传和推广。以阿里巴巴为例：

在阿里巴巴企业文化的传统宣传载体中，文化墙富含特色。阿里巴巴充分利用墙面、楼梯间、办公卡座等空间，以文字、图片、影音等形式，生动再现了企业发展历程和文化风貌。装扮文化墙所用用品，既有阿里巴巴统一的视觉识别系统标识，又各具文化特色。例如，支付宝的文化墙上，除了有醒目的企业发展愿景即成为"全球最大的电子商务支付公司"，和企业的发展使命即"让信任简单起来"等，同时在整版文化墙上还有每一位新入职员工的手掌印和签名，体现了支付宝对员工的重视、尊重及富含侠客精神的企业文化。此外，阿里巴巴的办公楼墙上还挂着各式各样的标语，如"我们相信'相信'，平凡的人做不平凡的事""将来的你一定会感谢今天努力奋斗的自己"等等。而每个部门的标识牌上也都有自己的口号，如信用融资部是"没有胆量，哪有产量"，商情发展部是"打造中国最实用的商业信息平台"，等等。这些目标明确、响亮明快、干劲十足，充满活力和战斗力的标语口号，既很好地体现了各部门的专业特色和业务内容，同时对员工又起到了很好的精神激励作用，让员工能以更饱满的热情投入工作。

除了文化墙、海报等传统载体外，阿里巴巴也通过旗下的优酷等视频平台来宣传企业文化。例如，阿里把官方纪录片《马云和他的少年阿里》放在优酷视频平台上播放。该纪录片记载了马云和他的团队在阿里巴巴成长道路上的奋斗、艰辛、成长及收获的故事，这也是一部反映中国互联网企业成长发展的励志故事。这种通过视频平台进行企业文化宣传的方式也能起到非常好的企业文化推广效果，对企业员工有很好的精神激励作用。同时，优酷视

频平台有庞大的用户群,使阿里巴巴企业文化的宣传和推广覆盖的群体更为广泛,实现的效果更好。如今,这些文化墙、海报、吊牌及数字移动端媒体平台等,都成为阿里巴巴企业文化的重要载体。因此,互联网企业在企业文化建设中,要因地制宜地利用好各种宣传载体,让企业文化通过富有创意的形式和语言得到很好的宣传和推广。

总之,行为文化是企业文化建设的重要组成部分。互联网企业应该从企业自身性质、发展特点、发展定位等出发,在企业的行为文化中,注重企业家、典型人物的表率和示范作用,以榜样的力量引导人、激励人、鼓舞人,同时注重培养职工的职业道德和行为操守,让员工通过良好的职业素养和业务能力,为企业实现经济效益和社会效益的双赢做贡献。

四、从制度层面打造优质企业文化

企业的制度文化,包括领导体制、人际关系及各项规章制度和纪律等。互联网企业的特点和性质,决定了员工是企业的核心竞争力,因此以员工为中心,去中心化、扁平化的管理体系可能更有利于互联网企业的成长。以阿里巴巴和脸书公司为例,两者都是从制度层面打造以人为本、以员工为核心的企业文化:

在阿里巴巴,企业规定每天上午 9 点上班,但是电梯最拥挤的时段却出现在上午 9 点半到 10 点之间。在阿里巴巴并不强制员工打卡,因此,上班时间在咖啡馆和健身房还能看到阿里员工是正常的事情。在阿里巴巴的管理文化中,很重要的一条是相信员工。公司对员工迟到并不敏感,包括简短的审核流程,背后包含着对员工的信任。例如,阿里巴巴对加班的员工提供免费晚餐,但是享受免费晚餐并不需要上级的审核。此外,阿里巴巴另外一个不需要审核的福利是,凡是怀孕的员工,每人可以领两件孕妇装。在阿里巴巴,以人为本的企业文化就这样从这些细节中一点一滴地表现出来。阿里巴巴认为,实行以人为本的制度文化,落到实处就是相信员工,这样做有利于激发员工的积极性和创造性,让员工自觉、自愿地为企业创造更大的价值。

在脸书公司,倡导的是以工程师为主的企业文化。例如,公司针对员工的个性化特点,如年轻,有激情,追求自由、平等和尊重,以及富有黑客精神,等等,实行富含企业特色的管理方式。公司在对员工进行业绩评估时,评估有80%是专注于他们的优势。在脸书公司,工程师在选择、调整任务方面被赋予了不同寻常的自由,有些任务甚至超出了他们的专业领域。在脸书公司的企业文化中,与平行的职业发展轨迹相比,员工任职管理层甚至不被认为是得到了"晋升"。公司实行的是自上而下的透明文化,公司甚至鼓励低级别员工质疑和批评经理。脸书公司实行这种开放包容的管理文化,目的是确保所有员工能够在人生的任何一个阶段都可以出色工作,同时也确保所有员工在工作中所取得的成绩都能获得尊重和肯定。

从这两家全球知名互联网企业的制度管理中,我们可以清楚地看到,以人为本的管理体系在企业管理中发挥着重要作用。这两家互联网企业都有意识地减少制度在管理上对员工思维和行为产生的束缚,倡导以员工为中心的管理理念。这样的制度文化建设理念,更符合平等、开放、协作、共享的互联网精神,也更符合互联网企业未来的发展趋势。在市场经济飞速发展的今天,互联网企业的竞争主要表现为人力资源的竞争。

一个优秀的企业,要想在市场经济的大潮中立于不败之地,必须紧紧抓住互联网企业员工这个企业发展的主体,在企业管理过程中贯穿以人为本的管理哲学。互联网企业只有在用人和管人上真正实现以人为本,才能在未来有更长远的发展。

五、小结

互联网企业要打造优质的企业文化,需要从精神层面、物质层面、行为层面及制度层面等进行全方位、多角度的考量,这四个层面是相互作用、互为补充、协调发展的,它们构成了企业文化建设的有机统一整体。

企业的精神文化是企业文化建设的核心。企业的使命、愿景、价值观等企业精神,决定了企业发展的方向、目标、格局,以及发展的可持续性等。它是企业文化建设的核心和灵魂。

企业的物质文化是企业文化建设的重要环节。企业物质文化是企业精

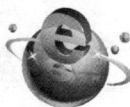

神文化的外在反映、表现及强化。企业物质文化建设,能更好地反映和展示企业的精神风貌,树立良好的企业形象,对内有利于提升员工对企业的认同感,对企业员工起到良好的激励作用,能促进员工自觉增加工作责任心,尽职尽责地为企业工作。对外,良好的企业形象也能吸引到更多合作伙伴和消费者的关注,从而形成有利于企业发展的外部环境,是企业实现经济效益和社会效益的关键要素。

企业行为文化是企业文化建设的重要组成部分。它是企业经营风格、精神面貌、人际关系的动态表现,也是企业精神、企业价值观的折射。互联网企业应该从企业自身性质、发展特点和发展定位等出发,注重企业家、典型人物的表率和示范作用,以榜样的力量激励人、鼓舞人,同时注重培养职工的职业道德和行为操守,让员工具备良好的职业素养和业务水平,为企业实现经济效益和社会效益的双赢做贡献。

企业制度文化是企业文化建设的重点领域。企业制度文化是企业为实现自身目标对员工的行为给予一定限制的文化,它具有强有力的行为规范要求。互联网企业需要从以人为本的角度出发建构适合企业自身发展特性的制度文化,以此实现企业更好、更有序、更稳定、更具可持续性的发展。

处于"互联网+"时代背景下的互联网企业,只有建构起适合互联网企业发展的企业文化体系,才能使企业在世界经济一体化浪潮中乘风破浪、勇往直前,这是互联网企业成就伟大事业,实现基业长青的根本所在。

第十四章　互联网企业文化的新思考维度

　　20世纪90年中后期,中国互联网逐步迈入商业时代,互联网企业随着中国互联网技术的发展,不断进行技术、产品,以及服务的创新,以适应互联网从 PC 互联网时代到移动互联网时代,甚至未来智能互联网时代的发展变化,因此,互联网企业文化在思考角度上也需要具备新思维、新视角、新理念,才能创造出不断适应互联网企业自身发展变化的企业文化,从而提升互联网企业的文化软实力。

一、以互联网思维思考企业文化建设

　　对于互联网与商业思维的关系,华为轮值 CEO 兼副董事长胡厚崑表示:"互联网正在成为现代社会真正的基础设施之一,就像电力和道路一样。互联网不仅仅是可以用来提高效率的工具,它是构建未来生产方式和生活方式的基础设施,更重要的是,互联网化应该成为我们一切商业思维的起点。"[①]可见,互联网思维是在互联网科技高速发展的背景下,以"互联网+"、大数据、云计算等为依托,对市场、用户、产品、企业价值链乃至对整个商业生态进行重新审视的思考方式。对于互联网企业来说,不仅需要以互联网思维来思考企业发展战略、商业模式等,更需要以互联网思维来思考企业文化建设,以企业文化软实力来促进互联网企业的发展壮大。

---

　　① 《华为:以互联网为起点重构商业思维模式》,慧聪通信网,2013 年 6 月 13 日,http://info. tele. hc360. com/2013/06/131357429382. shtml。

（一）"着眼未来"的思维

互联网思维，是一种着眼于未来的思考方式。中国发展得比较好的互联网企业比如 BAT（百度、阿里巴巴、腾讯的简称）等，一直都以互联网思维来考虑企业的长远发展。就像阿里巴巴董事会主席马云说的，未来互联网没有边界，就像电没有边界一样。未来没有人会拒绝互联网，没有一个人可以离开网络而存在。电子商务只是把握了互联网的技术、互联网的思想，知道未来的经济将完全基于互联网，创造出一套适应未来商业的商业模式而已。[①] 百度近年来一直在探索人工智能，因为百度相信随着互联网科技的发展，互联网未来是人工智能时代。百度的创始人李彦宏曾表示，2016 年到 2017 年应该是从移动互联网时代转向人工智能时代的阶段。在这个阶段，无论是百度，还是别的互联网公司，都需要转变思维方式。李彦宏表示，人工智能给这个社会带来的改变堪比当年的工业革命或者电力革命，"人工智能就是新时代的电力"，它会对任何一个行业都产生巨大的影响。现在，人工智能的应用已经到了一个临界点，原来认为不能做到的事情现在都成了可能。比如百度的无人驾驶汽车已经做了好几年，现在世界上主流的汽车厂商也基本上都接受了这样一个观点，就是在 2021 年到 2022 年之间，无人车会投入大批量生产。这已经成为一个行业的共识。再比如百度云，不是简单的云服务，而是跟人工智能的各项技术，如语音识别技术、自然语言理解技术、图像识别技术相结合，为很多行业提供不一样的解决方案。还有度秘，最初只是一个"寄生"在手机百度里的功能，今天它已经可以作为一个物联网的操作系统，并可以将其植入任何一种电器中，甚至那些不通电的物品比如桌子，使它变成智能的。这样一个操作系统可以让人和工具进行自然语言的交流和对话，人们以后再也不用学习使用说明书，因为任何电器、设备都能听得懂人话了。这些都是因为人工智能把想象变为现实。[②] 可见，立足当下，着眼未来是互联网思维的一大特性。而在企业文化的建设中，互联网企业也只有具备互联网思

---

① 《马云：未来三十年将决定每个国家每个行业 100 年的命运格局》，央广网，2016 年 11 月 16 日，http://china.huanqiu.com/hot/2016-11/9686666.html。

② 《全国政协委员李彦宏：如何迎接人工智能新时代？》，中国经济周刊 2017 年，第 53 页。

维,才能适应企业长远发展的需要。

互联网思维运用在互联网企业文化建设中,体现为企业制订的发展战略、愿景和使命等应立足于当下,着眼于未来。以中国互联网企业 BAT 为例:

阿里巴巴提出的企业使命是"让天底下没有难做的生意",企业发展愿景是:努力成为第一家为全部用户免费提供市场数据的企业,希望让用户通过分析数据,掌握市场先机,继而调整策略,扩展业务;希望成为员工幸福指数最高的企业;希望成为一家活 102 年的企业,横跨三个世纪。

百度提出的企业使命是:为网络用户提供最高端的网络技术服务,创造中国互联网络企业的经营奇迹;使百度在品牌、用户满意度、经营业绩方面成为同行业的领先者;提高中国互联网的技术成分,努力帮助更多的互联网公司更快地盈利。百度的发展愿景是:成为最优秀的互联网中文信息检索和传递技术提供商,成为中国网络技术企业在全球同行业中的优秀代表。

腾讯提出的企业愿景是:成为最受欢迎的互联网企业,不断倾听和满足用户需求,引导并超越用户需求,赢得用户尊敬;通过提升企业地位与品牌形象,使员工具有高度的企业荣誉感和自豪感,赢得员工尊敬;推动互联网行业的健康发展,与合作伙伴共同成长,赢得行业尊敬;注重企业责任,关爱社会、回馈社会,赢得社会尊敬。企业的使命是:通过互联网服务提升人类生活品质;使产品和服务像水和电一样源源不断融入人们的生活,为人们带来便捷和愉悦;关注不同地域、不同群体,并针对不同对象提供差异化的产品和服务;打造开放共赢平台,与合作伙伴共同营造健康的互联网生态环境,等等。

从 BAT 提出的企业使命和愿景中,我们可以看到这些互联网企业有着共同的企业文化特质,例如"用户至上""免费分享""帮助他人""行业领先""开放共赢"等。这些和互联网思维提倡开放、包容、共享、合作等互联网精神不谋而合,这正是现在互联网企业文化建设需要提倡的价值理念。互联网的无边界性和资源的共享性,让互联网企业只有建构起开放透明、合作共享、包容互惠的企业文化,才能协调好企业内部关系,激发员工的积极性和创造性,实现产品和服务的创新发展;才能在国际化的市场竞争环境下,通过合作共赢的方式实现企业的良性发展和长远发展。

像 BAT 这些优秀的互联网公司,正用他们不断创造出的奇迹告诉我们,

"开放包容、共享合作"的互联网思维对互联网企业的发展至关重要。阿里巴巴、百度和腾讯等成功的互联网公司都用企业的成功证明了这样一个发展理念,在互联网竞争中,只有让别人赚钱了自己才能赚钱,只有让别人强大了自己才能强大。这样的互联网生态建立起来不容易,但是一旦建立起来,就会生生不息。可见,未来互联网企业,必须以互联网思维来思考互联网企业文化建设,促使企业更好地迎接和适应各种新机遇和新挑战,才能实现企业的长远发展和基业长青。

(二)用户思维

我们从 BAT 三大互联网公司的企业文化愿景和使命中,看到了一个高频率的词,就是"用户",可见对于互联网企业来说,用户是企业生存发展的核心和关键。互联网企业讲求的是规模效益,没有庞大的基础用户群,企业就没有生存发展的可能。因此对互联网企业来说,如何吸引用户是需要费心思考虑的问题。一般的互联网企业首先采用免费的模式吸引消费者使用自己的产品,等到拥有了稳定的客户群后,再采取一定的盈利模式。这是前期免费,后期收费的方式,像现在的一些视频网站,如搜狐、爱奇艺、腾讯等,先是通过免费方式吸引用户,然后在试用期后,实行会员收费制,付费的会员可以享受各种增值服务,比如可以提前看视频,看视频免广告,等等;另一种是继续某种产品免费,等到拥有一定的客户群之后,再通过利用其他的渠道或产品进行收费,像奇虎360,它旗下的360安全卫士、360杀毒、360安全浏览器、360手机卫士等产品是免费的,而推出的360奇酷手机、360智能摄像机、360安全路由器、360儿童卫士等这些产品则是面向市场进行销售的。这些产品的特点是简单、便捷、好用,使其早在公司刚推出360免费杀毒软件时就得到了很好的口碑,也吸引了庞大的客户群,为360后续产品的市场营销奠定了坚实的基础。

因此,互联网企业的商业价值可以说是建立在用户价值之上的,没有认同,就没有效益。因此,互联网企业需要从市场定位、产品研发、生产销售乃至售后服务整个价值链的各个环节都建立起"以用户为中心"的企业文化,只有深入理解用户,互联网企业才能获得生存发展的机会并得以不断强大。

（三）平台思维

员工一直是互联网企业的核心竞争力,因此围绕着如何激发员工的积极性、主动性和创造性,互联网企业积极打造了企业内部的"平台型组织",让企业成为员工创新创造、实现个人成长的平台。例如,阿里巴巴 25 个事业部的分拆,腾讯 6 大事业群的调整,等等,目的都是发挥内部组织的平台化作用,以挖掘每个人的创造力,让每个人成为自己的 CEO。

以平台思维建构公司的企业文化,对互联网公司来说,具有很大的作用,它让员工有了更大的自主性和发挥空间,也让企业能够更有效地激发员工的潜力,发挥个人的最大价值,从而为企业创造更大价值。这对于依靠创意、创新实现企业成长的互联网公司尤其重要。以脸书公司关于员工管理的企业文化理念为例:

脸书公司通常会赋予员工大量自由的时间和空间,以激发员工的想象力和创造力。例如,公司会鼓励员工利用旧东西打发时间,设置打印社和木制品店丰富员工的线下生活;允许办公园区进驻自行车维修店、银行,以及提供免费食品给员工,让员工拥有更宽松、简单、便利的工作环境。公司希望借此帮助员工开发出更便于用户使用的产品和服务。

相对于传统产业,互联网企业的员工更为年轻化,例如脸书公司员工的平均年龄大概是 28 岁,针对这样一群懂技术、有个性、年轻化的知识型群体,公司精心制订了"扬长避短,充分发挥个人优势"的管理方法,并有意识地培养员工主人翁精神。因此,公司员工在选择、调整任务等方面被赋予了非常大的自由空间,有些任务甚至超出了其专业领域。可以说,脸书公司的企业文化是以工程师为主的。例如,工程师可以修改一些尚在处理期间的产品,还可以随时提出新点子。通常情况下,工程师可以决定自己想干什么,然后去找产品经理表明哪些事是自己想干的,产品经理一般不会干涉工程师的个人偏好,甚至还会鼓励他们立即尝试认为比较有趣的想法和创意。可见,脸书公司关于员工管理的企业文化就是充分注重发挥员工的个人优势,对每位员工做出的贡献都给予充分的重视和肯定。这种企业文化为员工营造了平等、自由、尊重的工作氛围,极大提升了员工个人的自主性和工作的积极性、

主动性。正是这种平台化管理思维,让脸书公司能够紧跟时代步伐、了解客户需求,不断实现产品和服务的创新,从而成为全球最受欢迎的社交网络服务网站,位列 2017 年度全球 500 强品牌榜单的第九名。

因此,互联网企业在企业文化建设中应注重平台化思维的运用,从而创造更有利于员工发挥创造性、实现个人价值的平台,提升企业的核心竞争力。

(四)跨界思维

互联网和新科技的高速发展,很多产业的边界变得模糊,互联网企业的触角已经深入传统行业的方方面面,零售、制造、图书、金融、电信、交通、传统媒体等等。互联网企业的跨界联合意味着互联网经济和传统经济的互补、融合,正在成为我国经济转型的重要驱动力量。例如,阿里与苏宁、百联集团等传统企业合作,曾被视为"互联网+"风口下的大事件,对消费者来说,阿里与苏宁、百联集团等传统企业合作意味着有更多的选择,有更优惠的价格。这些合作必将在电商行业引发更为激烈的竞争,而竞争的可能后果就是,传统零售实体店将借助互联网重获新生,这一轮竞争的结果将不只是颠覆,更多的将是通过融合创造出新的商业价值。

互联网企业拥抱传统企业是未来互联网产业发展的大势所趋,线上线下的结合将让互联网企业和传统企业能够充分利用对方的资源优势,进行资源互补,促使双方产业得到健康发展,正像俗话说的"一起把蛋糕做大",这样大家都能分享到更大块的蛋糕。同时,互联网企业也通过并购的方式来扩展自己的业务领域,例如 2017 年,阿里巴巴并购大麦网,腾讯向 58 同城集团旗下二手交易平台转转投资 2 亿美元,等等。互联网企业通过并购方式,可以有效拓展业务范围,进行全产业链布局。

随着互联网企业跨界并购范围不断扩大,企业需要用一种"大世界、大眼光,多角度,多视野"的跨界思维方式来指导企业文化建设,让企业文化更具兼容并包的个性,从而更好地协调企业内部关系,统一员工的思想和行动,在互联网企业跨界兼并、重组、融合的过程中实现企业的创新发展和新的突破。

（五）创新思维

小米科技 CEO 雷军认为，互联网其实不是技术，而是一种观念，是一种方法论，只有运用这种方法论才能把握住互联网时代竞争的精髓。雷军将互联网方法论总结为"七字诀"：专注、极致、口碑、快。"专注"强调企业明确自身定位，集中优势资源参与竞争；"极致"是指企业必须做到自己能力的极限，做到别人达不到的高度；"口碑"是指为用户创造最高价值体验，从而得到更忠诚的粉丝关注、实现更精准的粉丝口碑营销；"快"是指软硬件产品能以"快速迭代"的形式推出、升级并投入市场。① 其实，"专注、极致、口碑、快"既可以视为互联网方法论，也可以看作互联网企业产品或服务要实现的四大标准。要实现这四大标准，互联网企业需要以创新思维建构企业文化，认真思考并确立新形势下企业的定位、使命和愿景，适时调整企业的发展战略，对企业的内部组织结构和组织体系进行创新性管理。比如，阿里巴巴的合伙人制度，是对企业管理模式的一种创举，体现了阿里巴巴"开放、创新、承担责任和推崇长期发展"的企业文化，这种合伙人精神，有利于确保公司的使命、愿景和价值观的持续发展。在阿里巴巴，集团董事局主席马云和集团执行副主席蔡崇信为永久合伙人，其余合伙人在离开阿里巴巴集团公司或关联公司时，即从阿里巴巴合伙人中"退休"。每年合伙人可以提名选举新合伙人候选人，新合伙人需要满足在阿里巴巴工作或关联公司工作五年以上，对公司发展有积极的贡献，高度认同公司文化，愿意为实现公司使命、愿景和价值观竭尽全力工作，等等条件。实行合伙人制度的一大目标就是让阿里巴巴的创业文化得到传承。阿里巴巴通过创新性、创造性的企业文化管理，确保企业能够不忘初心，始终专注于服务中小企业，兑现"让天底下没有难做的生意"的承诺。可见，在企业文化建设中融入创新思维，能让企业文化更生动、更灵活，更能够适应企业战略方向的调整，营造有利于企业产品创新、服务创新的工作氛围，从而让企业文化更好地起到凝聚人心的效果，促进企业的长远发展。

俗话说："小企业做事，大企业做人，一流企业做文化。"互联网企业之间

---

① 《"互联网思维"带来的变革与创新》，新华网，2014 年 11 月 10 日，http://www.js.xinhuanet.com/2014－11/10/c_1113181496_3.htm。

的竞争,从表面看是产品与服务的竞争,其深层次是管理与技术的竞争,更深层次是人才的竞争,最深层次是文化的竞争。以互联网思维来建构企业文化体系,将使企业文化更能够紧贴时代发展的需要,适应企业发展变化的需求,促进互联网企业实现全面的技术创新、管理创新、经营模式创新等等,从而营造企业良好的创新环境,推动企业做优、做强、做大。

二、以更高的站位思考企业文化建设

近年来,我国政府对互联网发展高度重视,正如习近平总书记在第一次世界互联网大会致辞时所指出的,当今时代,以信息技术为核心的新一轮科技革命正在孕育兴起,互联网日益成为创新驱动发展的先导力量,深刻改变着人们的生产生活,有力推动着社会发展。互联网真正让世界变成了地球村,让国际社会越来越成为你中有我、我中有你的命运共同体。因此,应该更好地发挥互联网在世界经济社会发展中的重要作用,促进各国人民共享互联网发展成果,增加人类福祉。

经过 20 多年的努力,中国已经成为全球网民数量最多的国家,全球最大的电子信息产品生产基地,全球最具成长性的信息消费市场。中国互联网络信息中心发布的第 40 次《中国互联网络发展状况统计报告》显示,截至 2017 年 6 月,中国网民规模达到 7.51 亿人,占全球网民总数的五分之一。互联网普及率为 54.3%,超过全球平均水平 4.6%。手机网民规模达 7.24 亿人,网民中使用手机上网的比例由 2016 年底的 95.1% 提升至 96.3%。2017 年上半年,各类手机应用的用户规模不断上升,场景更加丰富。其中,手机外卖应用增长最为迅速,用户规模达到 2.74 亿人,较 2016 年底增长 41.4%;移动支付用户规模达 5.02 亿人,线下场景使用特点突出,4.63 亿网民在线下消费时使用手机进行支付。随着网民数量持续增加,用户手机移动支付习惯日渐养成、使用场景日渐丰富,中国线上交易活动尤其是商务交易类应用持续高速增长。中国互联网络信息中心统计的数据显示,在 2017 年上半年,网络购物、网上外卖和在线旅行预订用户规模分别增长了 10.2%、41.6% 和 11.5%。截至 2016 年 12 月底,我国境内外上市互联网企业数量达到 91 家,总体市值为 5.4 万亿元人民币。其中腾讯公司和阿里巴巴公司的市值总和超过 3 万亿元人民币,两家公司作为中国互联网企业的代表,占中国上市互联网企业总市值的 57%。在我国政府的积极倡导和大力推动下,中国互联网企业整体向规范化发展。

中国互联网企业对国内生产总值的贡献越来越大,逐步成为推进中国经济发展的重要引擎。同时,互联网企业在国际社会中的地位和影响力也日益提升。例如,2017 年 1 月,阿里巴巴集团董事局主席马云在纽约会见美国总统特朗普,双方重点讨论了如何帮助 100 万美国小企业,特别是位于美国中西部的小企业,通过阿里巴巴的平台向中国和其他亚洲市场销售美国农产品和服务。马云表示,他认为商界沟通有助于中美更好地了解彼此政治环境,中美关系应"加强"和"更为友好"。特朗普也称赞马云是出色的企业家,双方会一起做"伟大的事情"。可见,以阿里巴巴、腾讯、百度等为首的一批中国互联网企业,在世界经济格局中发挥着越来越重要的作用,扮演着越来越重要的角色。

随着互联网企业社会地位、经济贡献及国际影响力的不断提升,互联网企业应该肩负起更大的责任和使命,从更高的角度来思考企业文化建设。

(一)从更高层次思考企业的发展愿景和使命

时代赋予了互联网经济崛起和腾飞的机会,在世界经济一体化中成长起来的互联网企业,也需要承担起相应的时代责任和使命,站在更高的角度来思考企业的发展愿景和使命。

习近平总书记在第二届世界互联网大会上提出"网络空间命运共同体",强调互联网是人类的共同家园,各国应该共同构建网络空间命运共同体,推动网络空间互联互通、共享共治,为开创人类更加美好的未来助力。阿里巴巴董事局主席马云在第三届世界互联网大会上表示,中国在全球的"担当"正在崛起。那么,作为互联网市场经济运营主体的互联网企业,也需要承担起相应的时代责任和使命,从为人类、为全世界谋福利的角度来思考和定位企业的发展愿景和使命,这是互联网企业实现长远发展的根基。

我们常说,视野决定高度,对于互联网企业来说,也是如此。企业的发展

使命和愿景决定了企业发展的方向和未来,高的格局和高的站位,能让企业一开始在发展战略上就处于领先优势。例如,阿里巴巴一开始就把自己定位为国际型企业,马云在阿里巴巴创立之初,就指出阿里巴巴的对手主要不是来自于中国,而是来自于美国硅谷,阿里巴巴的愿景是成为世界十大互联网企业之一,企业要活 80 年,其使命是要帮助中小企业赚钱,让天底下没有难做的生意。这种利他和互利的发展理念一直是阿里巴巴企业文化所倡导和坚持的,正如马云讲述的:"阿里巴巴成立前三年一分钱收入都没有,非常艰难,非常惨,就靠融资的钱过日子,随时有可能倒下。但支持我们走下去的,就是每天大批的邮件。那些小企业在给我们发的邮件中说,因为你们公司,我们活了下来;因为你们今天的网络,我们公司拿到订单。这种支撑让公司慢慢发展,我们知道这种东西管用。"[1]正因为这种不以赚钱为根本目的,而是努力为他人创造价值,为别人能够获得成就和幸福感到由衷的快乐,并且以此作为企业生存和发展的目的,所以阿里巴巴才能够吸引一批天下英才,即使在企业遭遇困境的情况下,这些人才也依然不改初衷,义无反顾地投身阿里巴巴的队伍。比如,在阿里巴巴创业之初就加入阿里团队,现在成为阿里巴巴永久合伙人的蔡崇信,他从第一次与马云见面后,就开始了与马云近 20 年的合作之旅。蔡崇信曾讲述自己与马云初次见面时的情况:

> 我与马云见面的时候,我被他的人格魅力深深吸引了。他非常平易近人,还极有魅力,他一直都在谈论伟大的愿景。我们没有谈商业模式、盈利或者其他业务上的东西。他说,我们拥有这些数以百万计的工厂资源。我如何帮助这些内地工厂接触到西方世界呢?它们现在都看不到光明的那一天。当时我觉得马云的创意——将这些公司推上线——够得上伟大,却不是什么惊天动地的想法,但我欣赏马云的个性。真正打动我的地方,不是马云本人,也不是他本人以及一两位跟随者,而是马云与一群追随者患难与共的事实。基本上,这些追随者都是他的学生。马云当过英文老师。这些在大学跟马云学习英语的大学生要么是工程师,要么是进出口人才。我

---

① 　马云:《靠价值观打天下》,党建 2011 年第 8 期,第 59-60 页。

看见了这种非凡的能量。他们工作非常努力。他们很快乐。我还看见他们眼中的光芒。我想："这家伙有能力将一群人聚集在一起，是个有影响力的领导者。马云真的有能力做成一番事业。"那就是最终说服我的原因。[①]

可见，吸引蔡崇信加入阿里巴巴的原因很简单，那就是马云的个人魅力及马云和他所带领的团队所展现出来对实现企业愿景和使命的坚定信心和不懈努力。正是因为有伟大、崇高的愿景和使命的驱使，才使得这个优秀的团队，具有很强的向心力和凝聚力，使得整个团队呈现出一种生机勃勃、充满激情和活力的奋斗精神。这是阿里巴巴能够一次次渡过危机，拥有今天的成就的核心因素。

在谈到企业的使命和愿景时，马云说过这样一段话：

> 我们中国人说物以类聚、人以群分。如果你没定清楚，很多人是为老板打工，基本上就死了。我最怕阿里巴巴的人进来是为马云打工，那是很累的。我们共同确定为什么要有这家公司。所有的人围绕这个使命去打工，我也一样。我在公司五年、十五年，所有做的一切都是围绕我们共同的使命展开。你的使命很庸俗，你招不到好的人，很高大，那些实实在在的人又不来。你一定要想明白你到底有什么、要什么。我去看一家公司的时候，无论创始人讲得多好，我比较关心的是，他身边的人，到底相不相信他讲的东西。阿里巴巴的使命是让天下没有难做的生意。这个使命听起来好像很宏大，但是你真正相信，才会有人也相信。你老板不相信，那你下面基本上就会垮掉了。[②]

同时，对于使命和愿景，马云还谈道：

① 《福布斯专访阿里蔡崇信：马云的坚持和改变》，新浪科技，2014 年 1 月 13 日，http://tech.sina.com.cn/i/2014-01-13/18219092718.shtml。

② 《马云亲授湖畔大学第一课实录：做企业的使命、愿景和价值观》，电商在线，2016 年 9 月 12 日，http://www.imaijia.com/qt/8a04289956c12b8801571bd184990c1b.shtml。

关于使命要想明白三个问题:你有什么? 你要什么? 你能放弃什么? 这三个问题决定了你这家企业,教育学称之为使命。你要想做战略,离开了这些问题,一切都是空的。所以第一天,你要把战略的基础理一理。人要活得长,活健康了,活快乐了,就这三件事情。企业也一模一样。所以做战略,第一个问题,先想明白:你有什么,你要什么,你能放弃什么。我把这称为"使命感"。只要是一个组织,他要能生存下来,一定是有一个坚强的使命。

我跟阿里巴巴招来的员工讲两个公司,一个是通用电气(GE),一个是迪士尼。GE 在 100 多年前创建这家公司的时候,那时候爱迪生发明了电灯泡,他们公司第一个使命就是"让天下亮起来"。那个时候的电灯泡,大概只能亮两分钟、三分钟,灯泡里面的丝马上就烧没了。所以每个人进来,从老板到员工,到管传达室的,都希望这两分钟的亮,能做到二十分钟。招进来的人,都是认同这个事情的。GE 到今天为止,一切都围绕着电气。加入这家公司的人充满着荣耀感:"我的工作是让世界亮起来"。迪士尼的使命是:"让世界快乐起来。"所以他们最早招进来的员工都是很开心的人,悲观的人没办法进这个公司。他们的戏剧、电影,所有东西都是让大家开心。如果你有这样的使命,你招聘的角度是完全不一样的,你建的组织是完全不一样。[①]

坚持着"让天下没有难做的生意"的创业初心和使命的阿里巴巴现如今已经走过了 18 年,并且已经成长为全球颇具影响力的互联网企业。马云依然强调:"18 年前,刚刚创立阿里巴巴时,我和伙伴们立志要做一家受尊重的公司。我们思考最多的问题并不仅仅是怎么能做好这个公司,而是我们为什么要做这个公司。我们坚信一点,一个伟大公司的终极使命是解决社会问题,只有为社会带来价值,才能够长久生存下去。"[②]

---

① 《马云亲授湖畔大学第一课实录:做企业的使命、愿景和价值观》,电商在线,2016 年 9 月 12 日,http://www.imaijia.com/qt/8a04289956c12b8801571bd184990c1b.shtml。

② 周超陈:《马云致股东信:一个伟大公司的终极使命不是赚钱,而是解决社会问题》,虎嗅网,2017 年 10 月 17 日,https://www.huxiu.com/article/218316.html? f=sohucom。

　　可见,对于互联网企业来说,以更高的站位来制订企业愿景和使命,对企业的发展十分重要,它更容易激发员工的使命感和荣誉感,比如通用电气的"让世界亮起来"、迪士尼的"让世界快乐起来"、苹果公司的"开发先进的工具,提升人类并为世界做出贡献"等,都具有很强的崇高感和使命感,这些全球知名企业都是站在为人类、为世界谋福利的角度来规划企业愿景和使命。可以看出,拥有崇高的、伟大的企业使命和愿景更容易激发员工的斗志,更容易凝聚人心,汇聚力量,从而让公司具有强大的向心力、凝聚力和战斗力。

　　因此,互联网企业要想在全球经济一体化进程获得更好、更迅速的成长,应该从更高的站位来思考企业发展的愿景和使命,以世界的眼光,从国家的利益和社会的诉求出发,思考企业发展的方向和路径。这样才能够真正实现企业的基业长青,让企业能够履行更大的责任和使命,在成长过程中能为推动社会发展和人类进步做贡献。这是互联网企业现在和将来都应该努力发展的方向。

(二)从更高站位建构企业文化价值观

　　美国加利福尼亚大学教授、社会学家菲利浦·塞尔日利克指出,一个组织的建立,靠的是决策者对价值观念的执着,也就是决策者在决定企业的性质、特殊目标、经营方式和角色时所做的选择。无论如何,组织中的领导者,必须善于推动、保护这些价值,若是只注意守成,那是会失败的。总之,价值观是企业员工的精神纽带,是企业行为规范的基础,更是企业生存、发展的内在动力。

　　可见,价值观是企业文化的核心,对促进企业生存具有重要作用。一个没有价值观的企业,就如同一盘散沙,缺乏向心力和凝聚力,因此,企业要获得生存发展,实现企业的发展愿景和目标,价值观的建设很重要。而互联网企业需要从更高的位置来建构企业的文化价值观。这是由互联网企业本身的发展特点和趋势、所处的时代和环境,以及所肩负的使命和责任等因素决定的。

　　随着互联网科技的飞速发展,互联网对国家政治、经济、社会、文化及人民生活影响的日益广泛。依托互联网生存发展的互联网企业在商业模式上必然不断进行创新,使规模不断扩大、业态日益多元。互联网企业业务领域

必将涉及社会生活的各个领域,仅仅局限在原来的电商、信息门户及即时通讯等领域,而是根据互联网科技发展及人民生产生活方式的变化,不断拓展业务领域,如互联网金融、互联网医疗、互联网教育、互联网旅游、互联网娱乐、参与智慧城市、智慧政府的建设,等等。这些互联网发展趋势和特点决定了互联网企业在价值观建设中更需要崇高感,不仅仅是为企业本身的生存发展服务,而是具有更宽广的视野和胸怀,关注如何为全体社会成员提供更好、更优质的产品和服务。在企业文化价值观中注入崇高感、责任感,可以让员工从价值观中感受到自己的行为和工作不仅仅是为企业负责,更是为用户、为社会大众负责,从而更好地激发出员工的内生动力,提升他们的职业自豪感,让他们感到工作的价值感和成就感。比如,苹果公司的创始人乔布斯,在创业之初曾撰写了一份苹果公司的文化备忘录:让世界上每一个人都拥有电脑,是我们的梦想,并且我们为此积极努力着;我们齐心协力,奋斗不懈;我们制造一流的产品;我们生产与众不同的东西,同时从中获利;我们手连手、心连心,不是赢就是输;我们充满激情,富有创意,共同开创公司的康庄大道;我们所有员工都踏上了这趟冒险的旅程,我们的所作所为与公司的命运息息相关,我们要为公司创造一片美好前景。

正是这样的企业文化价值理念赋予了苹果公司员工强烈的使命感和责任感,让他们坚信公司从事的是致力于改变人类和世界的伟大事业。乔布斯常常鼓励员工说:"让我们一起在这个世界上留下点儿印记吧。"他还表示,要将最尖端的科技变得更容易为人所用,即苹果公司一直推崇的"一切始于简洁""致力于提高用户体验"等企业文化的核心价值观。苹果员工在企业核心价值观的熏陶和影响下,始终相信自己真的是在用工作改变世界。在苹果公司,员工对待工作几乎上升到对宗教般虔诚的程度。乔布斯把自己变成了一个传递梦想的大师,从苹果公司成立开始,他就一直向苹果员工灌输为改变世界而奋斗的企业文化价值观,让员工感受到他们工作的意义和价值,这样的文化价值理念激励着苹果公司的员工一起为世界创造了一个又一个有关苹果产品的奇迹。如今以苹果手机为代表的智能手机已经深刻地影响和改变了我们的生活方式和工作方式,并开启了互联网商业的新时代。

可见,通过更高的视角来建构企业文化价值观,能够更有效地提升员工的责任心和成就感,更有利于员工创造性智慧的开启,让他们在工作中更专注;更有利于工作上的创新,从而持续为企业创造出新的、更大的价值。

(三)从更高角度思考企业社会责任的履行

习近平总书记在第三届世界互联网大会上指出,当前,互联网是我们这个时代最具发展活力的领域。互联网快速发展,给人类的生产生活都带来了深刻变化,也给人类社会带来了一系列新机遇和新挑战。互联网发展是无国界、无边界的,利用好、发展好、治理好互联网必须深化网络空间国际合作,携手构建网络空间命运共同体。而关于如何维护好网络空间,习总书记强调,中国愿意同世界各国携手努力,本着相互尊重、相互信任的原则,深化国际合作,尊重网络主权,维护网络安全,共同构建和平、安全、开放、合作的网络空间,建立多边、民主、透明的国际互联网治理体系,让互联网发展成果惠及 13 亿多中国人民,更好地造福各国人民。可见,营造文明有序、开放共享的互联网空间是实现互联网造福人类社会的基础和前提。

互联网企业,作为互联网经济空间的运营主体,需要从更高的角度思考企业社会责任的履行。阿里巴巴集团董事会主席马云表示,随着互联网经济的蓬勃发展,互联网企业的社会责任已经不仅是简单的慈善捐款和公益活动,而是要积极参与解决互联网经济空间的种种问题,协力建构文明有序、开放共享的网络空间。

近年来,中国互联网企业意识到了履行社会责任的重要性,纷纷参与到服务社会、承担社会责任的实践中来。阿里巴巴集团、奇虎 360 公司、京东等都陆续推出了企业责任报告,展示了企业如何充分发挥自身资源优势,履行好企业的社会责任。

阿里巴巴认为履行好社会责任就是对用户负责、对员工负责、对股东负责。而对于宏观的经济领域,阿里巴巴则是基于企业自身庞大的电子商务平台,持续致力于建构网络诚信等,推进网规体系等社会责任的履行。马云表示,社会责任不该是一个空的概念,也不单纯局限于慈善、捐款,而是与企业的价值观、用人机制、商业模式等息息相关,社会责任一定要融入企业的核心价值体系和商业模式中,才能行之久远。阿里巴巴的价值观就是,通过电子商务去扶助中小企业、个体创业者乃至部分弱势人群,协力构建一个和谐高

效的经济新秩序,这永远是阿里巴巴的最大驱动力。为此,阿里巴巴集团还专门设立了社会责任部门,旨在推动社会责任管理体系在集团公司内部的制度化。正如阿里巴巴所遵循的:"社会责任应内生于企业,阿里巴巴考核子公司最重要的标准就是社会责任,各种商业模式首先要围绕社会责任来设置,阿里巴巴集团旗下公司的商业模式,将永远以社会责任为核心要素。"①为此,阿里巴巴还确立了企业社会责任观:"我们坚信:企业社会责任应内生于企业的商业模式,唯其如此才能实现可持续发展。我们确信:社会责任对企业不是负担;在每个企业的商业模式中,都可以找到自身与社会责任的结合点。我们相信:人人都有社会责任,在网络化的社会环境下,人人也都有能力履行社会责任。"②为此,阿里巴巴还设立了社会责任内容结构、社会责任管理组织结构、社会责任评估体系等等,力求把企业的社会责任真正落到实处。

奇虎360公司在企业社会责任的履行上则是秉持"让每个人都有安全感"的理念,通过自己在安全技术方面的优势,以用户需求和社会议题为出发点和最终价值考量,持续业务创新,不断提供可信赖的互联网安全产品和服务,最终为用户、伙伴、员工、股东、社会等创造价值,实现商业价值和社会责任的统一。360公司诞生于PC安全问题最为严重的时代,当时,恶意软件、木马病毒疯狂滋生,而市场上杀毒软件的价格让许多用户望而却步,因此广大用户对杀毒软件的认知率和接纳率非常低,大多数用户的电脑上甚至没有任何安全防护措施。在2006年,360公司推出安全卫士,承诺终身免费使用,从查杀流氓软件,到向木马病毒宣战,从抵御外部攻击,到构筑自我防御,在十余年间陆续推出了10余代版本。每一次的版本升级都是对安全软件领域的一次革新,不仅在功能上推陈出新,更将用户的体验放在最优级。随着360安全产品的推出及普及,国内迎来了免费安全的时代,用户网络安全意识逐渐提升,我国个人电脑的安全软件普及率从2006年的53.9%上升到2007年的99%。不仅如此,360还通过不断创新提升社会网络安全防护能力,360首份企业社会责任报告显示,360下设五大研究院:360漏洞研究实验室、360网络攻防实验室、360无线安全研究院、360网络安全研究院和360开放实验室。这些研

---

① 《阿里巴巴:社会责任不仅仅是慈善》,华夏时报2007年12月10日,第35版。
② 《阿里巴巴集团2009年度社会责任报告》,道客巴巴,2011年6月18日,http://www.doc88.com/p-68545900694.html。

究院分别专注于不同的技术领域,并取得了不错的科技成果。这些研究院为360 的技术创新打下了坚实的基础,并在国内网络安全领域取得了诸多专利技术。近年来,360 结合大数据的优势和安全领域的专长,对包括移动安全、PC 安全、网站安全、企业安全、网络诈骗、非安全类专题等在内的诸多领域开展持续跟踪研究,公开发布了研究报告近百份,对中国网络安全进行了精准判断。360 通过自身在网络安全技术领域方面的优势,有力地提高了整个社会的网络安全等级,为营造安全的网络运行空间做出了贡献。

京东作为中国国内最大自营电商企业,在 2016 中国社会责任公益盛典上荣获了"2016 年度中国社会责任精准扶贫奖"。京东之所以能够获得这项荣誉,主要在于京东积极响应党中央、国务院的《关于打赢脱贫攻坚战的决定》号召,结合企业实际,发挥自身优势,密切配合政府,将互联网与脱贫攻坚工作紧密结合起来,依托自身强大的运营模式优势和社会影响力,助力精准扶贫、精准脱贫。2016 年 1 月 22 日,京东集团同国务院扶贫办签订了《电商精准扶贫战略合作协议》,积极践行企业的社会责任。京东电商精准扶贫是全面的产业生态扶贫,包括七大项目:一是地方特产馆项目。京东联合地方政府、当地企业共同构建区域特产发展链条,促进当地农副产品产业升级,做好农产品上行工作,帮助贫困县将农副产品卖出好价钱,卖出品牌,促使贫困群众普遍受益。目前已经与近百个国家级贫困县签署了战略合作协议,帮助超过 60 个贫困县在京东建立地方特色馆,上线单品超过 1 万个,每月销售额超过 2000 万元。二是生鲜自营项目,帮助贫困地区优质农副产品打出品牌、开拓市场,促进县域经济发展。三是"扶贫跑步鸡"项目。该项目是京东集团开展的创新型电商扶贫项目。给每只鸡带上计步器,记录其自然生长周期的步数,交由扶贫办提供已建档立卡、征信记录良好的贫困户进行散养,达到 10 万步方可上市销售,养殖周期在 4 个月以上。经初步测算,去除成本,贫困户每只鸡赚取 30 元左右,到年底可帮助 50 户贫困家庭完成 1 万只鸡苗养殖。四是"养羊不花钱"项目。该项目在河南省濮阳县开展的肉羊养殖项目,京东为当地建档立卡贫困户购买肉羊,并在当地核心企业汇源羊业的帮助下为农户提供养殖服务,由联合中华联合财险提供保险担保。截至 2016 年 8 月,该项目已惠及 400 户贫困户。到 2018 年计划肉羊养殖年出栏规模可达 150 万只,直接带动贫困户 1 万户帮助约 3.5 万贫困人口脱贫。五是设立农村电商生态

中心。京东将广泛联合社会培训资源，为贫困县提供电商等技能培训服务，完善涉农电商服务生态。协助贫困县政府部门加强对贫困户的实用技术培训，带动更多人脱贫，防止贫困代际传递。六是培训支持。应邀为政府企业组织的贫困地区近千名基层干部和企业家进行电商扶贫培训。七是用工就业扶贫。根据与国务院扶贫办签订的合作协议，京东针对建档立卡贫困户，提供多种工作岗位，截至 2017 年已在全国 32 个国贫县开展招聘工作，招聘近千人，并提供 5000 个岗位给国务院扶贫办。可见，京东在履行企业社会责任上是充分发挥自己电商平台优势，从国家战略大局出发，全面参与国家扶贫战略，持续推动扶贫事业的创新与提升。

当今企业履行社会责任已经上升到了国家战略高度，十八届三中全会对企业的决策做出新的注解，要求企业积极参与社会治理，助力生态文明建设，履行应尽的社会职责。与此同时，我们也看到，社会大众对企业社会责任践行的标准也正在逐步提高，保护环境资源、参与公益慈善、维护社会可持续发展等不再仅仅是少数人的呼吁。全民责任意识的加强，为企业如何实现社会责任提出了更高的要求。因此，互联网企业也需要从更高的角度来思考如何更好地履行企业社会责任，从国家大局出发，从促进社会发展出发，从满足人们需求出发，把建构文明有序、开放共享、和谐健康的互联网生态空间作为企业应当履行的社会责任，实现社会效益和经济效益的统一。

企业社会责任是企业文化的重要组成部分，因此，互联网企业在企业文化建设中，应该从更高的角度来思考企业社会责任的履行，这不仅符合时代和社会发展的需求，而且有利于企业构建和谐健康、积极向上的内部环境，树立企业良好的社会形象，这些都是互联网企业实现基业长青的关键因素。

三、根据市场环境的发展变化思考企业文化建设

随着互联网技术的飞速发展，互联网企业的市场环境也经历了从 PC 时代到移动互联网时代的转变，未来还有可能从移动互联网时代向人工智能时代转变，企业经营环境的变化势必对企业的管理组织产生影响和渗透。因此，面对不断变化的市场环境，互联网企业应相应地加强灵活适应型文化的

建设,以适应市场环境的新变化、新趋势和新需求,实现企业的长远发展。

(一)市场环境发展的新变化

互联网时代,企业面临的市场竞争环境发生了翻天覆地的变化。传统的经营理念和经验不断被颠覆,企业面临的竞争环境更加严峻,维持"永续经营"也更加困难。在这样的时代背景下,"战略制胜"是企业能够立足于市场、实现永续经营的唯一出路。互联网时代最重要的变化就是"信息市场"的完全效率化。"信息市场"是指在虚拟的网络空间中形成信息发布或交易的市场,在这个市场中,信息的传播呈现大量、瞬时、全球化和几乎无偿获得的显著特征。而这样的变化使企业面临的市场竞争环境也发生了变化,比如社会变革的日常化。在互联网时代,社会的变革呈现日常化趋势,昨天还是为大家所普遍认同的观念,在今天或明天有可能就被颠覆。比如,百度CEO李彦宏谈到互联网环境发生变化给人们思想观念所带来的影响:"当我们从PC时代跨入移动时代时,大家逐渐意识到键盘并不是表达思想最自然的方式。我们这一代是用着笔记本电脑长大的,已经习惯了在键盘上敲字,可是智能手机问世时,键盘变成了屏幕上的虚拟键盘,触摸屏要肩负鼠标和键盘的多重功能。一开始,大家都觉得这个设计太蠢了,又慢又不精准。但当我看着孩子们用触摸屏时,一切又是那么的自然。这是因为相比于在传统键盘上输入,更加自然的表达方式是手指在触摸屏上的点击。但移动时代之后,声音和图片成为更自然的表达方式。毕竟人们都是先学说话后学会打字,因此若要表达思想,通过声音表达更加自然。之前机器没法辨认出语音信息,所以人们不得不使用键盘或触摸板输入想表达的信息;但是多亏人工智能,人们现在可以使用语音来传达信息。"[1]可见,互联网环境的变化给人们的生活方式和思想观念带来的影响是十分深远的,对于互联网企业而言,在这样的时代背景之下,依据过去的经验来推断企业未来的发展已经不太现实,只有那些准确把握未来的战略方向、在短时间内就能够快速应对竞争环境变化、迅速调整战略的企业才能在残酷的市场竞争中获得生存与发展的机会。

---

[1] 《李彦宏:人工智能的互联网时代已经到来》,网易科技,2016年9月12日,http://tech.163.com/16/0912/13/C0P3SJRS00097U7R.html。

互联网"信息市场"的完全效率化还使得产品和行业的生命周期明显呈现不断缩短的趋势,并且缩短的速度还在不断加快。对于互联网企业来说,如果不能持续实现战略性创新,那么就有可能经常性地卷入价格竞争的红海,容易遭遇生存危机。同时在互联网经济时代,互联网企业可以通过并购的手段来补足业务短板或拓展自己的业务领域,打造全生态产业链,以此提升自己的竞争力。而消费者和投资者将成为互联网经济市场的主导力量。互联网时代,消费者和投资者通过互联网可以轻易地掌握无处不在企业信息,消弭了企业和消费者、投资者、经营者之间的信息不对称。作为买方,消费者和投资者的议价能力不断提升,市场的主导权也在逐步被消费者和投资者掌握。如何更好地满足消费者和投资者的需求已成为企业所要面对的核心问题。

因此,面对市场环境的新变化,互联网企业只有立足于企业发展战略,以此为企业发展的着眼点和落脚点,才能够让企业具备迅速、高效活用"信息市场"的能力,对所获得的信息加以利用,转化为具备战略创新性的产品、服务、商业模式等,同时还要将这样的创新持续维持下去,从而实现企业的基业长青。

(二)市场环境发展的新趋势

关于互联网市场环境的新趋势,马云谈到了五个"新",即新零售、新金融、新技术、新制造和新能源。马云称,未来30年整个世界的变化会超过所有人想象。由于"五新"的出现,各行各业都会遭受巨大的冲击。悲观地看,这将是一个麻烦,而任何一次麻烦和灾难,都有可能诞生机会。中国工程院院士邬贺铨也谈到过这个问题,他举例说:"像互联网金融一样,中国的金融本身股市不景气,银行利息低,所以中小企业贷款很难,另外老百姓又有存钱的习惯,所以互联网金融出来了,到它出来以后,你再想扼杀就不容易了。所以中国有一个很好的互联网的发展环境,你感到什么地方不满意,就是你创新的机会,痛点就是起点。"[①]可见,对于互联网企业来说,遭遇的每一个挑战和困难都有可能成为企业新的发展机会,从而创造出新的经济增长点,因此,要

---

① 《邬贺铨"开讲":互联网时代 痛点就是起点》,央视网,2016年2月26日,http://tv.cctv.com/2016/02/26/ARTIPbEwj3pa03jRh3Qc0pb41602262.shtml。

更好地适应市场环境的新趋势,互联网企业在企业文化建设中应提倡冒险和激情的文化价值观,鼓励员工勇于迎接变化,积极创新,在遇到困难的时候,要富于激情,乐观向上,永不言弃,等等,这对于企业更好地适应市场环境发展趋势起到了积极的促进作用。

中国互联网 10 多年的发展,本身就是一个新实体替代旧实体的过程。在这个过程中蕴含着巨大的商业变革。例如阿里巴巴集团及蚂蚁金服 2016 年合计纳税 238 亿元,平均每个工作日纳税超过 1 亿元,带动平台纳税至少 2000 亿元,创造了超过 3000 万个就业机会,而创造了这么巨大财富的阿里巴巴成立还不到 20 年。新实体替代旧实体过程中,必然有优胜劣汰,大量因循守旧、拒绝变化的企业和行业被淘汰掉,同时崭新的、更有效率、更有效益的行业出现。因此,互联网企业在企业文化中要提倡变革的精神,只有勇于变革,与时俱进,主动适应市场环境的发展,才能实现企业的长盛不衰。

阿里巴巴董事局主席马云曾经表示,很有可能在未来的 10 年、20 年,人类每天工作四个小时不到,一个星期可能就工作三天。这是新技术给我们带来的可能性。当新能源与新技术再次结合各个行业,提升效率之后,财富可以更快、更有效率地创造出来。如果人工智能能在未来 20 年普及,那么人类的劳动生产率将达到前所未有的高度。比如,人类用一年的时间编写程序,人工智能通过深度学习,提升智能水平,就能高效的工作 100 年,持续不断地为人类社会制造价值和财富。当机器自动获取能源,自动制造财富,自动配送给人类的时候,人类可能只需要进行一些创造性的开发和维护工作,余下的时间就可以享受生活了。可见,未来互联网的技术革新,带给人们思想观念、工作模式及生活方式的新变化和新趋势,这就需要互联网企业建构灵活的企业文化体系去适应和拥抱新变化,让企业能够更好地适应市场未来的发展需求,让企业在未来拥有更好的发展空间和市场前景。

(三)市场环境发展的新理念

党的十八届五中全会提出的"创新、协调、绿色、开放、共享"五大发展理念,这五大理念是互联网发展的指南,也是互联网发展的特征,更是互联网企业应该树立的发展理念。

1.互联网企业应树立创新理念

习近平总书记在首届世界互联网大会的贺词中指出:当今时代,以信息技术为核心的新一轮科技革命正在孕育兴起,互联网日益成为创新驱动发展的先导力量,深刻改变着人们的生产生活,有力推动着社会发展。对于互联网企业来说,创新是企业发展的核心竞争力,也是互联网企业应该提倡的核心价值观,只有提倡创新的企业文化,才能形成创新的企业氛围,才能为员工提供创新的环境和机制,从而促进企业的创新发展。习近平同志在中央网络安全和信息化领导小组第一次会议上指出:"要出台支持企业发展的政策,让他们成为技术创新主体,成为信息产业发展主体。"互联网企业不仅要进行技术创新,更要进行理念创新,这是互联网企业自身发展的需要,在互联网大潮中不进则退,没有创新精神,互联网企业就难以发展壮大,甚至难以生存。

互联网本身就是创新的世界,在这个创新的空间里,创新者各显神通。例如,苹果创造出一项新技术,谷歌开辟出一个新市场,戴尔发明一种新的企业组织形式,迪士尼创出一种新的商业模式,等等。创新产生了快速迭代,例如苹果公司的 ios 最快半个月更新一次版本,谷歌通常 3 个月升级一次 Android版本,微信上线第一年就迭代开发了 44 次,小米公司采用了快速迭代的开发模式,做到了一周发布一个小米手机 OS 新版本。不断创新、快速升级增强了产品的吸引力和企业的活力,也成为互联网企业适应激烈市场竞争的重要法宝。

2.互联网企业应树立协调发展理念

习近平总书记在第二届世界互联网大会上指出:"网络空间同现实社会一样,既要提倡自由,也要保持秩序。自由是秩序的目的,秩序是自由的保障。我们既要尊重网民交流思想、表达意愿的权利,也要依法构建良好网络秩序,这有利于保障广大网民合法权益。网络空间不是'法外之地'。网络空间是虚拟的,但运用网络空间的主体是现实的,大家都应该遵守法律,明确各方权利义务。要坚持依法治网、依法办网、依法上网,让互联网在法制轨道上健康运行。"而如何实现互联网协调发展,习总书记则指出:"国际网络空间治理,应该坚持多边参与,由大家商量着办,发挥政府、国际组织、互联网企业、技术社群、民间机构、公民个人等各个主体作用,不搞单边主义,不搞一方主导或由几方凑在一起说了算。"可见,互联网企业作为互联网经济空间的运营主体,也需要肩负起维护互联网协调发展理念的责任,这既是我们国家的一项长期国策,也是互联网企业需要树立的发展理念,并需要作为企业文化价值观之一加以贯彻执行,让互联网企业能够好地适应互联网空间的生存法则,实现互联网企业的长远发展。

3. 互联网企业应树立绿色发展理念

网络空间是公共空间,也是绿色空间。绿色是互联网经济的重要特征之一,互联网产业一般都具有低碳、节能、循环等特点。但是,在现实中,也有一些低俗、黄色甚至暴力恐怖的东西充斥互联网,针对这种现象,除了我们政府要加强互联网空间的治理和监管,互联网企业特别是做门户网站的企业如新浪、搜狐、网易等,也有责任维护好安全、绿色的网络空间,加强门户网站内容的审核与监管,把握好网上舆论引导的时、度、效,让网站内容能够弘扬主旋律,激发正能量,大力宣传和践行社会主义核心价值观,让网络空间清朗起来。这也是互联网企业特别是内容企业的企业责任。

4. 互联网企业应树立开放发展理念

中国互联网经济正积极走向世界。目前中国的互联网经济处于全球领先地位,中国国内市场巨大,中国的互联网经济以其特有的发展规律不断给全世界带来惊喜。阿里巴巴、腾讯、百度、京东成为全球互联网公司前十强的企业。中国互联网企业在本土市场蓬勃发展的同时,也将视线投向海外。以阿里巴巴为例,早在 2010 年 6 月,阿里巴巴就全资收购美国电子商务服务提供商 Vendio Services Inc,正式迈出进军海外市场的第一步。2013 年 6 月,阿里巴巴 1.7 亿美元参投 Fanatics,初步完成阿里在美国特许产品的电商布局。2013 年 10 月,阿里巴巴 5000 万美元投资应用搜索公司 Quixey,并于 2015 年继续参投 Quixey 6000 万美元。2013 年 10 月,阿里巴巴 2.06 亿美元投资美国电商的物流公司 Shop Runner。2014 年 1 月,阿里巴巴 1500 万美元投资美国高端奢侈品网站 1stdibs。为了打通移动端流量入口,2014 年 4 月,阿里动用 2.17 亿美元收购了美国移动社交应用 Tango 20% 的股份。同月,阿里斥资 2.5 亿美元参与 Uber 的竞争对手 Lyft 的 D 轮融资。2014 年 8 月,阿里巴巴 1.2 亿美元投资美国移动游戏开发商 Kabam。2014 年 10 月,阿里追加 5000 万美元投资智能遥控应用 Peel。此前,2013 年 Peel 已获阿里投资的 500 万美元。2014 年 5 月,阿里巴巴以 3.125 亿新元(合 2.49 亿美元)购入新加

坡邮政 10.4％的股权。2014 年 6 月,意大利经济发展部和阿里巴巴集团签署备忘录,阿里巴巴集团将向意大利企业提供天猫平台支持、快捷开店、在线促销和推广等一系列支持措施。2015 年,上市后的阿里巴巴的跨境投资回归理性。在阿里巴巴 2015 财年年报中,跨境电商被列在另外两项战略目标农村电商和大数据之前。2015 年 2 月,阿里巴巴旗下公司蚂蚁金服收购印度支付服务业者 One97 Communications 的 25％股权。2015 年 3 月,阿里巴巴 2 亿美元注资美国"阅后即焚"移动社交平台 Snapchat。2015 年 5 月,阿里巴巴 5600万美元投资母婴电商 Zulily,比例超过 9.3％,成为 Zulily 最大的股东。短短的三个月后 Zulily 被 Liberty Interactive 收购,阿里退出。2015 年 9 月,阿里巴巴与子公司蚂蚁金服入股印度电商 Paytm,投资金额超过 6 亿美元,成为Paytm 最大股东。2015 年 10 月,阿里联合富士康及软银向印度电商巨头Snapdeal 投资 5 亿美元,其中阿里约占 1.25 亿美元。2016 年 4 月,阿里巴巴以 10 亿美元的价格收购了新加坡电商零售商 Lazada 51％的控股权。又比如,近年来,百度公司将进军国际市场作为企业的优先发挥战略。2014 年 10月,百度公司宣布收购巴西本土最大的团购网站佩西·乌尔巴诺公司。该公司首席执行官胡里奥表示:"百度拥有资金和技术,与它的合作将会使我们在基于位置的服务、搜索和定制化方面做得更好,从而为用户带来更好的体验,并使佩西·乌尔巴诺网站成为行业内无可争议的领导者。"[①]这次收购并不是百度进军巴西的第一站。在推出了 hao123.com 葡萄牙语网站后,2014 年 7月,百度葡语搜索引擎启动。对此,百度国际业务部总经理胡勇说,进军国际是百度的优先战略,到 2019 年,希望全球至少有一半的互联网用户使用百度产品。可见,树立开放发展的理念,有利于互联网公司国际市场的开拓,有利于互联网公司扩大自己的业务版图。这不仅有利于中国互联网企业进一步释放发展潜能,寻找到新的经济增长点,而且有利于中国在世界经济舞台上发挥更大的作用。

5.互联网企业应树立共享发展理念

共享是互联网文化,是互联网发展的根本宗旨,也是互联网企业的经济特性之一。国家信息中心分享经济研究中心 2017 年 2 月发布的《中国分享经

---

① 《互联网经济,开拓中国与国际市场新潜力》,人民日报 2015 年 3 月 17 日,第 21 版。

济发展报告 2017》显示，2016 年我国分享经济市场交易额约为 3.452 万亿元，比 2015 年增长 103％，共有 6 亿人参与，比 2015 年增加 1 亿人，主要集中在交通出行、房屋短租、医疗等领域。报告指出，2016 年分享经济企业的融资规模达 1710 亿元，比上年增长 130％。其中，知识付费、网络直播、单车分享呈现爆发式增长，迎来了"发展元年"。大量涌现出拥有分享基因的各类众创平台中，经政府部门认定的"众创空间"超过 4000 个。报告预计，未来几年，我国分享经济将保持年均 40％左右的增长速度。到 2020 年，分享经济交易规模占 GDP 比重将达到 10％以上，分享经济提供服务者人数有望超过 1 亿人，其中，全职参与人员约 2000 万人。未来 10 年，我国分享经济领域有望出现 5 家至 10 家巨无霸平台型企业。可见，共享经济是互联网企业未来的一个重要的发展趋势。

随着互联网用户消费需求的变化，他们更看重产品或服务的使用权和可持续性的消费，这带给了互联网企业新的发展理念，合作比竞争更有优势，更能发挥互联网经济优势。传统经济时代资本主义市场中的"交换价值"正被新经济时代协同共享中的"共享价值"所取代。因此，在这样新的市场需求环境下，互联网企业也需要树立共享发展的理念，培育共享发展的企业文化价值观，像阿里巴巴在培训员工的时候所说的："你要想从用户的口袋里赚五块钱，你就需要帮助用户赚到二十块钱，然后你才能更容易地赚取这五块钱。"对待用户如此，对待自己的竞争对手也是如此，实现企业发展壮大的最好方式是与对手的合作，实现双赢，这也是实现企业长远发展的重要文化基因。

可见，"创新、协调、绿色、开放、共享"五大发展理念不仅是当今互联网发展的指南，更应该成为互联网企业的发展指南和行动纲领，是互联网企业实现基业长青的文化根基。

四、小结

随着时代的发展、社会的变迁，以及科技的进步，互联网让世界变成了"鸡犬之声相闻"的"地球村"，世界因互联网而更加多彩，生活因互联网而更加丰富。互联网正从今天的"物联网"走向"万物互联"的时代，这将会给国

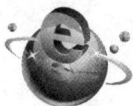

家、社会、企业，以及个人带来更加丰富的体验和前所未有的机遇和挑战。在这样的时代背景下，互联网企业如何抓住机遇、抵御风险，在全球经济一体化的发展浪潮中乘风破浪、奋勇前行，关键在于运用好文化的力量来指导企业的发展和实践，加强企业文化建设，全面提升企业核心竞争力。

党的十九大为互联网企业带来了新的红利，发出了新的号召，在这新的历史起点上，互联网企业要自觉履行起新的使命、新的责任和新的担当，以习近平新时代中国特色社会主义思想作为企业文化建设的核心，以"创新、协调、绿色、开放、共享"五大发展理念作为企业的发展指南和行动纲领，作为企业实现基业长青的文化根基，打造符合时代需求、遵循企业发展规律、更具有向心力和凝聚力的企业文化，引领企业以更加积极的姿态走进新时代，助力社会主义现代化强国新目标的实现。